「大学教育と社会」ノート

高等教育論への誘い

山内 乾史

学文社

はじめに

　本書は筆者にとって，お粗末ながらも「研究活動の集大成」となるものである。大学教員になってから30年になる筆者としては愛着を感じる一方で，誠にお粗末なもので，恥じ入るところも大きい。「30年もかかってこの程度か」とおっしゃる方もおられるだろう。

　本書は単著という形をとっている。ただ，第Ⅰ部，第Ⅲ部，第Ⅳ部は確かに単著なのだが，第Ⅱ部には共著論文が含まれている。しかし，あえて，単著という形を取らせていただいた。共著論文のことも含めて本書の出版には多くの方のお世話になっている。

　ことに，本書の作成にあたり，神戸学院大学現代社会学部准教授の江田英里香氏には第Ⅰ部の図作成をお願いした。お忙しい中，手際よく仕上げてくださった。彼女は筆者のゼミ所属ではなくお隣のゼミ所属であったのだが，ここ数年あれこれ世話を焼いてもらっている。また大連海洋大学教師教育発展センター講師の邵婧怡氏は筆者のゼミの出身であるが，第5章の中核部分を共著（邵氏が第一著者）という形で協力してくださった。この論文のテーマは彼女の博士論文のテーマと深く関連している。さらに同僚の米谷淳先生にも第6章の中核部分を共著（米谷先生が第一著者）という形で協力していただいた。米谷先生は令和3年3月末で定年によるご退職予定だが，27年にわたり苦楽を共にした思いが詰まっている。厚く御礼申し上げたい。

　内容について，一言述べておきたい。

　第Ⅰ部は，もともと大学院生の時に日本教育学会の機関誌『教育学研究』に採択された論文（「2000年における4年制大学進学者数の都道府県別・ブロック別予測」日本教育学会編『教育学研究』第57巻第2号，1990年6月）を執筆した時に感じた疑問が出発点である。すなわち，大学の数が増える中，大学のローカル化を，都道府県単位で学生の進学に伴う都道府県間移動を把握するだけで十分なのかということである。日本のすべての大学について調べることはできないので，本務校である神戸大学

1

を事例として調べた。いわばインプット論である。

　第Ⅱ部は，教育方法・学習支援論と内部質保証論である。アクティブラーニングに関する議論はコンソシアム京都での講演などを基に再構成し加筆したものである。もともとのモチーフは，カレッジ・インパクト研究を扱った卒業論文（大阪大学人間科学部に提出した『カレッジ・インパクト研究に関する一考察』1986 年 1 月）執筆時に得た。内部質保証については邵婧怡氏との共著論文，学習支援については米谷淳先生との共著論文である。いわば，これに関して，ここ数年，先述の米谷先生，同僚の近田政博先生と共同で行ってきた授業「大学教育論」における，ゲスト・スピーカーとしてお招きした筆者のゼミ修了生たちとの議論に大いに刺激を受けている。具体的には，前出の江田氏，小林元気氏，菅原大輔氏，中山尚子氏である。謝意を表したい。基本的には「授業改善からカリキュラム改革へ」，「教員支援から学習支援へ」をテーマにしている。やや大げさながらスループット論である。

　第Ⅲ部は，修士論文（大阪大学大学院人間科学研究科に提出した『高学歴化と職業構成の変動』1989 年 1 月）で取り組んだテーマを発展させたもので，折々に執筆してきたものである。基本的な問題意識は高学歴化にかかわらず，大学卒業者の社会的位置づけはさほど変化していないのではないか，というものだが，裏の問題認識は次のとおりである。すなわち，われわれ日本人は日本社会を高学歴化社会だと考えている。そしてそれは間違っていないだろう。ただし，高等教育を受けるか受けないかというレベルの判断において，である。大学院進学を判断基準にすると，日本の進学者は，人口比や大学卒業者数比でみるとかなり少ない。そういう裏の問題意識があったのである。では，「それはなぜか」を追究するべく大学院修了者の就職状況を検討した。いわばアウトプット論である。

　第Ⅳ部は，もともと大学院生の時に日本教育社会学会の機関誌『教育社会学研究』に採択された論文（「近代日本における文芸エリートの社会学的考察」『教育社会学研究』第 47 集，1990 年 10 月）を執筆した時に抱いた問題意識からスタートし，博士論文（神戸大学大学院文化学研究科に提出した『文芸エリートの研究―その社会的構成と高等教育―』1994 年 12

月）で取り組んだテーマと関係するものである。これは筆者の指導教員であった麻生誠氏の研究テーマでもあったエリート論である。ただし，本章では麻生氏が扱わなかった大学院経歴，留学経歴を取り込んでいる。麻生氏はじめ，これまでの日本の学歴社会論は尖鋭な「ピラミッド型」を想定していたが，「多峰型」ではないのかという積年の疑問が基礎にある。いわばアウトカム論である。

第Ⅳ部の表8-7〜9については石川裕之氏の助言を受けた。また参考文献について小林元気氏のご教示を得た。ここに謝意を表する。筆者にとっては本章はエリート教育研究との永訣の論文である。

なお，邵婧怡氏ならびに米谷淳先生との共著論文については日本学術振興会の科学研究費補助金の基盤研究（C）2018年度〜2021年度「研究大学における持続可能な学修支援のあり方についての日中豪三国の比較研究」（課題番号18K22726）の研究成果の一環である。現地調査の費用は，この科研費から捻出した。

なお，初出一覧に示したように，転載をさせていただいた関係機関には厚く御礼申し上げる。特に東信堂の下田勝司社長，『文部科学教育通信』編集部の中村憲正氏には無理なお願いをご承諾いただいた。特段の感謝を捧げたい。

末尾ながら，研究活動の集大成と銘打つのであれば，長年にわたり最もお世話になってきた学文社から出版するのが適切であると判断しお願いしたところ，田中千津子社長が快く引き受けてくださった，本書だけでなく，多くの著書，編書，訳書を出版してくださった。ここに記して感謝する次第である。

令和2年7月21日

57歳の誕生日に

神戸大学・鶴甲キャンパスの研究室にて

山 内 乾 史

目 次

第**I**部
都道府県間・都道府県内進学移動
パターンの変化について
― 神戸大学を事例に ―

図 目 次

表目次

第I部

都道府県間・都道府県内進学移動パターンの変化について
—神戸大学を事例に—

第1章
第2章
第3章
第4章
第5章
第6章
第7章
第8章
附録

第1章

都道府県間での進学移動
パターンの変化について

❶ 問題意識

　本章の目的は近畿圏を中心にして今後の大学への進学人口がどのように移り変わっていくと予測されるのか，また，神戸大学がその状況の変化にどう対応していくべきかを検討するうえで基礎的な統計を整理し，吟味することである。

　まず，この問題の背景について概観しておく。平成に元号が変わった1989年7月に喜多村和之による編集で『学校淘汰の研究—大学「不死」幻想の終焉—』（東信堂）が刊行された。現在ではむしろ意外な感じを持たれるかもしれないが，当時のバブルの絶頂期においては大学や銀行が倒産するなど想定することができない状況であった。その状況下で，小中学校等も含めてはいるが，大学を中心に分析した本書はまさに，この分野の嚆矢である。もちろん，当時においても，1993年度から18歳人口が減少することは予測されていた（後出表1-2を参照のこと）。しかし，ごく一部の高等教育研究者を除いて差し迫った危機感など持ってはいなかった。喜多村が指摘する通り，「われわれの調べた限りでは，少なくとも日本においては小学校や中学校などの学校統廃合に関する研究の成果は発表されているが，大学・短大などの高等教育レベルでは先行研究がほとんど見出せなかった」のである。

　筆者自身も，この研究に刺激されてシミュレーション予測を行ったことがある。日本教育学会の紀要である『教育学研究』第57巻第2号（1990）に掲載された「2000年における4年制大学進学者数の都道府県別・ブロック別予測」がそれである。このシミュレーション予測の結果では，国公私立大学すべてが当時の臨時増定員を返却して，しかも進学率が3％ほど上昇すれば1988年と同様の安定した経営状況を保てると予測した。

　しかし，このシミュレーション予測はほとんど外れてしまった。なぜな

らシミュレーション予測の前提として，18 歳人口の激減が近い将来に確実であるのに，大学・学部の新設・拡張が相次ぐというのは想定外であったからだ。

　後に三木武夫内閣で文部大臣を務めることになる永井道雄には，東京工業大学教授の時，1965 年に『日本の大学―産業社会にはたす役割―』（中公新書）という名著がある。その冒頭で永井は次のように述べている。

　　日本の大学で働くものの一人として，ここ数年間，私の頭を去らないのは，大学の現状はこれでよいのかということである。教育の内容も充実していないし，大学や学生の数が多いわりには，世界的な研究の成果に乏しい。そのほか，人事の面での学閥主義，研究教育計画の不足など，眼につく欠点はあまりにも多いのである。（同書 i 頁）

　これを受けて喜多村も 1990 年に刊行した『大学淘汰の時代―消費社会の高等教育―』（中公新書）において次のように書いている。

　　永井道雄氏が『日本の大学』（中公新書）で冒頭からこう書き出したのは，すでに今から 20 年余りも前の昭和 40 年であった。同じく日本の大学で働く者の一人として，不幸にして私も，今なお 20 余年前の永井氏とまったく同じ感懐を抱かざるをえないでいる者の一人である。とりわけ外国の大学と比べるとき，日本の大学が，特に教育の面で著しく立ち遅れている実態に，歯噛みするような悔しさを抱かずにはおれないのである。私は 1972 年に広島大学に日本で初めてできた大学研究の小さな研究所に赴任して以来，自分なりに研究と教育を通じて日本の大学教育のみなおしを一貫して訴え続けてきたつもりだが，その 18 年にわたる孤独な運動も日本の大学人の関心をかきたてることができなかった。

　今の時点で振り返るならば，間違いなく永井，喜多村の指摘は的を得ていたのであるが，永井は二周，喜多村は一周，時代の先を走っていたのだ。ようやく両教授に時代が追いついたのである。しかし，時代が追いついた

現在，残念なことに両教授は鬼籍に入られている。

　永井，喜多村とも日本の大学のあり方に対して強い危機感を持っていた。そしてその危機感が特に強くあらわれたのが教育の領域である。しかし，日本の大学が教育改革に本腰を入れて取り組むようになったのは，1990年代半ばになってからである。それは長期にわたる少子化の傾向が誰の目にも明らかになり，現に定員割れから経営難に陥る大学も少なくなくなった，ということである。この「どうしようもない状況」の到来によって，ようやくお尻に火がついたというのが真相であろう。

　本章では，いかなる機関に勤務する高等教育関係者にとっても永井，喜多村の指摘を看過できなくなった現状に鑑み，あらためて18歳人口の推移についてブロック別予測をし，筆者の本務校である神戸大学を事例として分析する。すなわち，神戸大学への影響，取るべき対策を論じるための基礎的な統計類を整理し吟味する。

❷ 18 歳人口動態の予測

　ここで2030年までの18歳人口動態の予測をしておこう。表1-1はブロックの設定を表している。かつてシミュレーションを行った大学設置審議会の新計画期間（1986〜1992）では13ブロックと設定されていたが，本章で

表1-1　ブロックの設定

北海道	北海道						
東北	青森	岩手	宮城	山形	秋田	福島	
関東	茨城	栃木	群馬	埼玉	千葉	東京	神奈川
甲信越	新潟	山梨	長野				
北陸	富山	石川	福井				
東海	岐阜	静岡	愛知	三重			
近畿	滋賀	京都	大阪	兵庫	奈良	和歌山	
中国	鳥取	島根	岡山	広島	山口		
四国	徳島	香川	愛媛	高知			
九州	福岡	佐賀	長崎	熊本	大分	宮崎	鹿児島	沖縄

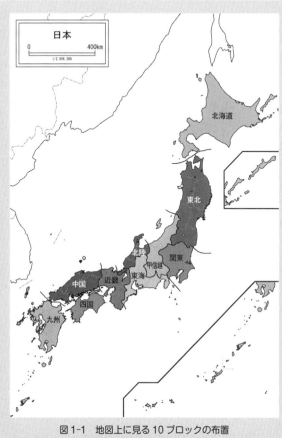

図 1-1　地図上に見る 10 ブロックの布置
出典：フリー地図を基に江田英里香氏（神戸学院大学）作成

　は 10 ブロックとする。すなわち，新計画期間においては東北，関東，九
州が北と南に分けられているのだが，本章では近畿を中心とする 18 歳人
口の動態を検討するのが主たる目的であるため，これらの地域を北と南に
分けずに扱うこととする。図 1-1 はこの 10 ブロックを図示したものである。
新計画期間では，「甲信越」に静岡県を加えて「甲信越静」というブロッ
クを作っているが本章では静岡県は「東海」に含めた。
　　さて，この 10 ブロック別に 18 歳人口の動態を検討したのが表 1-2 で
ある。基礎としたのは 12 年前の小学校入学者数である。実数を表記する

表1-2　ブロック別の小学校入学者数の推移（12年後の18歳人口，1970年＝100）

年度	12年後	北海道	東北	関東	甲信越	北陸	東海	近畿	中国	四国	九州	合計
1952	1964	105	105	71	115	101	82	70	115	125	98	88
1954	1966	156	184	128	194	205	145	130	196	223	173	155
1955	1967	164	180	116	186	194	140	128	189	218	181	151
1958	1970	144	157	94	149	134	105	93	143	161	152	120
1961	1973	119	137	84	128	15	90	81	117	129	126	103
1964	1976	101	118	81	109	101	88	79	106	110	105	93
1967	1979	100	108	88	103	101	93	88	101	102	97	94
1970	1982	100	100	100	100	100	100	100	100	100	100	100
1973	1985	89	86	103	92	91	94	98	94	85	89	95
1976	1988	101	97	128	104	111	119	123	114	105	101	115
1979	1991	108	102	140	110	125	130	132	127	116	108	125
1980	1992	108	104	139	112	126	130	131	128	117	110	125
1982	1994	101	99	123	106	116	117	116	118	109	104	114
1985	1997	92	94	109	98	102	104	102	105	99	98	102
1988	2000	80	86	99	86	89	93	89	93	89	91	92
1991	2003	77	84	95	85	87	92	87	91	85	88	89
1994	2006	69	74	86	78	78	85	79	82	76	79	81
1997	2009	62	67	79	72	72	77	73	74	68	71	74
2000	2012	58	64	80	70	70	77	72	72	65	69	73
2003	2015	56	62	80	69	72	78	74	72	63	68	73
2006	2018	53	59	82	65	69	77	73	70	61	65	72
2009	2021	51	55	81	62	67	76	71	67	60	63	70
2012	2024	47	49	76	57	62	71	70	63	55	60	65
2014	2026	47	49	76	57	63	73	67	64	55	63	66
2016	2028	46	47	78	54	60	71	65	63	54	62	65
2018	2030	45	45	76	53	58	70	63	62	53	61	64

出典：文部科学省（文部省）『学校基本調査報告書』各年度版より筆者作成

　と煩わしいため，1970年度の小学校入学者数（つまり，1982年度の18歳人口）を100とした（偶然ではあるが，筆者自身の学年に相当する）。最新のデータは2018年の小学校入学者数（つまり，2030年度の18歳人口）である。ちなみに網掛けしてある1954年度小学校入学者が第一次ベビーブームの頂点，1980年度小学校入学者が第二次ベビーブームの頂点である。なお，1967年度以前のデータの九州ブロックには沖縄県は含まれない。

　最も人口の減り方が激しいのが北海道ブロックと東北ブロックである。

表 1-3　近畿 2 府 4 県の小学校入学者数の推移（12 年後の 18 歳人口，1970 年＝100）

年度	滋賀	京都	大阪	兵庫	奈良	和歌山	合計
1952	91	88	55	79	72	89	70
1954	167	165	102	140	149	178	130
1955	170	161	100	141	145	165	128
1958	125	105	75	102	111	124	93
1961	107	87	67	88	93	103	81
1964	95	83	71	86	84	94	79
1967	97	89	84	90	88	96	88
1970	100	100	100	100	100	100	100
1973	93	98	101	97	102	87	98
1976	121	124	125	119	137	108	123
1979	145	138	131	129	157	113	132
1980	147	136	128	130	161	114	131
1982	141	122	111	116	148	101	116
1985	132	109	93	107	135	90	102
1988	119	93	82	91	120	78	89
1991	123	90	78	90	119	78	87
1994	114	79	70	82	109	74	79
1997	106	73	66	75	103	68	73
2000	102	71	65	73	100	63	72
2003	106	75	69	76	99	63	74
2006	107	74	69	76	96	60	74
2009	107	71	65	73	91	55	71
2012	99	68	59	67	84	49	65
2014	102	68	61	69	86	49	67
2016	101	66	59	67	82	47	65
2018	100	63	58	66	79	47	63

出典：文部科学省（文部省）『学校基本調査報告書』各年度版より筆者作成

ついで甲信越ブロック，四国ブロックも減り方が激しい。それに対して，最も緩やかな減少傾向であるのが，関東ブロック，東海ブロック，近畿ブロックの大都市圏である。

表1-4　神戸市の小学校入学者数の推移（12年後の18歳人口，1973年＝100）

年度	12年後	指数
1973	1985	100
1976	1988	128
1979	1991	131
1980	1992	127
1982	1994	114
1985	1997	101
1988	2000	92
1991	2003	93
1994	2006	85
1997	2009	76
2000	2012	70
2003	2015	73
2006	2018	75
2009	2021	74
2012	2024	70
2014	2026	70
2016	2028	70
2018	2030	68

出典：文部科学省（文部省）『学校基本調査報告書』各年度版より作成

　表1-3は近畿ブロックの2府4県別に検討したものである。この表から明らかになることは，同じ近畿ブロック内でも2府4県それぞれで18歳人口の増減の様相が全く異なることである。滋賀県では1997年度から現在までのほとんど人口が増減していない。奈良県も滋賀県ほどではないにせよ，減少の仕方が緩慢である。それに対し，和歌山県は1980年度から減少の一途である。京都府，大阪府，兵庫県は両者の間に位置する。ちなみに表1-4は神戸市の小学校1年生の人口の推移を検討したものである。ただし，資料の制約から，この表については1973年度を100としている。神戸市についても兵庫県とほぼ同じような減少傾向がみられるということがわかる。

第1章 都道府県間での進学移動パターンの変化について

第1章

第2章
第3章
第4章
第5章
第6章
第7章
第8章
附録

表1-5 各大学合格者の出身ブロック別比率

大学名	年度	北海道	東北	関東	甲信越	北陸	東海	近畿	中国	四国	九州	合計
東京大学	1996年度	1.0	2.5	48.8	2.4	2.9	9.1	13.4	5.5	2.9	11.4	100
	2016年度	1.5	2.5	59.1	2.0	2.1	8.5	11.5	3.2	1.8	7.7	100
名古屋大学	1996年度	0.8	0.4	5.0	2.2	4.7	69.7	8.1	3.3	2.0	3.9	100
	2016年度	0.5	0.2	6.4	3.5	5.0	72.3	6.0	2.6	1.4	2.0	100
京都大学	1996年度	1.5	1.4	11.0	1.2	2.9	11.3	54.0	6.4	3.5	6.8	100
	2016年度	1.9	1.7	13.5	1.5	2.4	13.1	50.6	6.7	2.1	6.5	100
大阪大学	1996年度	0.4	0.3	2.8	0.7	5.4	7.9	60.4	9.6	5.5	7.1	100
	2016年度	0.4	0.5	5.5	1.1	4.5	7.3	58.4	8.5	4.6	7.8	100
神戸大学	1996年度	0.2	0.2	1.6	0.5	3.9	5.9	70.6	7.4	5.6	4.8	100
	2016年度	0.5	0.4	2.4	0.7	3.9	7.8	66.1	8.1	4.5	5.5	100
広島大学	1996年度	0.2	0.4	1.1	0.4	0.9	4.9	13.5	41.0	10.3	26.2	100
	2016年度	0.7	0.2	2.4	0.7	1.1	7.2	14.2	42.0	10.2	21.4	100

出典：毎日新聞社（1996）『1996年度版大学入試全記録（サンデー毎日臨時増刊）』および同（2016）
『2016年度版「高校の実力」（サンデー毎日臨時増刊）』より算出

　さて，表1-5は，国立6大学の合格者における出身ブロック別比率を
表している。東京大学では関東ブロック出身者が10ポイント以上増えて
いる。名古屋大学も広島大学も地元のブロック出身者が微増している。し
かし，京都大学，大阪大学，神戸大学のいずれも近畿ブロックの出身者が
微減している。それでは関西のこれら3大学ではローカル化は進んでいな
いのだろうか。後ほど検討しよう。

　次に，これらの18歳人口の動態をもとに，神戸大学合格者数（入学者
数ではない）の多い高校の変遷をみてみよう。表1-6は1952年度，1956
年度，1966年度，1976年度，1986年度，1996年度，2006年度，2016年
度の8時点を取って比較したものである。1952年度と1956年度について
は『蛍雪時代』，それ以降は『サンデー毎日』各年，各号のデータによる
ものである。新制神戸大学の発足が1949年度であるから，1952年度とい
えばまだ新制の卒業生を送り出していない，旧制から新制への移行期であ
る。この時期，神戸大学は文理学部，教育学部，法学部，経済学部，経営
学部，工学部の6学部から成り立っていた。1953年度に文理学部が文学
部と理学部に分かれ，さらに県立大学より移管された医学部と農学部が加
わって9学部となる。さらに1992年度には旧教養部改組が決定されて国

表 1-6　神戸大学の高校別合格者数 1966-2016（ベスト20）

順位	1952年度 高校名	合格者数	合格率(%)
1	神戸高（兵庫）	54	?
2	兵庫高（兵庫）	47	?
3	◎灘高（兵庫）	31	54.4
4	龍野高（兵庫）	30	37.0
5	加古川東高(兵庫)	29	52.7
6	芦屋高（兵庫）	27	41.5
7	星陵高（兵庫）	26	33.3
8	北野高（大阪）	25	71.4
9	姫路西高（兵庫）	22	?
10	須磨高（兵庫）	21	75
10	柏原高（兵庫）	21	?
12	夢野台高（兵庫）	20	54.1
13	長田高（兵庫）	19	63.3
13	明石高（兵庫）	19	63.3
15	春日丘高（大阪）	18	81.8
16	高津高（兵庫）	17	77.3
17	生野高（大阪）	15	?
17	姫路東高（兵庫）	15	?
17	篠山高（兵庫）	15	51.7
20	三木高（兵庫）	14	77.8
20	三島野高（大阪）	14	?

総数 1312 名

順位	1956年度 高校名	合格者数
1	神戸高（兵庫）	75
2	姫路西高（兵庫）	47
3	兵庫高（兵庫）	41
4	◎灘高（兵庫）	39
5	加古川東高（兵庫）	38
6	北野高（大阪）	28
6	長田高（兵庫）	28
8	姫路東高（兵庫）	24
9	明石高（兵庫）	19
9	龍野高（兵庫）	19
11	天王寺高（大阪）	18
11	芦屋高（兵庫）	18
13	豊中高（大阪）	17
14	星陵高（兵庫）	16
15	高津高（大阪）	15
15	福崎高（兵庫）	15
17	三木高（兵庫）	14
17	◎甲陽学院高（兵庫）	14
19	春日丘高（大阪）	11
19	三国丘高（大阪）	11
19	御影高（兵庫）	11
19	柏原高（兵庫）	11
19	山崎高（兵庫）	11
19	八鹿高（兵庫）	11

総数 1190 名

順位	1966年度 高校名	合格者数
1	神戸高（兵庫）	97
2	長田高（兵庫）	76
3	兵庫高（兵庫）	64
4	姫路西高（兵庫）	60
5	天王寺高（大阪）	57
6	加古川東高（兵庫）	49
7	西宮高（兵庫）	46
8	御影高（兵庫）	37
8	北野高（大阪）	37
10	明石高（兵庫）	34
11	芦屋高（兵庫）	32
12	豊中高（大阪）	27
13	◎六甲高（兵庫）	21
13	茨木高（大阪）	21
13	◎親和女子高（兵庫）	21
16	三国丘高（大阪）	20
17	尼崎高（兵庫）	18
17	◎甲陽学院高（兵庫）	18
19	高津高（大阪）	17
19	住吉高（大阪）	17

総数 1654 名

順位	1976年度 高校名	合格者数
1	神戸高（兵庫）	90
2	姫路西高（兵庫）	79
3	長田高（兵庫）	77
4	加古川東高（兵庫）	57
5	兵庫高（兵庫）	52
6	茨木高（大阪）	51
7	天王寺高（大阪）	49
8	豊中高（大阪）	48
9	四條畷高（大阪）	37
10	北野高（大阪）	35
11	龍野高（兵庫）	33
12	住吉高（大阪）	31
13	奈良高（奈良）	30
14	大手前高（大阪）	28
15	明石高（兵庫）	27
15	三国丘高（大阪）	27
17	高津高（大阪）	26
17	◎六甲高（兵庫）	26
19	御影高（兵庫）	25
20	芦屋高（兵庫）	24
20	△大阪教育大附属高（大阪）	24

総数 2048 名

順位	1986 年度	合格者数
	高校名	
1	姫路西高（兵庫）	75
2	長田高（兵庫）	65
3	神戸高（兵庫）	59
4	天王寺高（大阪）	53
5	三国丘高（大阪）	49
6	豊中高（大阪）	44
	加古川東高（兵庫）	
8	北野高（大阪）	42
	四條畷高（大阪）	
	◎清風高（大阪）	
11	茨木高（大阪）	40
12	兵庫高（兵庫）	37
	奈良高（奈良）	
14	高津高（大阪）	36
15	膳所高（滋賀）	34
16	小野高（兵庫）	30
17	大手前高（大阪）	29
18	畝傍高（奈良）	26
19	高松高（香川）	24
20	◎六甲高（兵庫）	22

総数 2198 名

順位	1996 年度	合格者数
	高校名	
1	長田高（兵庫）	70
2	北野高（大阪）	65
3	茨木高（大阪）	53
4	四條畷高（大阪）	47
5	加古川東高（兵庫）	44
6	奈良高（奈良）	43
7	天王寺高（大阪）	41
	兵庫高（兵庫）	
9	三国丘高（大阪）	39
10	大手前高（大阪）	38
	生野高（大阪）	
	姫路西高（兵庫）	
13	◎洛南高（京都）	37
14	高津高（大阪）	34
	神戸高（兵庫）	
16	豊中高（大阪）	33
	畝傍高（奈良）	
18	小野高（兵庫）	30
19	岸和田高（大阪）	28
	高松高（香川）	

総数 2641 名

順位	2006 年度	合格者数
	高校名	
1	長田高（兵庫）	64
2	四條畷高（大阪）	43
3	茨木高（大阪）	39
4	天王寺高（大阪）	38
5	三国丘高（大阪）	35
6	兵庫高（兵庫）	34
7	北摂三田高（兵庫）	33
8	膳所高（滋賀）	32
	◎明星高（大阪）	
	奈良高（奈良）	
11	北野高（大阪）	31
	◎清風高（大阪）	
13	◎洛南高（京都）	29
	◎四天王寺高（大阪）	
	加古川東高（兵庫）	
16	神戸高（兵庫）	28
17	◎高槻高（大阪）	27
	姫路西高（兵庫）	
19	大手前高（大阪）	26
	姫路東高（兵庫）	

総数 2644 名

順位	2016 年度	合格者数
	高校名	
1	長田高（兵庫）	48
2	北野高（大阪）	43
3	神戸高（兵庫）	42
4	奈良高（奈良）	41
5	高津高（大阪）	37
6	茨木高（大阪）	35
	天王寺高（大阪）	
8	◎大阪桐蔭高（大阪）	34
9	四條畷高（大阪）	33
10	膳所高（滋賀）	32
	大手前高（大阪）	
12	姫路西高（兵庫）	30
	姫路東高（兵庫）	
14	◎開明高（大阪）	28
15	市立西宮高（兵庫）	27
16	市立西京高（京都）	26
	◎清風南海高（大阪）	
18	加古川東高（兵庫）	25
19	△大阪教育大附属池田高（大阪）	23
	豊中高（大阪）	
	◎四天王寺高（大阪）	

総数 2755 名

出典：1952 年度と 1956 年度は『蛍雪時代』各巻各号，1966 年度以降は『サンデー毎日』各年各号を基に筆者作成。なお，◎は私立高，△は国立校，無印は公立校

際文化学部になり，他方，教育学部が発達科学部に改組された。また
1994年には医療技術短期大学部が医学部保健学科に改組されている。さ
らに2003年には神戸商船大学と統合され，海事科学部が新設されている。
その結果，合格者数も1,312名（1952年度），2,048名（1976年度），2,641
名（1996年度），2,755名（2016年度）と着実に増加してきた。

　ところで1952年度の合格者数上位21高校のうち灘高を除く20校が公
立高校である（第20位の三島野高は現在の大阪府立茨木高である）。その
うち，兵庫県立が15校，大阪府立が5校である。1976年度になっても大
まかな傾向は変わらず，合格者数上位21校中，19校が公立校で，他には
私立の六甲高と国立の大阪教育大学附属高がランクインしているにすぎな
い。公立19校のうち，9校が兵庫県立，大阪府立も9校，他には奈良高
校のみである。1996年度においても基本的な傾向には変化はない。合格
者数上位20校中，私立の洛南高校を除く19校が公立校である。兵庫県立
が6校，大阪府立が10校，奈良県立が2校，他に香川県立高松高校がラ
ンクインしている。2016年度になってもやはり合格者数上位校21校のう
ち16校が公立校である。兵庫県立5校，西宮市立1校，大阪府立7校，
奈良県立1校，他には滋賀県立膳所高校，京都市立西京高校である。私立
は4校にすぎない。以上，4時点とも合格者数の多い高校においては兵庫
県立高校，大阪府立高校が多数を占める傾向がはっきりとみられるわけで
ある。

　ここまでは，合格者数の多い上位校の中での校数を検討してきたが，合
格者全体の中で私立高出身者の比率を示すのが**表1-7**である。

　これによると，東京大学の場合には私立高出身者が過半でしかも1996
年から2016年までの間に増加していることが明らかであるが，京都大学
においては40％強が私立高出身者であるけれども，その比率はほぼ変動
していない。大阪大学，神戸大学では30％前後，名古屋大学，広島大学
では20％前後とさらに私立高出身者の比率は低下する。

　1991年に中央教育審議会学校制度小委員会が出した「審議経過報告」
において述べられた，「今，六年制一貫校には，主として大都市圏に住む，
一定の収入を保証された家庭の子供以外は接近することさえ恐らく容易で

表1-7　各大学合格者に占める私立高出身者の比率

(%)

年度		1996 年度	2016 年度
東京大学	全合格者	54.3	59.0
	理科Ⅲ類	72.7	69.5
名古屋大学	全合格者	15.0	17.8
	医学部医学科	51.5	52.8
京都大学	全合格者	42.2	41.1
	医学部医学科	74.8	85.3
大阪大学	全合格者	29.7	33.5
	医学部医学科	67.4（1993 年度）	85.7
神戸大学	全合格者	25.5	31.2
	医学部医学科	50.0（1994 年度）	63.0
広島大学	全合格者	19.3	22.5
	医学部医学科	―	62.2

出典：『サンデー毎日』各年各号のデータをもとに筆者作成
　　　ただし，大阪大学の医学部医学科については，『サンデー毎日』1993 年 3 月 28
　　　日号，4 月 11 日号，神戸大学の医学部医学科については 1994 年 3 月 27 日号，
　　　4 月 10 日号のデータをもとに筆者作成

ないであろう。能力があっても，近づくことのできない学校制度が，長期にわたって有利な条件を保持し続けることは，教育における機会均等の理念にも反することである」という有名な物議を醸した文言は，ごく一部の難関大学にしか当てはまらず，旧帝大の中でも東京大学，京都大学を除くと，さほど顕著な傾向とは言えないということが理解できる。もちろん，医学部医学科（東京大学においては理科Ⅲ類）は審議経過報告で述べられる懸念が当てはまる可能性が大きいことには留意が必要である。この点においては神戸大学も他大学と同様である。

　ただ，ここで考察するべきことはこの「審議経過報告」が的を射たものであったかどうかという評価ではない。公立校上位の傾向が続く近畿圏の国立大学にとって現在の少子化の傾向がどのようなインパクトを持つのかを，神戸大学を例にして考察することである。

　さて，表1-8 を参照されたい。これは，神戸大学への合格者数が多い

表1-8　兵庫県立高校10校の合格実績

高校名	神戸高		兵庫高		長田高		加古川東高		姫路西高	
年度	1996年度	2016年度	1996年度	2016年度	1996年度	2016年度	1996年度	2016年度	1996年度	2016年度
卒業生数	355	356	398	275	439	315	480	354	400	278
東京大	3	4	1	1	4	3	2	3	9	7
名古屋大	0	1	4	0	2	4	1	4	4	0
京都大	15	30	7	10	32	20	10	10	23	7
大阪大	24	31	19	25	39	33	21	23	39	25
大阪市立大	9	8	6	6	14	2	8	10	11	7
神戸大	34	42	41	22	70	48	44	25	38	30
岡山大		8		3		19		33		25
広島大	6	5	12	2	12	6	13	4	20	14
北大・東北大・九大	9	15	11	7	19	12	4	8	12	13
筑波大・一橋大・東京工業大	1	2	3	2	8	4	6	1	7	2

高校名	御影高		夢野台高		星陵高		加古川西高		姫路東高	
年度	1996年度	2016年度	1996年度	2016年度	1996年度	2016年度	1996年度	2016年度	1996年度	2016年度
卒業生数	358	358	323	275	440	317	475	310	356	279
東京大	0	0	0	0	0	0	0	0	0	0
名古屋大	0	1	0	0	3	0	1	0	1	1
京都大	1	1	0	0	1	1	0	1	1	7
大阪大	2	5	0	3	9	7	2	2	10	13
大阪市立大	5	12	2	2	8	5	2	0	4	0
神戸大	12	15	4	1	14	18	5	2	19	30
岡山大		1		3		8		9		32
広島大	2	2	1	2	11	3	4	2	7	6
北大・東北大・九大	2	2	1	0	8	7	0	2	1	1
筑波大・一橋大・東京工業大	2	1	2	0	4	0	0	0	0	2

出典：毎日新聞社（1996）『1996年度版大学入試全記録（サンデー毎日臨時増刊）』および同（2016）『2016年度版「高校の実力」（サンデー毎日臨時増刊）』より算出

兵庫県立高校の各大学への合格者数を示したものである。まず，神戸高，長田高，兵庫高，姫路西高，加古川東高の 5 校は先に見た，合格者の多い上位 20 校に終始ランクインしてきた高校である。御影高，星陵高，夢野台高，姫路東高，加古川西高は，先述の 5 校の学区で，それぞれ 5 校に次ぐ合格者を送りだしている高校である。この表を見てまず気づくことは各校とも 1996 年から 2016 年にかけて卒業生数が減少していることである。おおむね 20％から 30％減少しているとみていいだろう。この傾向はここにあげた 10 校だけではなく，他の兵庫県立高校にも言えることである。

　他方で私立高校はどうか。表 1-9 を参照されたい。神戸大学への合格者数が多い私立 10 校をあげたが，親和女子高と神戸女学院高等部を除いて，いずれも卒業生数は維持されているか，むしろ増えているケースもある。表に掲げていない私立高についても同様である。つまり，兵庫県下では，私立高と公立校に学ぶ者の比率がそもそも大きく変化しているのである。公立校出身者が多い大学にとっては，公立校出身者数の減少は合格者の中身の変化につながる。

　ここで先ほどあげた神戸大学合格者数の多い兵庫県立高校 5 校と大阪府立高校 12 校の京都大学，大阪大学，神戸大学合格者数の変化を表 1-10 に基づき検討しておこう。兵庫県下の公立高校全体では京都大学は 129 名（1996 年度）→ 123 名（2016 年度），大阪大学 305 名→ 324 名とほぼ変化がないのに対し，神戸大学合格者数については 511 名→ 417 名と大きく減少している。これは神戸高，長田高，兵庫高，姫路西高，加古川東高の 5 校に限定した合格者数についてもいえることで，京都大学 87 名→ 77 名，大阪大学 142 名→ 137 名であるのに対して，神戸大学では 227 名→ 167 名と 4 分の 1 以上減少している。

　大阪府下の公立校全体では京都大学 268 名→ 246 名，大阪大学 500 名→ 471 名と微減であるのに対して，神戸大学に関しては 520 名→ 363 名と激減している。これは神戸大学合格者数が多い 12 校に限定してもいえることであり，京都大学 259 名→ 240 名（つまり，大阪府下の公立校から京都大学への合格者のほぼすべてがこの 12 校から輩出されている），大阪大学 429 名→ 428 名と微減であるのに対し，神戸大学では 451 名→ 309 名と

表1-9　兵庫県下の私立高の進学実績（1996年度〜2016年度）

高校名	灘高		甲陽学院高		六甲		淳心学院高		須磨学園高	
年度	1996年度	2016年度	1996年度	2016年度	1996年度	2016年度	1996年度	2016年度	1996年度	2016年度
卒業生数	216	218	204	205	189	167	126	121	556	493
東京大	104	94	18	29	6	8	6	1	0	4
名古屋大	0	0	3	1	5	3	0	0	0	2
京都大	49	47	83	54	25	22	24	10	0	15
大阪大	17	17	23	28	32	18	12	7	0	17
大阪市立大	4	4	5	6	5	7	4	2	0	7
神戸大	8	15	13	16	15	16	7	7	0	21
岡山大	／	2	／	1	／	4	／	5	／	16
広島大	0	1	1	5	3	3	4	2	0	8
北大・東北大・九大	2	5	10	5	13	11	2	0	0	17
筑波大・一橋大・東京工業大	8	7	8	7	6	5	2	3	0	5

高校名	白陵高		滝川高		神戸女学院高等部		親和女子高		神戸海星女子学院高	
年度	1996年度	2016年度	1996年度	2016年度	1996年度	2016年度	1996年度	2016年度	1996年度	2016年度
卒業生数	192	175	394	243	200	139	321	243	143	149
東京大	31	16	2	1	6	0	0	0	0	1
名古屋大	2	2	1	0	0	0	0	0	0	0
京都大	16	15	13	0	17	0	0	0	1	5
大阪大	14	19	4	1	12	0	2	5	6	7
大阪市立大	5	5	0	5	4	8	3	5	0	4
神戸大	11	17	14	6	20	20	20	6	6	20
岡山大	／	10	／	3	／	2	／	3	／	2
広島大	4	2	2	1	0	1	3	0	0	1
北大・東北大・九大	6	9	1	2	0	0	1	3	2	2
筑波大・一橋大・東京工業大	10	4	3	1	1	1	3	0	0	1

出典：毎日新聞社（1996）『1996年度版大学入試全記録（サンデー毎日臨時増刊）』および同（2016）『2016年度版「高校の実力」（サンデー毎日臨時増刊）』より算出

第1章

第2章

第3章

第4章

第5章

第6章

第7章

第8章

附録

表 1-10 兵庫県, 大阪府の主要公立高の京大, 阪大, 神大合格者数

	大学名	京都大		大阪大		神戸大	
	年度	1996年度	2016年度	1996年度	2016年度	1996年度	2016年度
兵庫県	神戸高	15	30	24	31	34	42
	長田高	32	20	39	33	70	48
	兵庫高	7	10	19	25	41	22
	姫路西高	23	7	39	25	38	30
	加古川東高	10	10	21	23	44	25
	合計	87	77	142	137	227	167
	全公立高合格者数	129	123	305	324	511	417
大阪府	茨木高	39	23	71	67	53	35
	大手前高	19	29	33	47	38	32
	天王寺高	22	57	27	55	41	35
	四條畷高	27	15	32	34	47	33
	三国丘高	48	31	71	35	39	20
	北野高	63	62	76	57	65	43
	高津高	8	12	24	31	34	37
	豊中高	2	2	18	39	33	23
	生野高	18	4	33	20	38	17
	岸和田高	8	5	22	22	28	10
	千里高	4	0	11	14	20	17
	泉陽高	1	0	11	7	15	7
	合計	259	240	429	428	451	309
	全公立高合格者数	268	246	500	471	520	363

出典:毎日新聞社（1996）『1996 年度版大学入試全記録（サンデー毎日臨時増刊）』および同（2016）『2016 年度版「高校の実力」（サンデー毎日臨時増刊）』より算出

激減している。

　このことは何を意味するのであろうか。**表 1-11** をご覧いただきたい。1952 年度から 2016 年度までの兵庫県立高校 5 校の神戸大学合格者数の変遷である。これら 5 校からの合格者数は 1976 年度までは増加傾向，逆にその後は減少傾向にある。この原因の一つは公立高校の卒業生数が減少し

表1-11　兵庫県下主要5公立高の神戸大合格者数の推移（1952年度〜2016年度）

	1952年度	1956年度	1966年度	1976年度	1986年度	1996年度	2006年度	2016年度
神戸高	54	75	97	90	59	34	28	42
長田高	19	28	76	77	65	70	64	48
兵庫高	47	41	64	52	37	41	34	22
姫路西高	22	47	60	79	75	38	27	30
加古川東高	29	38	49	57	44	44	29	25
合計	171	229	346	355	280	227	182	167
神戸大学合格者数	1312	1190	1654	2048	2198	2641	2644	2755

出典：1952年度と1956年度は『蛍雪時代』各巻各号，1966年度以降は『サンデー毎日』各年各号より算出

表1-12　国立6大学の合格者数の推移（1952年度〜2016年度）

	1952年度	1956年度	1966年度	1976年度	1986年度	1996年度	2006年度	2016年度
東京大	2027	2044	2936	3088	3242	3529	3100	3108
名古屋大	773	826	1482	1718	1925	2332	2315	2230
京都大	1432	1357	2422	2521	2669	2936	2933	2912
大阪大	884	922	1770	2129	2470	2999	2735	3447
神戸大	1312	1190	1654	2048	2198	2641	2644	2755
広島大		1293	1822	2525	2577	3006	2630	2429

出典：1952年度と1956年度は『蛍雪時代』各巻各号，1966年度以降は『サンデー毎日』各年各号および『週刊朝日』各巻各号より算出

ているのに対して，国立大学の合格者数が増加していることである。表1-12によれば，京都大学では1996年度に2,936名であった合格者数が2016年には2,912名とほぼ変わらないが，大阪大学では2,999名から3,447名へ，神戸大学では2,641名から2,755名へと増加している。これは大阪大学では大阪外国語大学との統合により外国語学部を新設し，神戸大学では神戸商船大学との統合により海事科学部を新設したためである。1996年度以降の時期においては，東京大学，名古屋大学や広島大学の傾向を見ても明らかな通り，臨時増定員の返上等で他大学では（統合でもしない限り）合格者数は大きく減少している。しかし，近畿ブロックにある上記国

立 3 大学ではむしろ統合等により拡張しているのである。それに対して公立高校の卒業生数が減少しているのであるが、この傾向はこれら 3 大学に何をもたらすのであろうか。大学が拡張し、公立高校卒業者数が減少するということは、ある特定の高校と、そこから進学する大学との組み合わせの変化を必然的にもたらす。先の表から推測されるのは、従来、（神戸大学にとって最も多くの合格者を輩出してきた）兵庫県下、大阪府下の公立高校から神戸大学に進学していた層が京都大学、大阪大学に流出し、その穴が近畿圏の私立高校卒業生によって埋められているのではないかということである。

　しかし、この仮説の検証には、もう少しデータの精度を上げると同時に緻密な分析が求められる。

　第一に 1996 年度と 2016 年度の 2 時点を比較したが、例えば 2006 年度のデータなどを交えて分析して、もう少しトレンドについて丁寧な議論をすることが必要である。ことに 1996 年度は阪神・淡路大震災の影響を受けて近畿ブロックの受験生に大きな混乱がみられた翌年のことであり、2 時点間の分析だけをもって一定の結論を導き出すのは危険である。

　第二に、2015 年度入学試験から兵庫県の県立高校の学区が 16 から 5 に変更された。このことによって高校と大学の接続関係が大きく変化する可能性は少なからず存在する。この影響を見極めるにはもう数年の継続的な観察を要する。

　すなわち、過去の分析においては、もう少し多くの時点を踏まえた丁寧な分析が必要であり、また将来の分析においては、もう少し観察期間を置いた中期的な視点から分析する必要があるということである。

引用・参考文献

- 井上敏明（1980）『学歴の深層心理―日本人のコンプレックスを探る―』世界思想社
- 喜多村和之（1990）『大学淘汰の時代―消費社会の高等教育―』中央公論社
- 永井道雄（1965）『日本の大学―産業社会にはたす役割―』中央公論社
- 広島大学高等教育研究開発センター（2015）『大学論集第 47 集―喜多村和之教授

追悼特集―』同センター

- 山内乾史（1990）「2000 年における 4 年制大学進学者数の都道府県別・ブロック別予測」日本教育学会編『教育学研究』第 57 巻第 2 号，pp. 1-12
- 山内乾史（1996）「進学移動パターンの変化に関する一考察―神戸大学の研究（その 1）―」『大学教育研究』第 4 号，神戸大学大学教育研究センター，pp. 29-40
- 山内乾史（2016）「進学移動パターンの変化に関する一考察（その 2）―神戸大学の研究（その 5）―」『大学教育研究』第 24 号，神戸大学大学教育推進機構，pp. 9-20

memo

第1章

第2章

第3章

第4章

第5章

第6章

第7章

第8章

附録

第2章

都道府県内での進学移動
パターンの変化について

❶ 問題意識

　これまでに都道府県を単位とした大学進学に伴う移動の分析は数多くなされてきた。友田（1968），山本（1979），天野他（1983），潮木他（1987），潮木（研究代表者）（1987），山内（1990），山内（1991），潮木（2008）とこの領域の研究はコンスタントに行われ，佐々木（2006）によるこの領域の研究のレビューもなされている。また朴澤（2016）はこの領域の研究の集大成ともいうべき位置づけにあるといえる，緻密な分析である。

　これら都道府県間移動の研究は多くの示唆を与えてくれる。佐々木や朴澤の研究に代表されるように教育機会の均等化の上からは，まだまだ研究者にとっても行政にとっても課題が多いことを示している。

　しかし，全国的な研究の観点からは多くの示唆を与えてくれるものの，個別大学への進学移動分析としては都道府県という単位は大きすぎるのではないだろうか。都道府県内においても，都道府県間と同様に，地域間格差は存在する。都道府県庁所在地とその他の地域との間にはもちろん，政令指定都市，中核市と農漁村部，へき地，離島との間にも大きな格差が存在する。

　別の面からより具体的に言えば，大学数が増えるに従い，各大学ともローカル化が一層進むと考えられるが，都道府県のレベルでその傾向をはっきりと把握することが可能なのかということである。

　一例として，神戸大学の所在する兵庫県について考察してみよう。兵庫県は政令指定都市として県庁所在地でもある神戸市，中核市として尼崎市，西宮市，明石市，姫路市を抱えている。いずれも県の南部沿岸部に偏っている。面積でいうと47都道府県中第12位である。だがその順位以上に，実感としては，一体感，統一感のきわめて薄い県である。高等教育機会に限定しても但馬と瀬戸内海側の播州・摂津との間の南北間格差はそ

図 2-1　地図上に見る新しい 5 学区の布置
出典：フリー地図を基に江田英里香氏（神戸学院大学）作成

れを端的に表している。また瀬戸内海側においても播州と摂津，特に播磨西部と摂津との間には特に顕著な格差がある。つまり，東西間格差もあるということである。もともと明治 4（1871）年の廃藩置県の時には但馬は兵庫県に入っておらず，明治 9（1876）年になって編入されたという経緯もある。

　図 2-1 に見るとおり，兵庫県では 2015（平成 27）年度から県立高校に関して，新たな学区制が敷かれ，従来の 16 学区が第 1 学区「神戸・芦屋・

淡路」，第2学区「阪神・丹波」，第3学区「播磨東」，第4学区「播磨西」，第5学区「但馬」の5学区に変更された。本章で扱うデータは，この新学区制度の下で学んだ生徒の進学移動についてではなく，旧制度下で学んだ生徒についてのものである。しかし，16学区では煩雑になるので，この5つの新学区を基準にして進学移動を分析してみたい。

　筆者は，ここ数年，皮膚感覚として，但馬地方や西播磨地方からの神戸大学への進学者が減少しているように感じている。これは都道府県レベルの分析では十分に把握することはできず，より細かいレベルの分析が必要である。本章ではさしあたり，学区レベルでの分析を通じてこの問題に取り組みたい。では，第5学区から順に兵庫県の学生の大学進学移動の傾向を見ていこう。なお資料の制約から「入学者」ではなく「合格者」を扱うことに留意されたい。

② 第5学区「但馬」からの合格状況

　本節で扱う第5学区「但馬」はかつての「北但」学区と「南但」学区が統合されたものである。この学区には現在11校の県立高校が所在している。すなわち，豊岡高（1948～），豊岡実業高と豊岡南高を統合した豊岡総合高（2003～），八鹿高（1949～），但馬農業高（1976～），日高高（1950～），出石高（1948～），生野高（1948～），和田山高（1999～），浜坂高（2001～），香住高（1952～），村岡高（1962～）である。それに加えて私立高校が2校存在している。すなわち生野学園高（1989～），近畿大学附属豊岡高（1964～）である。2015年5月時点でこれら13校の総在校生数は4,885名であるから，1学年概ね1,628名ということになる。この第5学区は，兵庫県内で神戸大学から最も離れた地域である。場合によっては，鳥取県，京都府，大阪府などよりも遠いともいえる。本節では，この第5学区「但馬」地域から神戸大学にどの程度の学生が合格しているのかを検討する。

　旺文社から刊行されている『蛍雪時代』1952年6月号（第22巻第3号）「有名大学合格者出身校別一覧（一）本誌編集課」には新制神戸大学の第4回合格者の出身高校別一覧が掲載されている。まだ新制神戸大学が卒業生を出していない時期のことである。ここには豊岡高から12名，八鹿高

から10名，日高高から5名，出石高から3名，豊岡実業高から2名の合格者があったことが記されている（合格者1名の高校名は省略されている）。神戸大学の全合格者数は1,312名である。

同誌1956年6月号（第26巻第3号）「全国主要大学合格者出身校別一覧」によると，八鹿高11名，豊岡高7名，日高高4名，出石高2名，香住高2名である（合格者1名の高校名は省略されている）。神戸大学の全合格者数は1,190名である。

『サンデー毎日』1966年4月3日増大号によると，9〜5名の欄に八鹿高，4〜3名の欄に豊岡高の名前が記されている（合格者2名以下の高校名は省略されている）。記載順から判断して八鹿高は7名，豊岡高は3名と推測できるが，確たるものではない。神戸大学の合格者数は1,654名である。続いて『サンデー毎日』1976年4月4日増大号によると，豊岡高19名，八鹿高5名が記されている（合格者1名の高校名は省略されている）。神戸大学の合格者数は2,048名である。さらに『サンデー毎日』1986年4月6日増大号によると，豊岡高7名以外の記載がない（合格者2名以下の高校名は省略されている）。神戸大学の合格者数は2,198名である。

以上，神戸大学が学部数を増やして拡大していく過程に伴い，但馬からの合格者数が増加したのかというとそうではなく，むしろ全体としては減少気味であるといえよう。

兵庫県内の神戸大学合格者の多くは第1学区の神戸高，長田高，兵庫高，第3学区の加古川東高，第4学区の姫路西高を中心に神戸市，阪神間，播州の沿岸部の高校出身である。第2学区は特定の高校に集中せず，多くの高校から合格している。ところが，第5学区の場合には，1956年度に八鹿高が第19位に入っているほかは，これらの合格者上位20校のリストに校名が登場しない。また1991年度以降のデータについては表2-1に掲げてある。これは毎日新聞社より刊行されている『大学入試全記録（サンデー毎日特別増刊）』1991年度版，1996年度版および『完全版　高校の実力（サンデー毎日特別増刊）』の2006年度版，2016年度版の情報をもとに筆者が作成したものである。高校在籍者数については原書房より刊行されている『全国学校総覧2016年版』をもとにした。この『全国学校総

表 2-1　第 5 学区「但馬」からの合格状況

	在校生数	神戸大学				東京大学				京都大学			
		2016	2006	1996	1991	2016	2006	1996	1991	2016	2006	1996	1991
合計	4885	8	16	13	6	1	2	0	0	3	2	2	4

大阪大学				名古屋大学				広島大学				岡山大学	
2016	2006	1996	1991	2016	2006	1996	1991	2016	2006	1996	1991	2016	2006
10	12	11	5	2	1	3	0	10	12	9	4	16	13

出典：毎日新聞社『大学入試全記録（サンデー毎日特別増刊）』1991 年度版, 1996 年度版, および『高校の実力（サンデー毎日特別増刊）』2006 年度版, 2016 年度版をもとに筆者作成

覧』に掲載されているデータは 2015 年度（つまり 2016 年春の合格者）のものである

　表 2-1 によれば，この学区からは神戸大学だけでなく，東京大学，京都大学，大阪大学，名古屋大学，広島大学への合格者数も少ないことがわかる。ただし，2016 年度においては大阪大学や広島大学と比べて神戸大学の合格者数が一段と少ないことに気づく。ここに掲げた 6 大学に限定して比較した場合，新第 5 学区からの国立大学合格者数は，神戸大学，東京大学，京都大学，大阪大学，名古屋大学，広島大学の 6 大学の合計に関して（岡山大学については 2006 年度以前のデータがないため，省略する）は，1991 年度 21 名→ 1996 年度 38 名→ 2006 年度 45 名→ 2016 年度 34 名と大きな変動はない。ただ，神戸大学については 6 名→ 13 名→ 16 名→ 8 名となっている。神戸大学合格者数に関して，1976 年に豊岡高 1 校で 19 名を占めた事実と比較すると，減少の傾向は否めないであろう。この 40 年の間に，学部増設などの関係で，合格者数が 35％増加していることを加味すれば，この減少は一層際立つ。このような傾向は，例えば第 1 学区～第 4 学区においても観察されるのであろうか。それともこれらの地域では第 5 学区とは異なる傾向を示すのであろうか。

❸ 第 4 学区「西播磨」からの合格状況

それでは第 4 学区「西播磨」について検討しよう。第 4 学区は中核市である姫路市を中心とする学区である。従来の「姫路・福崎」学区と「西播」学区が統合され，新たな第 4 学区が誕生した。もともと廃藩置県の際には「姫路県」あるいは「飾磨県」が存在し，姫路市はその県庁所在地であった。したがって，新しい第 1 学区，第 2 学区とはかなり文化的に異質である。また第 5 学区同様に神戸大学への自宅通学が相当に困難（不可能とまでは言わないにせよ）な地域である

第 4 学区には公立高校 28 校と私立高校 7 校が含まれる。公立高校 28 校の内訳は県立高校 25 校，姫路市立高校 3 校である。県立高校の中には兵庫県立大学附属高が含まれている。なお，龍野北高は龍野実業高と新宮高が 2008 年に統合されて誕生した高校である。

兵庫県立大学附属高は，もともと兵庫県立姫路工業大学附属高として 1994 年に設置され，同大学と県立神戸商科大学，県立看護大学の兵庫県立大学への統合にともない，2004 年に兵庫県立大学附属高となった。2007 年に中学校が設置され，現在は中高一貫校である。また，私立の相生学院は 2008 年に開校した通信制高等学校である。

表 2-2 を見ると，1991 年度→ 1996 年度→ 2006 年度→ 2016 年度の順に，東京大学 22 名→ 17 名→ 17 名→ 10 名，京都大学 39 名→ 54 名→ 31 名→ 33 名，大阪大学 53 名→ 81 名→ 63 名→ 63 名，名古屋大学 13 名→ 15

表 2-2　第 4 学区「西播磨」からの合格状況

	在校生数	神戸大学				東京大学				京都大学			
		2016	2006	1996	1991	2016	2006	1996	1991	2016	2006	1996	1991
合計	24205	88	104	90	111	10	17	17	22	33	31	54	39

大阪大学				名古屋大学				広島大学				岡山大学	
2016	2006	1996	1991	2016	2006	1996	1991	2016	2006	1996	1991	2016	2006
63	63	81	53	2	8	15	13	38	25	67	58	133	142

出典：表 2-1 に同じ

名→8名→2名，広島大学58名→67名→25名→38名と2006年から2016年に微増している大学もあるものの，全体としては減少傾向にあるといえよう。ただ，岡山大学の合格者数に関しては，2006年142名→2016年133名と多くの合格者を出している。第4学区は岡山県に隣接しているため，予想される結果ではある。

それに対して神戸大学への合格者数は111名→90名→104名→88名と増減を繰り返している。第5学区と同様に2006年に微増するものの全体としては合格者数が落ち込む傾向がみられるのである。特に，岡山大学よりも合格者数が少ないということは銘記しておかねばならない。

④ 第3学区「東播磨」からの合格状況

次に第3学区からの合格状況を検討しよう。第3学区は「明石」学区，「加印」学区，「北播」学区が統合されてできた学区である。明石市は中核市の指定を受けている。第4学区とは異なり，この地域からは神戸大学への通学は十分に可能ではある。

第3学区には公立高校34校，私立高校2校が含まれる。公立高校の内訳は県立33校，明石市立高校1校である。私立高校は白陵高校と市川高校の2校である。

表2-3を見ると，1991年度→1996年度→2004年度→2016年度の順に，東京大学36名→39名→31名→21名，京都大学49名→43名→49名→30名，大阪大学75名→78名→65名→71名，名古屋大学6名→6名

表2-3　第3学区「東播磨」からの合格状況

	在校生数	神戸大学				東京大学				京都大学			
		2016	2006	1996	1991	2016	2006	1996	1991	2016	2006	1996	1991
合計	26631	81	99	119	98	21	31	39	36	30	49	43	49

大阪大学				名古屋大学				広島大学				岡山大学	
2016	2006	1996	1991	2016	2006	1996	1991	2016	2006	1996	1991	2016	2006
71	65	78	75	9	7	6	6	31	30	42	59	100	81

出典：表2-1に同じ

→7名→9名，広島大学59名→42名→30名→31名となっている。大阪大学と名古屋大学以外は減少傾向がはっきり表れている。神戸大学においても，やはり98名→119名→99名→81名と減少傾向がはっきりしている。それに対し，岡山大学は2006年から2016年にかけて81名→100名と大幅に増加している。第4学区のみならず第3学区においても岡山大学への合格者数が増加している原因については，より詳細な分析が必要であろう。

　以上，第3学区から第5学区を比較してみると，いずれの学区においても，岡山大学への合格者数がほぼ増加している。これら3つの学区を合わせて神戸大学への合格者数は，215名（1991年度）→ 222名（1996年）→ 219名（2006年）→ 177名（2016年）と伸び悩みないしは減少している傾向が顕著である。東京大学においては58名→56名→50名→32名，京都大学においては92名→99名→82名→66名，大阪大学においては133名→170名→140名→144名，名古屋大学21名→24名→16名→13名，広島大学121名→118名→67名→79名となっており，いずれにおいても大幅な減少がみられる。岡山大学のみ2006年度236名に対し2016年249名と，神戸大学を凌駕する，多くの合格者を出している。

　筆者の当初の予想に反して，第4学区と第5学区からの合格者数は，全体としては漸減傾向にあるように見えるものの増減の傾向がさほどはっきりしないのに対し，第3学区からの合格者数は大きく減少し続けているのである。

　岡山大学の合格者数自体は2006年度で2,478名，2016年度で2,381名であるが，第3学区から第5学区の合格者数は200名超である。神戸大学の地元としての第3学区の進学動向として，この要因の分析が必要なのではないのか。見ようによっては，神戸大学から「兵庫県全体の国立大学」という性格が薄れ，「神戸市・阪神間の大学」という性格がより強まっているのではないかと推測される。

　繰り返しになるが，筆者は教員の一人として但馬地区，播州地区からの進学者が漸減しているのではないかという実感を強く有する。つまり，兵庫県内の，神戸大学からみた遠隔地から合格者が減っているのではないのかということである。この実感をデータの上でも確認できるのかどうかを

検討するのが本章の目的であるが，次におひざ元中のおひざ元である第1学区（神戸・芦屋・淡路）と第2学区（阪神・丹波）の推移を検討する。

❺ 第2学区「阪神・丹波」からの合格状況

　では，第2学区について検討しよう。第2学区は2つの中核市，尼崎市と西宮市を中心とする学区である。従来の「西宮」学区，「伊丹」学区，「宝塚」学区，「尼崎」学区と「丹有」学区が統合され，新たな第2学区が誕生した。この新しい第2学区は第1学区と並び裕福な層が比較的多く，教育熱心な中流層が多く居住していると考えられる。そのため，甲陽学院高校のような全国有数の進学実績を有する私立高校も多い。ただし，大阪府と隣接するので，在阪の大学に進学する生徒も多くいることには留意が必要である。

　さて，第2学区には公立高校39校と私立高校14校が含まれる。公立高校39校の内訳は県立高校34校，尼崎市立高校2校，西宮市立高校2校，伊丹市立高校1校である。

　表2-4を見ると，1991年度→1996年度→2006年度→2016年度の順に，東京大学32名→28名→25名→33名，京都大学114名→116名→115名→83名，大阪大学121名→102名→100名→161名，名古屋大学7名→11名→3名→7名，広島大学33名→22名→20名→42名となっている。2006年度から2016年度にかけて全体としては増加傾向にあるといえよう。岡山大学の合格者数に関しても，2006年度31名→2016年度45名と増加

表2-4　第2学区「阪神・丹波」からの合格状況

	在校生数	神戸大学				東京大学				京都大学			
		2016	2006	1996	1991	2016	2006	1996	1991	2016	2006	1996	1991
合計	42986	161	156	157	131	33	25	28	32	83	115	116	114

大阪大学				名古屋大学				広島大学				岡山大学	
2016	2006	1996	1991	2016	2006	1996	1991	2016	2006	1996	1991	2016	2006
161	100	102	121	7	3	11	7	42	20	22	33	45	31

出典：表2-1に同じ

している。それに対して神戸大学への合格者数は 131 名→ 157 名→ 156 名
→ 161 名と微妙な増減を繰り返しており，明瞭な傾向は観察されない。
2003 年度から神戸商船大学と統合し，入学定員が増加したことを加味す
ると，合格者数の増減傾向は好ましいものとは決していえない。

❻ 第 1 学区「神戸・芦屋・淡路」からの合格状況

　次に第 1 学区からの合格状況を検討しよう。第 1 学区は従来の「神戸第
一・芦屋」学区，「神戸第二」学区，「神戸第三」学区，「淡路」学区を統
合してできた学区である。第 1 学区は政令指定都市で県庁所在地でもある
神戸市を含む学区であり，人口も多い。第 2 学区と並んで，この地域から
神戸大学への通学者数が最も多いことが予測される。毎年，東京大学合格
者数の高校別ランキングにおいて上位に顔を出す灘高校もこの学区に所在
している。また神戸大学に多くの卒業生を送り込み続けている長田高校と
神戸高校が所在している。

　第 1 学区には国立の中等教育学校＝神戸大学附属中等教育学校 1 校，公
立高校 32 校，私立高校 29 校が含まれる。公立高校の内訳は県立 27 校，
神戸市立高校 5 校である。県立高校には芦屋国際中等教育学校が含まれる。

　表 2-5 を見ると，1991 年度→ 1996 年度→ 2006 年度→ 2016 年度の順に，
東京大学 114 名→ 122 名→ 97 名→ 119 名，京都大学 140 名→ 149 名
→ 158 名→ 163 名，大阪大学 137 名→ 166 名→ 172 名→ 200 名，名古屋大
学 11 名→ 17 名→ 5 名→ 14 名，広島大学 60 名→ 67 名→ 37 名→ 46 名となっ

表 2-5　第 1 学区「神戸・芦屋・淡路」からの合格状況

	在校生数	神戸大学				東京大学				京都大学			
		2016	2006	1996	1991	2016	2006	1996	1991	2016	2006	1996	1991
合計	51549	270	225	271	212	119	97	122	114	163	158	149	140

大阪大学				名古屋大学				広島大学				岡山大学	
2016	2006	1996	1991	2016	2006	1996	1991	2016	2006	1996	1991	2016	2006
200	172	166	137	14	5	17	11	46	37	67	60	101	52

出典：表 2-1 に同じ

ている。東京大学は横ばい，京都大学は微増，大阪大学は増加，名古屋大学と広島大学は増減を繰り返している。神戸大学においても，やはり 212名→ 271 名→ 225 名→ 270 名と増減を繰り返し，傾向がはっきりしない。それに対して岡山大学は第 3 学区と同様に 2006 年度から 2016 年度にかけて 52 名→ 101 名と大幅に増加している。この原因の解明が本学にとってはぜひとも必要ではないだろうか。もしこれが事実であるとすれば，前節でも述べたように，神戸大学の入学定員は 1996 年から 2016 年にかけて増加しているわけであるから，この傾向が望ましいものではないことは明らかである。

 結　論

以上の結果を表 2-6 にまとめた。第 1 学区，第 2 学区，第 3 学区，第 4

表 2-6　各学区からの合格状況

	在校生数	神戸大学				東京大学				京都大学			
		2016	2006	1996	1991	2016	2006	1996	1991	2016	2006	1996	1991
第 1 学区	51549	270	225	271	212	119	97	122	114	163	158	149	140
第 2 学区	42986	161	156	157	131	33	25	28	32	83	115	116	114
第 3 学区	26631	81	99	119	98	21	31	39	36	30	49	43	49
第 4 学区	24205	88	104	90	111	10	17	17	22	33	31	54	39
第 5 学区	4885	8	16	13	6	1	2	0	0	3	2	2	4
合計	150256	608	600	650	558	184	172	206	204	312	355	364	346

	大阪大学				名古屋大学				広島大学				岡山大学	
	2016	2006	1996	1991	2016	2006	1996	1991	2016	2006	1996	1991	2016	2006
第 1 学区	200	172	166	137	14	5	17	11	46	37	67	60	101	52
第 2 学区	161	100	102	121	7	3	11	7	42	20	22	33	45	31
第 3 学区	71	65	78	75	9	7	6	6	31	30	42	59	100	81
第 4 学区	63	63	81	53	2	8	15	13	38	25	67	58	133	142
第 5 学区	10	12	11	5	2	1	3	2	10	12	9	4	16	13
合計	505	412	438	391	34	24	52	39	167	124	207	214	395	319

出典：表 2-1 に同じ

学区，第 5 学区を比較してみると，第 4 学区を除いて，岡山大学への合格者数が 2006 年度から 2016 年度にかけて増加している。他方で，これら 5 つの学区を合わせた神戸大学への合格者数は，558 名（1991 年度）→ 650 名（1996 年度）→ 600 名（2006 年度）→ 608 名（2016 年度）と伸び悩む傾向が顕著である。東京大学においては 204 名→ 206 名→ 172 名→ 184 名，京都大学においては 346 名→ 364 名→ 355 名→ 312 名，大阪大学においては 391 名→ 438 名→ 412 名→ 505 名，名古屋大学 39 名→ 52 名→ 24 名→ 34 名，広島大学 214 名→ 207 名→ 124 名→ 167 名となっており，大阪大学以外は増減傾向がはっきりしないが，大阪大学への合格者数は激増している。岡山大学のみ 2 時点だが，2006 年度 319 名に対し，2016 年度は 395 名と大幅に増加している。

　つまり，筆者の予想に一部反して，神戸大学の合格者数は，第 4 学区と第 5 学区からの合格者数に関しては，全体としては漸減傾向にあるように見えるものの増減の傾向がはっきりしないのに対し，第 3 学区からの合格者数に関しては大きく減少し続けているのである。

　岡山大学全体の合格者数自体は，先述のように 2006 年度で 2,478 名，2016 年度で 2,381 名であるが，兵庫県からの合格者数は 23.8% 増加している。神戸大学の地元としての，特に第 3 学区の進学動向として，この要因の分析が必要なのではないのか。見ようによっては，神戸大学から「兵庫県全体の国立大学」という性格が薄れ，「神戸市・阪神間の大学」という性格がより強まっているのではないかと推測される。つまりより一層のローカル化が進んでいるのではないかということである。また第 1 学区と第 2 学区において，特に第 2 学区においては大阪大学への合格者数が急増している。第 1 学区と第 3 学区では岡山大学，第 1 学区と第 2 学区では大阪大学と隣接する府県の大学への合格者数が増加していることは，神戸大学における高大連携，高大接続戦略・戦術の見直しが必要であるということを示唆するものに他ならない。ことに第 1 学区は岡山大学への合格者数も大阪大学への合格者数も両方増加している。

　以上，合格者数の増減を基に議論してきたが，1996 年から 2016 年までの間に大阪大学は大阪外国語大学と，神戸大学は神戸商船大学と統合して

表2-7 各大学の合格者数に占める比率

(%)

	在校生数	神戸大学				東京大学				京都大学			
		2016	2006	1996	1991	2016	2006	1996	1991	2016	2006	1996	1991
第1学区	51549	9.8	8.5	10.3	8.4	3.8	3.1	3.5	3.2	5.6	5.4	5.1	4.8
第2学区	42986	5.8	5.9	5.9	5.2	1.1	0.8	0.8	0.9	2.9	3.9	4.0	3.9
第3学区	26631	2.9	3.7	4.5	3.9	0.7	1.0	1.1	1.0	1.0	1.7	1.5	1.7
第4学区	24205	3.0	3.9	3.3	4.4	0.3	0.5	0.5	0.4	1.1	1.1	1.8	1.3
第5学区	4885	0.3	0.6	0.5	0.2	0.03	0.06	0.0	0.0	0.1	0.07	0.07	0.1

	大阪大学				名古屋大学				広島大学				岡山大学	
	2016	2006	1996	1991	2016	2006	1996	1991	2016	2006	1996	1991	2016	2006
第1学区	5.8	6.3	5.5	4.9	0.6	0.2	0.7	0.5	1.9	1.4	2.2	2.0	4.2	2.1
第2学区	4.7	3.7	3.4	4.3	0.3	0.1	0.5	0.3	1.7	0.8	0.7	1.1	1.9	1.3
第3学区	2.1	2.4	2.6	2.7	0.4	0.3	0.3	0.3	1.3	1.1	1.4	0.9	4.2	3.3
第4学区	1.8	2.3	2.7	1.9	0.08	0.3	0.6	0.5	1.5	1.0	2.1	1.9	5.2	5.7
第5学区	0.3	0.4	0.4	0.2	0.08	0.04	0.1	0.08	0.4	0.5	0.3	0.1	0.7	0.5

出典：表2-1に同じ

いる。したがって，入学定員も増加している（表2-1を参照のこと）。これを加味して合格者数の増減を再度吟味してみよう。

表2-7は各年度，各地域の合格者数を当該大学の全合格者数で除した数値，すなわち当該大学の全合格者数に占める百分率を計算したものである。これによって，年度ごとの全合格者数の増減の影響は除去できる。表2-7によると，東京大学，京都大学，名古屋大学，広島大学ともに年度間の大きな変動は各学区ともみられない。大阪大学については，第3学区，第4学区ではむしろ比率を低下させている。しかし，岡山大学への進学者は第4学区以外の各学区ともに比率を増し，特に第1学区ではかなり増加している。もちろん，比率が低下しているから絶対数において増加していても問題はないというのではない。

最後に神戸大学の数値について確認しておこう。第1学区，第2学区では極端な増減は見られないが，第3学区においては1996年から減少し続

けている。第3学区では東京大学，京都大学，大阪大学への合格者比率が低下しているけれども，逆に岡山大学への合格者比率は増加している。絶対数の検討において確認されたことが比率においても確認されたのである。

　以上，絶対数では第1学区において大阪大学・岡山大学への合格者数が増加し，第3学区においては岡山大学への合格者数が増加している。また比率においては第3学区において岡山大学への合格者比率が増加している。当初の第4学区からの進学動向に変化があったのではないかとの予測には反する結果となったけれども，第1学区と第3学区においては直近隣の大阪大学と岡山大学の2大学の影響を強く受けているのではないかとの仮説が得られた。今後は2017年度以降の動向を分析しながら，さらにこの仮説を深く検討していきたいと考える。

　神戸大学に限らず，「全国区」と言われた総合研究大学は，いずれもローカル化の傾向にあると指摘されている。最も「全国区」的性格を持つと考えられた東京大学や早稲田大学においてもローカル化の進行は指摘されている。

　しかし，都道府県間のレベルだけではなくて，都道府県内のレベルにおいてもその傾向が確認されるのだとしたら，「ローカル化」の持つ意味は総合研究大学にとってより深刻なものであろう。今後，さらに，他の総合研究大学との比較研究も行いたいと考える。

引用・参考文献

- 天野郁夫・河上婦志子・吉本圭一・吉田文・橋本健二（1983）「進路分化の規定要因とその変動―高校教育システムを中心として―」『東京大学教育学部紀要』第23巻，pp. 1-43

- 潮木守一・川嶋太津夫・加藤潤・伊藤彰浩・長谷川直樹・三浦真琴（1987）「18歳人口の変動にともなう大学・短大進学者および就職者の地域別推計」『名古屋大学教育学部紀要（教育学科）』第33巻，pp. 318-338

- 潮木守一（研究代表者）（1987）『教育システムの動態分析のための指標開発とデータベース作成』名古屋大学教育学部

- 潮木守一（2008）「大学進学率上昇をもたらしたのは何なのか―計量分析と経験知

の間で—」日本教育社会学会編『教育社会学研究』第 83 集，東洋館出版社，pp. 5-21

• 佐々木洋成（2006）「教育界の地域間格差」日本教育社会学会編『教育社会学研究』第 78 集，東洋館出版社，pp. 303-320

• 友田泰正（1968）「都道府県別大学進学率格差とその規定要因」日本教育社会学会編『教育社会学研究』第 25 集，東洋館出版社，pp. 185-195

• 朴澤泰男（2016）『高等教育機会の地域間格差—地方における高校生の大学進学行動—』東信堂

• 山内乾史（1990）「2000 年における 4 年制大学進学者数の都道府県別・ブロック別予測」日本教育学会編『教育学研究』第 57 巻第 2 号，pp. 1-12

• 山内乾史（1991）「2000 年における短大進学者数のブロック別予測」民主教育協会編『IDE・現代の高等教育』No.322，pp. 56-62

• 山内乾史（1996）「進学移動パターンの変化に関する一考察—神戸大学の研究（その 1）—」『大学教育研究』第 4 号，神戸大学大学教育研究センター，pp. 29-40

• 山内乾史（2016）「進学移動パターンの変化に関する一考察（その 2）—神戸大学の研究（その 5）—」『大学教育研究』第 24 号，神戸大学大学教育推進機構，pp. 9-20

• 山内乾史（2017）「大学進学に伴う都道府県内移動の考察（兵庫県新第 5 学区の事例による）—神戸大学の研究（その 6）—」『大学教育研究』第 25 号，神戸大学大学教育推進機構，pp. 23-28

• 山内乾史（2018）「大学進学に伴う都道府県内移動の考察（その 2）—神戸大学の研究（その 7）—」『大学教育研究』第 26 号，神戸大学大学教育推進機構，pp. 201-206

• 山内乾史（2019）「大学進学に伴う都道府県内移動の考察（その 3）—神戸大学の研究（その 8）—」『大学教育研究』第 27 号，神戸大学大学教育推進機構，pp. 85-91

• 山本眞一（1979）「大学進学希望率規定要因の分析」日本教育社会学会編『教育社会学研究』第 34 集，東洋館出版社，pp. 93-103

第 II 部
アクティブラーニング, 学習支援, 内部質保証について

第 **❸** 章

私的経験に基づく
アクティブラーニング論

❶ 問題意識

本章は，「これからの学生の学びをいかに支援するか」という問題をめぐる，私的経験に基づくアクティブラーニング論である。筆者の肩書は，大学教育推進機構／大学院国際協力研究科教授であるが，実はもう一つ肩書があって，神戸大学全学教務委員長というストレスに満ち満ちた役職に就いて9年目になる。その立場から，主として以下の議論を展開したい。

ご案内のとおり 1991 年 7 月に，大学設置基準が大綱化され，高等教育が急速に大衆化した。そして大学改革の焦点が 20 世紀の末に「研究」から「教育」にシフトした。21 世紀に入ってからは，さらに「教育」から「学習支援」へとシフトしてきた。（この「学習」という字を，「習」と書くのか，「修」と書くのか，これはいろいろ議論のあるところだが，筆者は基本的に可能な限り learning は「習」で通すことにする）。

なお，本章の構想を練ってまとめにかかった段階でいろいろとこの分野に関する秀著が刊行された。溝上慎一による『アクティブラーニングと教授学習パラダイムの転換』（東信堂 2014），松下佳代と京都大学高等教育研究開発推進センターの編集による『ディープ・アクティブラーニング』（勁草書房 2015）がその代表例である。これらについては現在，鋭意分析を進めているが，まず本章では，前段階として筆者がこれまでまとめてきたことを公にし，続編においてこれらの先行研究を踏まえた議論を展開する。したがって本章では筆者の経験的なアクティブラーニング論に終始し，本章をまとめる過程で出版された秀著には言及できておらず，溝上，松下両氏はじめ先輩方，同僚方に礼を失していることを，予めお詫び申し上げる。

❷ 「教育」から「学習支援」へ

「教育」から「学習支援」へのシフトというのは，筆者自身の言葉で述

べると「教える」から「育てる」へのシフトということである。「教える」と「育てる」と，この2つは一緒かというとずいぶん違うのである。今ではどちらかと言えば，「育てる」という方に焦点があたっている。それでは，「育てる」と「教える」とはどう違うかということであるが，「教えない」ことが「育てる」ことにつながることもあるし，「教える」ことは「育てる」ことを妨げることもあるということである。学習支援に関して，これは非常に重要なポイントではないかと筆者は考えている。

　そのことについて述べるうえで，例としてあげたいのは，プロ野球界のスーパースターであり，敬愛する野村克也の言葉である。野村克也の著書を筆者はほとんどすべて拝読しているが，人材を育成するとはどういうことか，ということについて野球を例にわかりやすく書いておられる。野村克也の現役時代の実績が一流であるのはもちろん，解説者・評論家としても一世を風靡し，また監督としても一流であることを，実績を持って証明された。現役選手としても，監督としても長期にわたって超一流の働きをした人というのは，多めに見積もっても数字的には，野村克也以外には川上哲治，王貞治，長嶋茂雄しか可能性がないのではないだろうか。

　さて，野村の著書の中に，「メジャーでは，教えないコーチが名コーチだ」という言葉がある。どういうことかというと，日本のコーチでもよくみられるけれども，駄目なコーチは，有力な新人選手が入ってきたら，あれやこれやと手取り足取りいきなり教えたがるというわけである。しかし，それでは選手は育たない，むしろスポイルされかねないというわけである。それを意味するのが，「メジャーでは，教えないコーチが名コーチだ」という言葉である。選手たちはルーキー・リーグや1A，2A，3Aと経て，メジャーにやってきている。もう基礎は十分にできている。できていなければメジャーには来ることができない。したがって，通り一遍の基礎については教える必要はない。スタンダードから外れたピッチングフォーム，バッティングフオームで投げたり打ったりする選手がいても，それは放っておいたらよろしい。その選手の個性であるということだ。

　ところが選手たちも壁にぶち当たって悩んで，自分で試行錯誤する時が来る。その試行錯誤をするときに，どうしても出口が見当たらないという

ときに，その過程をちゃんと見ていてコーチが適切なアドバイスをしてや
る。それが大事というわけである。最初から手とり足とり教えたら，選手
が「失敗から学ぶ」ということ，それ自体を学ばなくなってしまうという
ことである。言い換えるならば，何らかの問題意識を本人が持って熟成さ
せて，かつ課題解決に取り組んで悩んでいるという段階にきて，メジャー
のコーチの仕事がはじまる。一流のプロであるから自律的に技術の向上に
努めるのは当然のことであるが，その前提として自分の長所と欠点を的確
に把握し，長所を伸ばすにはどうすればいいか，欠点を克服するにはどう
すればいいか，そういう問題意識を具体的に持つレベルになって，はじめ
てプロのコーチのアドバイスが有効になるのだ。問題意識を持たないうち
からアドバイスすると，仮にそのアドバイスによって事態が改善されたと
しても，自ら問題意識を持って取り組んだものではなく，与えられたもの
を受けとったにすぎない。したがって自律的に絶えず技術向上に努めるべ
きプロの姿勢としてはいかがなものかというのである。

　これは大学の教育にもそっくりそのまま当てはまるのではないかと考え
るわけである。要は，学習支援に過剰に依存しないで，自律的に学習方法
を摸索するように仕向ける。これは，筆者の先ほど申し上げた「教えない」
ことが「育てる」ことにつながるということでもあるわけだが，コーチは
教えないで楽をするわけではない。給料泥棒というわけではない。決して
放置するということではない。教えない，しかし，しっかりモニタリング
しながら適切なタイミングで適切なサポートを提供するというわけである。
これはおそらく今日，学習支援として求められているものだろうと考える。

　つまり手厚い学習支援ということを売り物にするのは結構なことである
が，あまりにも手厚い学習支援をしすぎて，自律的に学ぶ習慣を失ってし
まうと元も子もないということである。自律的に学習方法を摸索するよう
に仕向ける。学習支援はしっかりしつつ，しかし学生が過剰に依存しない
ようにする。それこそが「教えない」ことが「育てる」ことにつながると
いうことではないかと考える。

　今日しばしばいわれる単位の実質化の議論においても，授業時間はもち
ろん，授業時間外においても自主的に学習に取り組むことが求められてい

るのだが，自主的に学習に取り組むとはどういうことかというと，結局の
ところ，問題意識を持つということに尽きる。問題を発見する，それを深
化させる，あるいは解決していこうとする，課題発見型，課題解決型の能
力を有する人間像がこの学習観の背景にあるのだ。しかも，受け身ではな
く，あくまでも主体的に学生が取り組むとなると，授業担当教員の立ち位
置は難しくなる。教えるべきタイミングの見極めは困難を極める。

　これを最も的確に表す言葉が禅の言葉である「啐啄同時」である。雛が
ぽんぽんと殻をつついて外へ出ようとするときに親鳥が外からつついてや
る。そのタイミングが早すぎたら，ひなが発育不全になってしまう。しか
し，遅すぎてもまずく，適切なタイミングでサポートしてやる必要がある。
そういう言葉があるが，まさにこの配慮が必要だと考える。ただ，適切な
サポートを適切なタイミングで提供するときれいごとを言っても，いつが
適切なのか，何が適切なのかということは学習者個々によってかなり異な
るわけである。

　20 世紀の末から英国で起こってきた「特別な教育ニーズ」論といわれ
る議論が，この背景にある。それまでは，特に日本などでは，多くの子ど
もは平均的な教育ニーズを持っていて，ごく一部の子どもが特殊な教育ニー
ズを持っているという議論が主流であった。平均的な教育ニーズに対応す
るには一律の多人数一斉授業方式で対応し，一部の特殊な教育ニーズに対
しては，私立学校への進学によるか，養護学校への進学によるか，あるい
は公立学校の枠内で解消するか，いずれかによるということであった。

　しかし，前述のように，20 世紀末から徐々に子ども一人ひとりがかな
り異質な教育ニーズを持つという議論が台頭し始め，すべてに対応するの
は無理としても可能な限り子ども一人ひとりのニーズの差異に対応したき
め細かな教育が求められるようになってきた。大学もまた例外ではないと
いうことである。

　いろいろな大学で行われている『学生生活実態調査報告書』を見ると，
おおむね 2 割，多いところでは 3 割強の学生が，入った大学，入った学部，
入った学科に「こんなところに来るのではなかった」と答えている。神戸
大学でも，残念ながら 3 割くらいの学生が，「神戸大学なんかに来るので

はなかった」と回答している。あるいは,「神戸大学は良かったけれども別の学部に行ったら良かった」と回答している。あるいは,「こっちの学科ではなくて,あっちの学科のほうが良かった」と回答している。「不本意就学」というと適切ではないかもしれないが,そういう学生がかなりいるのだ。そういった学生は,へたをすると中退してしまう。現在,中退してしまう理由としては,経済的な要因が多いのは当然のこととして,学習スタイルが合わないからやめるというケースも多いように考える。社会学者の本田由紀は学校嫌いに2つあると唱える。一つは勉強そのものが嫌いな子どもたちである。もう一つは,勉強そのものは嫌いではないのだが,学習スタイルが合わないという子どもである。

　アクティブラーニングという学習スタイルが合わない学生は確実に存在する。筆者の経験上は約1割程度いる。「この授業はこういう進め方をするよ」とインストラクションをすると,1割くらいの学生は1回か2回来た位でぽんとやめてしまう。そこで「あいつ,どうして来ないのだ」と他の学生に尋ねると,「『ああいう4人で活動するのは嫌だ,できない,やったことがない』と逃げていきましたよ」という答えが返ってくる。こういう事態が毎学期必ず起こる。そういう学生をどうするのかという問題も,アクティブラーニングが広がれば広がるほど問題になる。すべての学生にとってアクティブラーニングがウエルカムなのではない。合わない学生が少なからずいるのである。

　ところで大学教育の効果を語る場合,小さいユニットをどうやって作るかが大事なポイントである。もちろん,多人数の授業が存在するとか,キャンパスに1万人の学生がいるとかいうことそれ自体はいいのだが,その中で小さいユニットをどうやって作るかが教育効果を高める上で非常に重要なポイントである。ゼミや研究室,あるいは課外活動のクラブ,サークルもそういう工夫の中から出てきた教育ユニットである。大学入試センターの濱中淳子が『大学院改革の社会学―工学系の教育機能を検証する―』(東洋館出版社,2009年)で言及している通り,大学院教育の中で一番効果があるのは授業ではない,研究室教育である。教員が個別的に指導する小さいユニット,あるいはマンツーマンの指導こそが一番効果がある。授業と

かゼミのフォーマルなもののもたらす効果は，研究室教育の効果ほど高くない。先輩などと自主的に研究する，インフォーマル，セミフォーマルな小さいユニットである研究室教育の効果が高いということである。ただし，小さいユニットをどうやって作るのかというのが非常に重要な問題で，多くの学生にとって多人数授業よりも少人数授業，一方的授業よりも双方向授業の方がいいのは当たり前であるが，そうなったとしたら全員が万歳というわけではない。先述のように，「そういう授業になったからこそ違和感を訴える」学生も必ず，1割程度出てくる。

　例えば，神戸大学の場合，経済学部，経営学部ではゼミに入らなくてもいい，講義で単位をそろえて出ていってもいいという学士課程卒業の方法がある。「大学に入った以上，ゼミに入らなくては楽しくない」，「合宿もないし，コンパもない，何が楽しいのか」と感じる方もおられるであろう。しかし，ゼミに入らずに単位だけ揃えて出ていく学生が，経済学部や経営学部の教員に伺うと，それぞれ1割前後いるようである。そういう学生に対して，「いやいや，君それは意味がないよ」と学生生活を意味あるものにするためにゼミに入れようとするのか。それとも，そういう学生はそういう学生で小さいユニットに所属しないでも課程を修了できる「シェルター」を確保しておいてやるべきなのか。どちらになるのかは大きな分かれ道である。

　ことに，のちに述べるように，発達障碍の学生にどう対応するかは，「シェルター」の問題を考える上で重要な問題である。

　さて，学習スタイルが合わない学生が入ってきた場合，どうすればいいのかが問題である。おそらく多くの大学ではアドミッションポリシー（AP）を考えて，うちの大学に入るにはこういう能力・考え方が必要である，ということを学力面，あるいは先ほどの学習スタイルの面も含めてお示しになっていることと考える。そうやって入学してきた，APを満たす学生をカリキュラムポリシー（CP）にのっとって教育して，卒業するときにはディプロマポリシー（DP）に示しているような能力を身につけたら，卒業生を社会に送り出すということを大学として決めておられるであろう。そしてさらに大学全体のAP・CP・DPにのっとって各部局でAP・CP・DP

を決めているはずである。どういう能力を身につけた学生を社会に送り出すのか。あるいは学生側から見たら，自分は，この大学で学べばどんな人間になることができるのか。この大学に入ったらどういう成長が期待できるのか。こういうものを端的に示すのが AP・CP・DP なのであろう。現在の時点では AP が，受験生，あるいは受験生の保護者に浸透が十分ではない。あるいは信頼されていないということかもしれない。

　いずれにせよ，大学の授業についていくのに自分は困難を覚える，あるいは，学力面だけではなくて，動機や学習スタイルの面も含めて困難を覚えているという学生は少なからずいるようである。そういう学生に対して，どう指導していくのか。どう支援していくのか。そのことを，筆者の狭い経験—多くは失敗例である—をもとに以下論述してゆく。

❸ 4 つの原則

　「育てる」という場合，決められたことを効率よく「教える」だけではなく，学習への動機づけ，水路づけ，成果の保証も必要になってくる。つまり，「何を教えるか」だけでなく「どう教えるか」も問われるのである。そのうえで授業をどう構成するか，ということが問題となるのである。十数年前は授業改善というのが FD の大きなテーマで，どうやって授業をするのか，そればかりが取り上げられていた。ある旧帝大に FD のセンターが設立されたときのパンフレットを見ると，マイクの持ち方とか，ジョークのはさみ方とか，そんなことまで研究をすると書いてある。授業を良くすれば教育が良くなる。授業を良くすれば学生が成長する。そういう前提にたって議論がされていたのである。つまり，言い換えれば，教員が座学型の一方向的な授業をするという前提で，授業の技術を個々の教員がいかに磨くかという視点から論じられる FD を想定しているのである。学生の学びを支援して学生の成長を促すという発想が欠落しているのである。これはこの大学だけではない。当時の神戸大学を含むほぼすべての大学に当てはまることである（もちろん，個々の教員で個々の学生の学びを支援しようと考えておられる方が，少ないながらも，昔から存在されていることは存じ上げているが，組織としてどうかというレベルの話をしているので

ある）。

　ところが個々の授業を良くするというだけではなくて，もっと組織的に考えないといけない。近年，例えば大学の中に複数の部局があるとする。複数の部局それぞれ人員削減とかが相次いで―国立でも私立でも同じ事情であろうが―，少ないスタッフでたくさんの学生を世話しないといけない。しかも，その世話も昔のように，「わしの背中を見て勝手に育て」というのではなくて，きめ細かい，一人ひとりの個性やバックグラウンドに応じて提供しないといけない。でも，実際には，もう皆，手いっぱいである。だから，学習支援は，個人個人の熱心な教員が身銭を切ってやるというのではなくて，組織としてしっかりやりなさいという風潮が強まっているように見受けられる。カリキュラム全体の質的向上と学習支援への組織的バックアップが必要というわけである。

　現在の大学生には，かつての大学生とは異なって「なぜ大学で学ぶのか」をはっきりさせずに進学しているものが多い。かつてであれば，同学年の生徒の多くは高校を出て就職するという事情であった。筆者が大学に進学する頃―40年前であるが―でも3人に1人しか大学・短大に進学しなかった。だから大学・短大に行く人は「みんな働くのに，なぜ自分は大学に行くのか」という理由を比較的はっきり持っていた。「こういう仕事に就きたいから進学する」，「こういうことを勉強したいから進学する」と，はっきりした理由を持っていたわけである。だけれども，今は進学するほうが多いのだから，むしろ進学しない側にこそ，「みんなは大学に行くのに，自分はなぜ行かないのか」という理由をはっきりさせる必要があるわけである。「働いてお母さんを助けてやりたいから」とか，「大学なんか行ったって自分がやりたいことはできないから」とか，あるいは，「自分の能力に自信があるので，早く社会に出たほうが得だから」といった例をあげることができよう。はっきりした理由を持っているのは，むしろ進学しない側の方である。

　だから，現在の高校生には，高校卒業時に将来の進路を明確にして大学に進学しなければならないという意識は極めて薄いように見受けられる。もちろん，なかには確たる理由を持っている人もいる。医学部を目指す学

生の場合で，「家が開業医であるから，私も開業医になる」というように明白な意識を持っている者もいるけれども，特に理由を持っていない者が圧倒的に増えている。つまり，学習動機を内在化させていない者が，文系を中心としてかなり増えているというわけだ。そういうことを前提に学習支援をしていかなければならないわけである。

筆者が述べたいことは4点である。

①　入試による接続からカリキュラムによる接続へ

従来であれば大学入試と，高校を卒業するときに必要な学力と，そして大学教育を受けるのに必要な学力，その3つの学力をどうかみ合わせるかが問題であった。そしてこの問題は，おそらく入試を厳格にすれば改善されると考えられていたわけである。ところが，その入試も多様化して，学力試験を経ないで入学してくる学生が増えている。そうなると，入試のみによって接続をうまくやろうというのは，どだい無理な話である。すなわちカリキュラムによって接続していかなくてはならないのである。

②　従来の高大連携から高大接続へ

そこで，従来の高大連携から高大接続への移行が必要となるわけである。高大連携というのは，例えば出前授業とか，公開講座とか，単発のイベント的なものであって，大学の中では入試広報課が担当しており，教育担当者，教務課とか学部課があまり関知しないで，「名刺代わり」の一環としてやっているというケースも多いようである。それは，イベント的なものであって，目的は「受験生を集める」ためである。したがって入学してからの教育とはあまり関係ないというケースが多いようである。入学してから，「高大連携では，あんないいことをやっていたのに，実際に入学したら違うじゃないか」という不満が出たというケースもよくあると聞く。そういう高大連携のイベント的なものより，これからは，高大接続へもっとシフトしていくべきではないかと考える。高大接続というのは地道な，あまり目立たないけれども，継続的・教育的な努力を必要とする。その核になるのが学習支援の発想であるというわけだ。

③ 「組織」としての接続から「個」としての接続へ

　次に，「組織」としての接続から「個」としての接続へ，についてである。われわれ，一般的には，この高校を卒業した人は，だいたいこういう学力であると理解している。さらには，この大学の偏差値はいくらだから，これくらいの学力を持った高校生が入ってくるだろうと理解している。要は，高校と大学とが，個別的な例外はあるにせよ，組織として，この高校を出たらこの大学に行けると，あるいは，この高校を出てもこの大学に行くのはちょっとしんどいというように，「高校という組織」と「大学という組織」のマッチングで学力を考える傾向にあったのだ。言い換えれば，同一学校内，同一大学内の学力の分散が小さいと考えられてきたということでもある。

　しかし現在では組織として学力的にうまくマッチしているか，していないかということではなくて，一つの高校・大学の中でも，ものすごく多様である。垂直方向の学力格差も広がっているが，水平方向の学習経歴もすごく多様になっている。高校での学習経歴は本当に，ものすごく多様である。筆者の受験生の頃のように5教科7科目をスタンダードに学ぶ学生もいる一方で，例えば英語コースとか理数コースとかで学んだ学生たちは特別な英語を勉強した，特別な数学を勉強したということになる。あるいは神戸大学でよく問題になるのは，医学部の学生なのに生物を履修していない者がいる。それも，「生物Ⅱ」を取っていないだけではなく，「生物Ⅰ」さえも取っていないという学生もいる。そのような場合，どうするのかが当然問題になる。もちろん，ちゃんと履修して入学してきた学生もいる。だから，取っていないことを前提にして授業をしたらみんな満足するかというと，そういうわけではない。取っていない学生もいるけれども，取っている学生もいる。その場合は個別に分けて学習支援していくしかないということである。

④ 「教員個人」としての努力から「組織」としての努力へ

　ただ，個別的な支援をしていく，個別的に接続していく努力をしないといけないというのは学生の側の話であり，大学の側としては教員個々がそ

ういう学習支援の努力をするということではなくて，あくまでも大学とし
て，あるいは学部として，組織として支援していく，そういう方向に向か
うことが必要なのではないかと考える。

　おそらく従来の大学のイメージというのは，個人事業主みたいな偉い先
生がおられて，それぞれ個人商店みたいな確固たる講座があって，そこで
講義とか演習とかを聞いているという形態に近かったのではないか。そう
いう形態の中では，横の連携は非常に薄くならざるを得ない。しかしこれ
からは「チーム神戸大学」として学生の学習を支援していかなければいけ
ない。そうしないと個々の教員は，まじめにやる人だけがものすごい負担
を背負って，他方でフリーライダーみたいな教員が出てきかねない。これ
では組織としてはまずいということになる。チームとしての，組織として
の努力が必要になるということである。大学側としては，組織としての対
応を求められながらも，他方では学生集団全体に対してではなく，具体的
な学生個々に対して適切な対処が求められているということである。個々
人のバックグラウンド―先ほど申し上げた学習経歴や学習スタイル等―の
多様性に応じた個別的な学習支援の必要があるということである。もちろ
ん，理科系では積み上げ式の学問が多いから，そういう問題は特に深刻で
はないかと考える。

　そういうことを述べると，おそらく従来よく言われた「リメディアル教
育」というものを思い浮かべる方もおられることであろう。「リメディア
ル教育」というのは，どのようなものか。例えば以前，北陸で有名な，そ
ういった事業に力を入れている大学を訪問したときに，リメディアルの教
育センターがあった。そういう場所に授業内容をよく理解できない人が行っ
て勉強する。それは，もちろん望ましいことである。ただし，そういう場
合に問題になるのは，授業はわかるけれども，もっと高いレベルでのこと
を勉強したいという学生，意欲のある学生が置き去りにされているという
ことである。こういう学生に対しては，なぜかカリキュラムとして，個別
的な学習支援が提供されていない。だから，そういう学生は，個別的に，
ある授業，学問分野に関して勉強する教材としてはどういうものがあるの
か指導を受けたいということである。スタンダード以下の学生ではなく，

スタンダード以上の学生たちに対して目が向けられていないという問題があるということである。

　さらに，そういうセンターに頻繁に通っている学生は，「あのセンターに行っている人は，大学の勉強についていけない人だ」と負のスティグマを貼り付けられることになりかねない。そういう問題がよく指摘されてきた。信州大学の加藤善子は，筆者と佛教大学の原清治とで編集した本に「初年次教育の効果」という一論稿を寄せてくれた。それによれば，リメディアル教育といえば従来「大学教育を受けるに必要な学力を欠く者に対する補償教育」を意味し，そのような学習支援を受ける者には負のスティグマが貼り付けられることになりがちであった。ところが，いくつかの大学ですでに実践されているように，学力の高低が問題ではなくて，自己が十分に理解できない箇所について，あるいは自分がもっと深く追求したいという箇所について授業担当教員，あるいは同じ領域の専門家から，個人的にではなくて組織的な対応として学習支援を受けるという試みが広がっている。そういう学習支援をサプリメンタル・インストラクションと称するということである。だから，優秀な学生も来れば，中程度の学生も来るし，ついていくのに困難を覚えている学生も来る。まさしく個々の学生のバックグラウンドに応じた学習支援を組織的に提供していくというわけである。

　神戸大学の比較的評判のいい例—残念ながら筆者自身は関わっていない—であるが，国際教養教育院に数学教育部会という教育部会があって，数学の共通教育を担当している。経済学部とか経営学部とか，あるいは理系の学生が数学の授業（「線形代数学」等）を専門基礎科目として受けている。その専門基礎の数学の授業を受けている学生から質問がくるわけである。それは，学生が数学を理解できていなくて，ついていけなくて補習を受けているというわけでは必ずしもなくて，できる学生もいるし，中程度の学生もいる。要するに学生の側からいえば，もっと学びたいという意欲を持っているかどうかが，来るか来ないかの違いであって，学力が低いから来ているというわけではない。ましてや来させられているとか，強制されているとかいうことでもない。これこそ，サプリメンタル・インストラ

クションの好例と考える。

　先ほど，「育てる」ためには動機づけ，水路づけが必要といったのは，まさにここにおいてもあてはまるのであり，こういう機会を積極的に生かして学ぼうという姿勢が大事なのである。

　現在，神戸大学では，物理学教育部会も全授業で同一教科書，同一シラバスで授業をしているため，同じようなサービスを提供することを検討しているとのことである。こういう例こそが申し上げてきたことの適切な例である。

　従来，オフィスアワーとして個別的に教員が時間をさいて学習支援をやってきたが，「オフィスアワーなのに先生がいない」という情けないケースもあるようである。ただ，ここで強調したいことは，すでに述べたように個人ではなく組織的に学習支援を学生に対して提供するということである。学力の低い学生だけではなくて，学力が中程度の学生も高い学生も，学力に応じた学習支援を受けてスティグマが貼り付けられることもなく済んでいるという状況が，神戸大学の前述の数学教育部会の努力に現にみられる。「熱心な学生だ」と言われることはあっても，「できない学生だ」と蔑まれることはない。これこそ，筆者が申し上げている個々の学生のバックグラウンドに応じた学習支援の一つの好例である。

　さて，学習支援は授業と連動して提供されないといけない。そこで，失敗例で恥ずかしいのではあるが，筆者の行ったグループワーク学習を例として取り上げて，自己批判的にご紹介したい。繰り返すが，決して模範演技ではない。恥ずかしい授業で，「こうしたらダメ」，あるいは「こういう問題点があった」ということを洗いざらい述べるためには，ほかの教員の授業を題材として取り上げるわけにもいかないので，恥を忍んで筆者のつたない授業を取り上げて紹介するにすぎない。

❹ アクティブラーニングの多様性

　その前に一言，アクティブラーニングについて言及しておきたい。アクティブラーニングは一括りにして論じられるきらいが強く，その内実になかなか高等教育研究者以外の方は目を向けておられないようである。アク

ティブラーニングというと，「学生が進んで勉強する魔法のような授業」といったことでは決してない。ただ近年のアクティブラーニング流行りの世相においては，そういう誤ったイメージが抱かれつつあるようで，危惧される。

　繰り返すが，アクティブラーニングといってもいろいろなものがある。ほんの一例としてグループ・ディスカッション，あるいは PBL—プロジェクト・ベースド・ラーニングとプロブレム・ベースド・ラーニングと両方あるが—それからグループワーク，反転授業・反転学習，あるいは課題探求学習，問題解決学習といろいろなタイプがある。さらに他にもある。こういったいろいろなアクティブラーニングがあって，それぞれ身につく社会的能力が違ってくる。このタイプのアクティブラーニングはコミュニケーション能力を育てるとか，このタイプのアクティブラーニングは批判的思考力を育てるとか，一つひとつ育つ社会的能力が違う。したがってその大学の DP で書かれている能力を育てるには，どのアクティブラーニングが一番適合性の高いものであるのかということを考えて導入していく必要がある。

　溝上慎一はアクティブラーニングを大きく 2 種類に分けている。一つはアウトプット型あるいは「課題探求型」，もう一つはアウトカム型あるいは「課題解決型」である。

　アウトプット型あるいは「課題探求型」のアクティブラーニングとは，主として自由テーマによる調べ学習で，最後の結論は学生の学習内容に依存する。例えば教養教育でアクティブラーニングをやろうということになった場合，「それぞれフィールドワークをして何か調べてこい」と言われて，商店街へ行って何か調べてくるとする。商店街へ行って店で何かを調べてくるというのはみんな共通しているけれども，ある者は金物屋へ行ったり，ある者はゲームセンターへ行ったり，いろいろ全然違った調査対象を基に全然違ったレポートを書いてくる。しかし，それで「よく頑張りました」，あるいは「もうちょっと頑張りましょう」とそれぞれ評価する。

　要するに，共通の到達目標として何かを設定し，それに到達しているかどうかを測定して評価をするということではない。学生が何をやってくる

かは学生の興味関心に依存する，学習内容に依存するというのが，アウトプット型というわけである。

　それに対して，溝上によると工学系や医学系学部の PBL に代表されるように，資格免許あるいは厳しいスキルの要求がある専門科目を中心になされるアクティブラーニングはアウトカム型の学習である。この授業はこういう資格免許を取る上で必要な科目であって，こういうスキル，知識，技術を身につけることが必要であると，割とはっきりと学習目標が定められている。学習目標を達成する上で，多少学生がばらばらなことをしたとしても最終的にはそこに行きつくという到達目標がはっきりしている。これがアウトプット型，課題探求型と区別されるべき要点だと溝上は述べる。

　もちろんこのアウトプット型とアウトカム型，これが唯一のアクティブラーニングの分類法ではなくて，他にも例えばグループワークを伴うものと伴わないものという分類がある。あるいはさまざまな分類が他にも可能である。ただ，先述のように，どのようなアクティブラーニングのスタイルを取るかによって育成される社会的能力・スキルが大きく異なる。アクティブラーニングとして一括りにして論じることは，申請書に作文するという場合であればいいかもしれないが，実際の授業にあたる教員の授業方法論としては，きっちり区別をして議論をしていく必要がある。要は，授業目的，学習目標に応じたスタイルのアクティブラーニングを採用する必要があるということである。

　ただし，あらゆるアクティブラーニングに共通する要素としては，獲得した知識とか技術，スキルを知っているだけ，あるいは聞いた，わかったということで終わらせないで，それを使って何かをしてみるという点がある。知識・スキルを実際に運用する能力を身につけるということである。「知っている」，「わかっている」ということと「できる」ということはかなり別のことであって，「知っている」，「わかっている」だけではなくて，実際にやってみないといけないということである。

　例えば学生が，「私は本番に強い。だから本番になったらできる」と強がって，就職活動の面接でも練習せずに受ける。そういう学生に限って，面接に行ったらとちってしまって，すべってくる。「できる」ということ

と「わかっている」ことは別だと，いつもそういう学生に言うわけである。大学，大学院まで進んでくるという学生は，いろいろ勉強して，いろいろなことを知っていて，いろいろなことを学んできたと言う。「私はいろんなことを知っている，わかっている。だからできる」と思っている。けれども，やらせてみたら，「知っている」ということと，それが「できる」ということとの間にはかなり距離があるということがわかる。それでは自分は「できる」ようになるには何をすればいいのか，あるいは将来のキャリアに向けてどういう準備をすればいいのか，そういうことについて，躓きを経験させることでさらに前に進めていくという，そういう役割もあるということである。冒頭の言葉でいえば，躓きを経験させて，問題意識を持たせるということである。

　ただアクティブラーニングというのは学生が主体的に学び始めて即，何か多大な成果を上げるかのように勘違いされる向きもあるが，知識を獲得しないままアクティブラーニングだけをしても，「お遊戯」だという批判もある。「さあ皆さん楽しくやりましょう。さあ皆さん楽しかったでしょう」とそれで終わってはいけない。知識や技術，スキルを獲得して，その上でそれを使っていくプロセス，到達目標をしっかり定めてアクティブラーニングを展開していく必要がある。逆にアクティブラーニングのない座学ばかりというのは，生きた知識を備えた人材育成にはつながらない。要するに「わかっている，知っている」という人間で，「できる」ということにつながらない人間が育ってくるのだ。

　個々の授業を良くするというだけでなく，アクティブラーニングを個々の授業に入れるか入れないかというだけでもなく，カリキュラム全体の教育効果を考えて，座学とアクティブラーニングをどう配合していくかということを考えていく必要がある。つまりカリキュラム改革全体の中でアクティブラーニングを考える必要があり，個別授業改善の手段としてのみアクティブラーニングを捉えるのは間違いである。「すべての授業をアクティブラーニングでできますよ」，「すべての授業を少人数でできますよ」というのは，部局によっては専門科目については可能である。神戸大学でもそういう部局はあるが，すべての授業，教養教育・共通教育を含めて少人数

で，アクティブラーニングで，双方向でできる部局・大学は，なかなかないのではないかと考える。

　筆者が非常勤講師としてお邪魔している私立大学でも座学の授業を担当しているが，学生に聞いてみると，「そうだなぁ，アクティブラーニングをやっている授業は半分もないですね」と言うし，実際にそうだと推察される。座学はどうしても残る。経営上の問題など，いろいろな問題で残る。だから，座学とアクティブラーニングをどう組み合わせていくかが問われるべきなのである。アクティブラーニングの授業ばかりになり得たとしてそれがいいとは言えない。もちろん座学ばかりでもまずい。どう有機的に配置するのかということである。

　次節で申し上げる筆者のアクティブラーニングというのは，グループワークを中心にしたもので，先ほど申し上げたアウトプット型とアウトカム型の性格を併せ持つものである。

❺ 筆者の失敗例（その1）—P大学におけるグループワーク

　グループワークをする際に，同じ試みをしている方々は悩んでおられることと推察するが，学生が仲のいいグループだけで固まってしまう傾向が見られる。特に女子学生は，仲のいいグループで固まってしまって，授業者が，興味・関心ごとによりグループを作ろうとしても「あの子があっち行くから私もあっち」ということになりがちである。例えば，社会調査のアンケートを作りなさいといったとしよう。「J-POP」について調べてみたいという子が一人，仲間の中にいたら，「私もそれでもやろうか」と，大して関心のない周囲の学生も引きずられてそのグループに入っていくということになりがちである。そういう仲のいいグループで固まってしまうケースが多々見られるが，本来は異質な考えを持つ学生と相互交流をすることこそが必要であって，そういう学生と相互交流しないと真の意味でのコミュニケーション力の向上につながらない。少なからぬ学生は現代求められているコミュニケーション力の中身を誤解している。コミュニケーション力というのは，よくしゃべるかどうかということとまったく関係はない。異質なバックグラウンドを持つ人ときちんと会話できる，言葉のキャッチ

ボールをできるということであるはずである。

　例えば家族でよく話すとか，友達の内輪でよく話すとか，バックグラウンドをお互いによくわかっている，似たようなバックグラウンドを持っている人とよく話すということではまったくない。この基本認識の誤りが現代の学生には相当見られる。

　ところで，グループワークの際に，筆者は，自己評価と他者評価と同僚評価と 3 つの評価をやらせている。自己評価というのは当然，自分がどれくらい成長したか，自分がどれくらいチームに貢献したか，そういうことを自身に評価させるのである。同僚評価は，同じグループの中の他のメンバーから「彼／彼女はちゃんとグループに貢献したかどうか」を評価させる。他者評価というのは他のグループから見て，そのグループのパフォーマンスがどうだったかということを評価してもらうもので，グループのメンバー個々に対して行うものではない。

　これら自己評価，他者評価，同僚評価を交えて学生の状況をつかみながら，グループワークを筆者はやらせている。当たり前であるが，自己評価のほうが同僚評価よりも概して高い。要するに多くの学生は，「私は貢献した」，「私は頑張った」と感じているわけであるが，同僚からあまり評価されていない，その落差が非常に大きいというケースが多い。また，自己評価と同僚評価が近い個人，近いグループが質の高いパフォーマンスをしているというケースが多いようである。

　先ほど述べたようにアクティブラーニングとか，グループワークとかについて述べる場合，もちろん自己評価は必要である。しかし，それだけが信頼できる指標であるとか，あるいはそれだけが利用可能な指標であるというのは，きわめて危険である。授業担当者が授業場面内だけで観察して評価するというだけでも問題がある。グループワークというのは授業時間外にも行われているのであるから，授業場面においては教員の目を意識して，すごく頑張っているポーズを取っているけれども，授業時間外のグループワークでは全然グループに貢献しない学生が存在するという問題がかなりあるからである。

　すでに述べたように学習支援については動機づけ，水路づけが重要であ

る。アクティブラーニング，グループワークでもまったく同じであるが，「アクティブラーニングにさえすれば，学生が自主的に学び始める」というわけでは，決してない。「アクティブラーニングをしさえすれば，学生が成長する」ということでもない。すでに述べたことと重なるが，問題意識の発見，深化こそが学生の成長の要件であり，学習の目的である（目標ではない）。したがって，アクティブラーニングなり，グループワークなりが，問題意識の発見，深化を促し，学生の成長を促すのであれば，非常に有効な手段であるということになるのだが，いくつかの条件がある。それを以下，明らかにしていきたい。

　少なくとも，すぐわかることは動機のレベルによって，授業への取り組みだけではなく，予復習への取り組みにおいても，学習の質においても顕著な差異がみられる。

　2013年末に東北大学へ調査に行き，理学部物理学科教授かつ総長特別補佐（教育国際交流担当）という肩書きをお持ちの山口昌弘教授にインタビューした。そのインタビューの中において，アクティブラーニングについても教えていただいた。山口教授の印象ではアクティブラーニングの経験が高校以下の学校段階で豊かな学生は，そういう時間に何をすべきか，何を求められているのかということをよくわかっているけれども，経験の乏しい学生は何をしていいかわからないようだということである。これは筆者の実感とも合致する。そういう学生はアクティブラーニングの授業時にとまどいがちになる。ただ，そういうとまどっている学生に，きちんと支援をしていかないといけない。「この授業ではこういうことをするのだ」，「こういうふうにしないといけない」とアドバイスをして，自主的な取り組みを促すのも，他者評価や同僚評価の役割の一つである。

　実際に，特に進学校の一部で，総合的な学習の時間というのは自習の時間とか，進路指導の時間とか，英語の補習授業とか，座学の授業ばかりをしてアクティブラーニングの授業を全然していないというところが結構あるようである。そういう学校から来た学生は「この授業は何をするのですか？」，「何が目的なのですか？」，「どういうものを出したら評価をしてもらえるのですか？」，「どうしたらSを取れるのですか？」と戸惑いを見

せがちである。そういう学生には丁寧なインストラクションが必要である。

　アクティブラーニングに慣れていない学生は結構いる。筆者の知る限りでは，兵庫県・神戸市のいろいろな県立高校出身の学生でも例外ではない。「アクティブラーニングをしたことがない」，「どうしたらいいのか」という学生は結構いる。筆者のゼミ生でもいる。他の学生と討論しなさいと言っても全然できない学生がいる。「そんなのしたことがない」というわけである。何をどう学ぶのか，そのために授業時間内，授業時間外に何をすべきなのか，そういうことについて，かなり丁寧にインストラクションしないといけない。授業への動機づけ，水路づけを含めてとても手間暇がかかる。アクティブラーニングといえば，学生にさせるから教員は楽だということではまったくない。筆者個人の感想でいえば，自分で一方通行の講義をする方がよっぽど楽である。

　さて，現在，東京大学の山内祐平らの活躍もあり，反転授業・反転学習が非常に評判になっている。ただ，これは講義系の科目において非常に有効ではあるけれども，演習系の授業時間内での作業とかディスカッション等，グループワークをもともと伴っている授業において，どのようにすればいいのか，これについてはあまり教えてくれるところのない試みである。

　筆者の経験でうまくいかなかったからこそ言いたいのだが，動機のレベルの高い者が低い者を引き上げて，全体的な学習の質を高めてくれるのならありがたいけれども，残念ながら逆のケースが多いのが実情である。つまり，動機のレベルの低い者が周りの足を引っ張って学習の質を下げるということである。この問題をどうするのかというのが，グループワークを取り入れた授業の大きな問題である。つまりグループ分けをどうするかは非常に重要な要素である。アクティブラーニングのような学習スタイルを求めていない学生がしぶしぶ参加してきたときには，その学生本人のパフォーマンスの質が低くなるだけではなくて，周りの足を引っ張る。そういう場合，どうすればいいのかということが問題というわけである。

　これまた，筆者自身の恥ずかしい事例であるけれども，先ほどから出ている例をもう少し詳細に話そう。P大学という大学がある。これは大阪府下にある中堅の私立大学である。その大学の社会学部社会学科の2年次で，

「社会調査B」という授業がある。1年次で,「社会調査A」という授業が
あって,これは座学で,社会調査の基本中の基本について学ぶ。調査用紙
の作成法とか,サンプリングとか,あるいは単純集計,クロス集計とか,
そういう基礎的な統計手法等を含めて学ぶ。「社会調査B」は,「社会調査
A」で学んだ学習成果をもとにして,実際に質問紙を制作して,調査を実
施して,分析して,レポートをまとめる授業である。つまり「社会調査A」
で得た知識を実際に運用する能力を身につけるための授業である。「社会
調査A」,「社会調査B」はともに社会調査士になる資格取得のための科目
である。この授業を通して身につけるべきスキルとか知識については,社
会調査協会で定められた,かなりはっきりした基準がある。だから先ほど
の言葉でいうと,ある意味アウトカム型である。ただし筆者の授業方法で
は,グループごとに,テーマは勝手に決めなさいという指示をしているわ
けであり,学生に投げている側面もあるのでアウトプット型の要素も入っ
ている。さらに,社会調査士になりたいのではないけれども,この授業を
取るという学生もいる。そういう学生は楽しくグループワークができたら
いいということのようである。少し曖昧な側面があるわけで,医学部の臨
床系の科目とも性格が違う。

2013（平成25）年度前期には私の授業においては32名の受講生がいた。
4名ずつ8グループを作った。あるグループは,P大学生が野球に対して
どれくらい関心を持っているか調べたい。あるグループは,先述のJ-POP
を調べたい。また,あるグループは,P大学生が携帯電話とかSNSにど
れくらい関心があるのか,どれくらい普及しているかを調べたい。テーマ
ごとに8グループ作ったわけである。偶然,4名ずつになったにすぎない。

この授業では,筆者が最初に―「社会調査A」で学んだ知識がすべて
身についているということではなくて,忘れているものもあるから―,「社
会調査A」の知識を確認する講義をしてから質問紙を作って,プリテス
トをやって,そのプリテストの実施の結果をもとに質問紙を修正する。そ
して,本調査をやって分析して,グループでプレゼンテーションをさせる。
そのプレゼンテーションのときに,他のグループの人からの批判があるの
で,それを踏まえてグループでレポート作成をするという順序で授業を進

めた。プレゼンテーションの段階で，ほかのグループから「あのプレゼンはだめ」あるいは「あのプレゼンはいい」と評価をしてもらう。これが他者評価である。

　すでに述べたように，自己評価は同僚評価よりも高くなりがちである。ただ，重要な点は，同僚評価によって，授業場面以外での様子がよくわかることである。同僚評価をやると，授業場面ではよくやっているように見えるけれども，授業を離れた所でほとんどグループに貢献していない学生がいた場合，それがよくわかる。

　同じグループになったときに，同一グループのメンバーは LINE やカカオトークなどの SNS でつながってもらって，作業を公平に分担するように指示するのだが，公平に分担できないグループがたくさん出てくる。

　例えば，野球に対する関心を調べたいというグループを作ったところ，4 人集まった。皆，硬式野球部の部員である。4 年生から 2 年生までいる。4 年生は強面で知られるキャプテンである。それで，先輩が，「お前やれ」，「わかっとるやろな」と後輩に作業を押しつける。先輩は「フリーライダー」である。授業場面だけ，偉そうに指示して作業をしているようなふりをしているわけである。その陰で後輩が泣いている。同僚評価においても，「お前ら，評価頼むぞ」とキャプテンに言われると逆らえない。グループのメンバー間に上下関係があるとそういう問題が発生するわけである。

　グループワークで授業時間外の作業を求める場合，学生が課外活動とかアルバイトとかで忙殺されて忙しくてできないケースも多々ある。結果として，課外活動やアルバイトをしてない学生，まじめな学生に負担が偏る点も問題である。

　なお，この授業では，グループごとにリーダーを選んでいる。リーダーは筆者が伝えたいことをメンバーに伝える窓口になる。あるいは各メンバーから出てきた意見，レポートを集約して筆者に伝える。そういう役割を担う学生を筆者はリーダーと呼んだ。「リーダーシップを発揮して」という意味でのリーダーではなく，連絡役，窓口としてリーダーを一人決めた。何もインセンティブがなかったら誰も引き受けようとはしないので，「リーダーには 5 点あげるよ」とささやかなインセンティブを提供して，何とか

一人くらい手を上げる「頓狂な者」がいて助かっている。

　もちろん，要領よく「共同成果」にうまく乗っかる学生もいる。先述の
いわゆるフリーライダー問題についてどう対処していくのか。これはグルー
プワークの重要なポイントであって，動機の低い者が高い者の足を引っ張
り，学習の質を低める危険性がある。こういう問題にどうやって学習支援
として介入して，学習の質を低めないで高める方向に持っていくか。これ
は非常に難しい問題であり，今，アクティブラーニングとか PBL とか，
あるいはグループワークとか，ディスカッションとか，そういった環境に
入れば，学生は能動的に学ぶ。それを入れたら自動的に学生が学びに積極
的になって学習の質が上がると考えられがちであるが，とんでもない誤解
である。同僚評価はフリーライダーをある程度は発見させてくれるが，防
ぐ手立てとしては不十分である。

　10 年ほど前に，ある初年次教育に関するシンポジウムがあって，そこ
で一つ厳しいことを述べた。他のパネラーの方々が「初年次教育は，少人
数で双方向的です」と非常に自慢されるわけである。初年次教育の多くは
アクティブラーニングを使って行われる。「授業評価がこんなに高くなっ
ています」と，「みんな満足している，それに比べると他の講義系の科目
はみんな低い」，つまり「初年次教育は成功しています」というわけであ
る。だけれども筆者は，「そんな初年次教育は失敗ですよ」と申し上げた。
その理由は次のとおりである。初年次教育で確かに学生は学びに積極的に
なっているかもしれない。しかし，他の授業にその学びの積極的な姿勢が
波及していない。他の授業に積極的に取り組むようにはなっていない。初
年次教育での姿勢が他の授業にも波及して初めて，「初年次教育をやって
良かった」と言える。初年次教育といえば教室でも人員でも，ものすごく
リソースを要する。それだけリソースを配分されて，初年次教育をやるわ
けだから，その授業だけが評判がいい授業であっては困るわけで，ほかの
授業にも波及効果を起こさないといけない。つまり，個別の授業の改善で
なく，カリキュラム全体の質的向上を論じるべきだと申し上げたのである。
同席しておられた名古屋大学の夏目達也教授も筆者と同じ見解を，名大を
例にして述べられた。その結果，夏目教授と筆者はフロアからたたかれた。

しかし，いまだに間違ったことを言ったとは考えていない。

　学びの積極的な姿勢を，そういう授業だけではなく，ほかの授業にも波及させなくてはいけない。すなわち，カリキュラム全体を論じる必要がある。個々の授業だけを論じていてはだめということである。そういうところから，冒頭にも述べたように，個々の教員が授業改善に憂き身をやつすということではなくて，組織としてどうやっていくかということを考える必要があるのである。すなわち，「チーム○○大学」として考えねばならないということである。

　恥ずかしい例の紹介はひとまずここまでにしておく。

❻ 授業時間外の学習をどうモニターするか

　授業時間外の共同作業をどのようにモニタリングするのか，これは難題である。専任教員でも難しいのであろうが，非常勤講師の場合にはなおさら難しい。筆者の場合，例えばいくつかのグループとは SNS，例えば，Facebook や LINE でつながって，「どういうやりとりをしたのかチェックしますよ」と指示するのだが，すべてのグループが入れてくれるわけではない。「先生は入らないでください」と言われる場合もあるから，チェックできないケースもあるのだ。そこで，無理に入れてくれというわけにもいかない。どうすればいいのか。筆者は，自分のゼミに関しては，すでに多くの教員がやっておられるように，例えば Facebook であるとか，あるいはその他の SNS で OB・OG も含めて，ゼミ生ほぼ全員が入って，そこで授業に関して，あるいはいろいろなことに関して意見交換をして，アドバイスをするということを 24 時間体制でやっている。非常勤講師の場合には，そこをどうするのか非常に難しい。おそらくは，学生に丸投げするということではなくて，教員が「適切な環境づくり」をするということが大事なのであろう。その環境の中で学生が，「自分が学んで，自分で頑張って成果を上げられた」という達成感を持てるようにすることが非常に重要であり，逆に言えば「無理矢理やらされた」という感覚を持たないようにすることが非常に重要であると考える。その「適切な環境づくり」が極端に難しいのである。

もちろん,「教員が決めたことを無理矢理やらされた」とやらされ感を持ってしまう授業は失敗である。いかにすばらしい授業がなされたとしても, それでは失敗である。学生のまわりで環境を整える。それは教員として大事だけれども,「自主的に取り組んで成果を上げた」という達成感を持つことができること, それが学生の成長に関わる非常に重要なところだと考える。野村克也によれば, 成長とは自信をつけることである。アクティブラーニングと銘打ちながら, やらされ感を持つような授業では成長につながらないだろう。しかし, これを筆者ができているということではなくて, 筆者自身にとっても課題である。高みから述べているわけではない。

❼ さらなる筆者の失敗例（その2）

　最後に,「さまざまな課題」についていくつか例示したい。授業時間外学習の実態は, 先ほど述べたように, 授業時間内学習の実態から類推がつくとは限らない。授業時間内学習, 授業時間外学習, これは単位制度の実質化に関わるので, 現場の教員は強く求められているところである。シラバスに「時間外でこういうことを学習しなさい」と書き込んで学生にやらせるということだけでは十分ではない。筆者が以前に訪問した, とある大学で,「時間外学習に何時何分から何時何分まで取り組んだ」というポートフォリオを学生に書かせて, それを出させるというケースもあった。これについては一体どうすればいいのか, 特にグループワークの場合, どうやったらいいのかという問題は深刻である。どうしても同僚評価が必要である。けれども, それで十分なのかという疑問は残る。

　近年, 神戸大学でも議論になっているのは, 障碍者への配慮である。今, 発達障碍も含めてだいたい10％くらいの学生が何らかの障碍を持っていると言われている。大学院も例外ではない。また, 障碍の有無と知的能力の高低とは関係はないようである。

　例えば, 大学院で双方向な授業をしたいときに, 論文を書かせたらすごい論文を書くけれども, コミュニケーション障碍あるいは不安障碍だという院生がいる。だから全然知らない人といきなり「しゃべりなさい」と言われたりしたら, もうどうしていいかわからなくなって, どきどきして,

動悸がして，めまいがして倒れるという院生だっている。筆者は，かつて神戸大学アカデミア館での放送大学兵庫学習センターでのスクーリングの際にそういった受講生を担当した。院生ではなく，学生であるが，不安障碍を抱えていた。これについては後ほど述べる。

　実際にそういった障碍者への配慮について，かつては個々の教員が頑張って対処していたわけであるが，2013年6月に「障害者差別解消法」（以下，「解消法」と略）という法案が成立して，2016年から施行された。国際条約で「障害者権利条約」という条約があるが，日本はまだ批准していなかった。先進国，G8の一員として日本も批准することを強く求められていたが，批准するためには国内法を整理することが必要である。そこで同法が成立したというのが経緯である。特に発達障碍の学生にどうやって配慮するのか，個々の授業場面でどうやって配慮するのか，あるいは学習支援に関してどうやって配慮するのか，といういろいろな問題が出てくる。大問題である。

　この「解消法」においては，2つの重要なことが決められている。一つは，「差別的取り扱いの禁止」である。これは義務である。障碍を理由に差別してはいけないということで，あたりまえのことである。ただもう一つ，努力義務がある。「合理的配慮の不提供の禁止」ということである。教育機関の場合には，努力義務ではなく義務である。合理的配慮を提供しなくてはならない。だから，障碍が理由で学習に困難を覚えるという人には合理的配慮，つまり，学習支援を提供しなくてはならない。個別的な障碍の状況，あるいは教育ニーズに応じた配慮が必要になる。

　従来からこのように言われてきたわけではあるし，きれいにまとめればこうなるのだが，実際にはものすごく大変な作業を伴う。小・中・高の現場でも，ものすごく苦労をしておられる。同じ障碍でも学生個々の状況に応じていろいろな対応の仕方が求められる。ましてや，発達障碍の種類自体が，年々増えているわけである。新しい「○○障碍」というのが増えてきている。それを随時キャッチアップして，どう対処したらいいのか，学び続けなくてはならない。これは非常に大変であって，個々の教員に任せるということではなく，組織として対処していく必要があると言わざるを

得ない。

　ここで，また筆者の恥ずかしい事例をあげる。これについては，具体的な名前を出さざるを得ないのだが，放送大学や佛教大学で通信教育の課程を担当させていただいたことがある。そういう大学では休暇期間中にスクーリング授業（面接授業）を行う。この授業では，当然のことながら，成人学生が多い。そういう人たちは，自分たちの人生経験に基づいて，こういうスクーリングで集まったら話をしたい。特に若い人たちに向けて語りたい。だから筆者が長々授業をしていると「先生，そろそろディスカッションにしてください」と要望を出される。普段クラスメイトにはなかなか会えないわけであるから，話をしたい，意見交換をしたいということである。アクティブラーニングをしたいというわけである。ものすごく意欲の高い積極的な人が多い。ただし，なかには，「そういうことをしたくないからこそ，こういう大学に来た」という学生もいる。両方のタイプがいる。どちらか片方のタイプだけであれば，対処の仕方もあるが，両方のタイプが混在していたら，どうしたらいいのかということになるわけである。こういうことについて，これからより具体的に議論していかねばならないということである。

　だから，筆者の講義の時には寝ていても，グループワークをしたら，みんな嬉々として一斉に起きてきて活発に討論する。しかし，しばらく見ていると一人ぽつんと浮いている人がいる。何かと思っていると，「いや，先生，私には無理です。コミュニケーション障碍なんです」，「不安障碍で医者から薬を処方されていて，これを飲まないと動悸・めまいがしてしまう。いきなり見知らぬ人と会話させないでください」と言われる。「そういうグループワークとかをしたくないからこそ放送大学に来たのです。そういうことができるなら普通の大学に行っています」と抗議する学生がいる。

　しゃべりたくてたまらない人としゃべることができない人，両極端が混じっている。その場合，授業担当者としてどうするのか，座学だけで済ませるのか，グループワークを入れてするのか。グループワークを入れてする場合，どうするのかなど問題は尽きない。

　筆者の場合，不安障碍で薬を処方されているという学生には，そばに付き添い，「気分が悪くなったらいつでも抜けていいから遠慮なく言いなさい」と言っておいた。横に付き添ってずっと様子を観察していた。幸いその学生自身も「なんとか頑張ろう，周りに迷惑をかけたくない，自分のするべきことはしっかりやろう」という意識を強く持っていたので，何とか頑張ってくれて筆者も胸を撫で下ろしたが，そういう学生ばかりとは限らない。

　同じ授業で一人，コミュニケーション障碍か対人障碍か，正式な名前は聞かないまま別れてしまったが，「私はもうとにかく人と接することができません。そういうことをするならもうこの授業を受けません」と言って，怒って帰っていった学生もいる。

　「学生一人ひとりのバックグラウンドに応じて学習支援を提供する」といえば，実にきれいなまとめである。しかし授業として，集団として一つのやり方を選んでやっていくとなると，犠牲になる者が必ず出てくる。これをどうするかという問題が出てくる。筆者が発達障碍，ある種の障碍を持っている学生にサポートをしなかったら，「提供すべき合理的配慮を提供しなかった」となってしまう。どうすればいいのか。

　アクティブラーニングを導入したら，学生が能動的に学び出して成果をあげる，生きた知識を身につけるという楽天的な議論に，筆者が違和感を覚えるのはそこにある。実際やってみて─もちろん，筆者の授業技術が拙いからかもしれないが─ものすごく苦労をしているという感覚がベースにある。一方，障碍を持っていない学生は問題がないかといえば，そうではない。授業時間外の学習をグループワークでする場合，どうするのか。どうやってモニターするのか。非常勤講師として行っている授業例については先述の通りであるが，専任で授業を行っている神戸大学の場合においても，教養教育の場合，担当授業の時間帯しか，全員が集まってくる機会がない，他の時間帯においてみんな所属学部が別で連絡がないという場合，どうやってグループワークを授業時間外に進めていくのか。これは非常に大きな問題である。

⑧ ひとまずの結論

　まず時代の要請として，大学教育に求められることが「教える」から「育てる」へと移行したということである。「育てる」という理念はすでにパッケージ化された，定型化された「教えるべきこと」があって，それを効率的に学生に教え込む，型にはめるという授業ではなく，一人ひとりのバックグラウンドに応じたサポート，後押しを可能な限りするということである。

　個々の教員の授業技術はもちろん大事だけれども，それだけではない。組織として，集団として，「チーム神戸大学」としてどうやって学生の学びに対して支援をしていくのか。組織としての姿勢を問われているということである。

　一方で，支援は大事だけれども，支援しすぎて学生が自律的な学習をしない，しなくても助けてくれるということになると，まさしく本末転倒である。支援をどういうタイミングで，どのように提供するのかということが大事で，ただやみくもに支援すればいいというものでもない。

　要は，自主的に取り組めるような環境整備を教員，あるいは大学が行いつつ，学生が「自主的に取り組んで成果をあげた」と達成感を持てるようにすることが重要である。何かやり遂げたという達成感を持てる，そういう感覚を持てるようにしてやることが重要である。そういう感覚が自信につながり，成長につながるというのである。

　しかし，これは今申し上げたようにアクティブラーニングを導入すれば自動的にこういうことになるのではなくて相当な難題であるということを，拙い授業をして地雷を踏んできた経験から述べてきた。

　もし万人がアクティブラーニングを望むのならば，話は簡単である。アクティブラーニングが導入されたら，ある学生は授業により積極的に参加するようになるであろう。しかし自分の学習スタイルに合わない，合わせられないという学生は，アクティブラーニングが導入されたがゆえに「オリる」，ということになりかねない。アクティブラーニングには多種多様なものがあるが，いずれも必ず不適応者を生み出してしまう。逆に言えば，

従来の講義形式というのは，画一的で単調になりがちな欠点はあれども，授業スタイルとして，特定の誰かを「オロす」ことになる危険性を持たず，万人が受講可能な形態であるともいえるのである。

❾ 結　論

　かつてディズニーの『ベイマックス』という映画が大ヒットした。この映画には，主人公の亡き兄が，主人公である愛弟のために制作したケアロボットなるベイマックスが出てきて，主人公にぴったり寄り添い身体的，精神的ケアをするのである。これから求められる学習支援も，「来たい人は来なさい」式の「座して待つ」という姿勢ではなく，こちらから気になる学生・院生には積極的に声をかけて寄り添っていく，そういう学生・院生に寄り添う支援が求められるのではないだろうか。

　イギリスにおいてコネクションズ・サービスというのが展開されている。教育を受けず，職業にも就かず，職業訓練も受けていないいわゆるニートの若者（イギリスの場合は，少数民族，貧困層など社会的排除の対象となった若者が多く含まれる。ニートの年齢層も，日本では16歳～34歳に対して，イギリスは16歳～18歳である）に対して，積極的に声をかけて，就労斡旋等のサービスを行い，社会的包摂を試みる，そういうサービスがある。筆者のイメージする学習支援もそういうイメージと近いものがある。

　既述のサプリメンタル・インストラクションのように，開かれた支援が必要なのはもちろんであるが，サプリメンタル・インストラクションよりも一歩進んだ，学生・院生に寄り添う支援—これはまさに「言うは易しく，行うは難し」であるが—を具体的にどう構築しえるのか。これについては次章で考察する。

第4章

少人数教育はいかなる
環境において有効なのか？

❶ 問題意識

　ここ数年「グローバル人材の育成」「アクティブラーニング」「課題発見型・課題解決型学習」などいくつかのキーワードが高等教育界を飛び回り続けている。なるほど，これまで高等教育界においては，一部の大学を除いて，全体的には（米英豪等の諸国と比して）留学生の受け入れにはあまり積極的ではなかった。また，学生を海外に送り出すことに関しては制度的，経済的なサポートが弱かった。かつてのように教授が「黄ばんだ万年ノート」を棒読みして学生がそれを書き写すだけの授業は死滅したかもしれないが，学生がどれだけ主体的に（授業時間外にも）学んでいるのであろうか。グループワークを例にとると，一部の熱心な学生が頑張っている一方，渋々，あるいは要領よくついていくだけのフリーライダーたちもいる。課題発見型・課題解決型学習とはいっても，学生のみならず教員の方にも戸惑いが見られる。ここであげられている教育手法は，どれほどうまくいっているのか。

　これらの教育において共通するのは，学生の授業への参加・参画を強く求めるタイプの授業であり，その結果少人数教育化しやすいことである。たしかに，筆者が大学に入学した1980年代前半は500人とか1,000人とかの大規模授業を受けさせられたものだ。ただ，大学では少人数教育はなかったのかというととんでもない。**もともと，大学に限らず，教育の要諦は，いかにして少人数のユニットを効果的に構築するかにある。**1980年代前半においても研究室，ゼミ，クラブ，サークル，学生寮などの少人数のユニットが大学には多くあり，それらは教育や貴重な体験をもたらす場として機能していたが，今後も変わることがないばかりかますますその重要度は増すであろう。サークル等が大学のなかでも有効に取り込まれて，これまでの大学教育も行われてきた。

　たしかに，少人数教育は学生と教員とのインタラクションを含み，必然的に学生を授業に参加・参画させる。また教育効果，学習効果も高いように見える。学生の満足度も高いようである。

❷ 初年次・少人数セミナーと「旧式 FD」

　しかし，なぜ少人数教育が重要なのか，もう少し考えてみる必要があるのではないだろうか。この問題を考えるうえで参考になるのが，20 世紀末から 21 世紀初頭にかけて各大学で流行した初年次・少人数セミナーである。高等教育の大衆化にともない，大学入学に際して学力，学習意欲，学習姿勢等が十分に身についていない学生が大学に入学してくるようになったといわれた。そういった学生たちに早期に大学生活になじむように初年次教育や導入教育，転換教育が盛んに行われるようになった。これらの教育にはイベント型のもの（オリエンテーション・キャンプ等）も一部にあったが，多くは授業化され，比較的少人数で行われていた。

　ただ，この時期各大学で盛んに行われた初年次・少人数セミナーには多くの問題が含まれていた。例えば，この時期，やはり各大学で盛んに行われていた FD のメインテーマが「いかに教えるか」という教授技術の向上に関心が置かれている。多くの大学では，授業の達人を講師に呼び，講演会を通じて「模範演技」と「秘伝」を一般教員の前で披露していた。また，一部の大学では，教授技術が水準に達していない教員の技術を向上させるべく懲罰として，矯正手段として FD を行っていた。以上，いずれも教員個々の教授技術の向上に関心がもたれていたわけである。失礼ながらこれらの FD を以下，「旧式 FD」と呼ばせていただく。

　そしてそれに対応する形で，教員個々の教育技術の評価指標として「学生による授業評価」が全国的に実施されるようになり，ことに満足度・達成度・理解度が重要視された。

　予想される通り，初年次・少人数教育は学生の満足度・達成度・理解度，いずれも高かった。そこで「初年次セミナーを導入しよう」「授業を少人数化しよう」という動きが全国的に展開されたのである。

　しかし，冷静に考えてもらいたい。初年次・少人数セミナーには不釣り

合いなほど，リソースが贅沢に配分されているのである。ヒト＝教員，モノ＝教室・設備，カネ＝人件費，教材費等の資金，いずれにおいても初年次・少人数セミナーに潤沢にリソースが配分されているのであるから，少人数教育に対する満足度が教員でも学生でも高いのはいわば当たり前である。

　当然のことながら，すべての授業をこの初年次・少人数セミナーのように少人数授業化することができるならば話は別だが，多くの大学ではそうはいかず，大規模授業が残る。リソース配分で割を喰う，条件の悪い大規模授業の評価は低くなる。それと比べて初年次・少人数セミナーの評判が良いのは当たり前である。ただ，満足度（あるいは達成度・理解度）が突出して高いというその事実だけが初年次・少人数セミナーの優越性を示すものであるならば，初年次・少人数セミナーを導入する必然性についての議論はまことに説得力がないという他ない。

　私見では（教養教育であれ，専門教育であれ）少人数教育の効果を当該授業に対する（教員や学生の）満足度を主として計測しようとするのは大きな間違いである。そうではなく，例えば初年次・少人数セミナーであれば，教養教育の意義，他学部教員・他学部学生とのふれあいを持つことの意義を理解し，大学の有するリソースの豊饒さを実感することがまず重要であり，さらに初年次・少人数セミナー以外の教育（当然，大規模授業を含む）にもその理解・姿勢が波及して，学生の授業への取り組み方が全体的に変化してこそ意味があると言える。ことに初年次・少人数セミナーの場合，次の学年以降にもその理解・姿勢が及んでこそ，効果があったということになるのではないだろうか。

　その点では，多くの大学の授業評価をみると，初年次・少人数セミナーの授業に対する満足度だけが突出して高くなっているのは，初年次・少人数セミナーの成功であるというよりもむしろ失敗であるといわざるを得ない。他の授業に十分に波及していないことの証左と見ることができるからである。つまり，授業単独での改善を考える姿勢に問題があるのであり，カリキュラム全体での改善を考える視点が必要であると述べているのである。

❸ 授業改善からカリキュラム改革と「新式 FD」へ

　すなわち，現在各大学で作成しているカリキュラム・ポリシー（以下，CP と略）の下で，大規模授業も少人数教育も計画され配置されていくべきであり，個別授業の満足度アップなどは二の次，三の次の課題なのである。個別授業ではなくカリキュラム全体に対する満足度・達成度・理解度の向上が重要であり，その視点から少人数教育と大規模授業がいかなる連関性の下に，学士課程において配置されるかを考える必要がある。こういう時代においては「俺の授業を見習え」式の「旧式 FD」は不要である。個々の教育技術を向上すること以上に，「組織力の向上」が必要とされるのである。組織力の向上とは何か。教員個々が自分の担当授業を，責任を持って実施するだけではなく，相互の調整，連絡をうまくはかり，学生の満足度・達成度・理解度の向上に組織全体が一貫して協力していくことである。「チーム○○大学」として，「チーム△△学部（研究科）」として，「チーム××学科（コース・専攻）」としてチームの力を上げることである。したがって FD の実施よりも，教育関連職員，TA，チューター等を巻き込んだ組織力の向上が望まれる。教員個々の授業がよくなれば大学の教育がよくなるわけではない。組織力の向上こそが教育の質の向上をもたらすのである。

　ただ，このような発想がかつてより強く訴えられるようになっているのは，従来の大学教育に対する批判と合わせて現在の産業界の要請も大きな要素になっているのであろう。概説的な知識・技術だけを教えられた人材ではなく，その知識・技術を使って個性ある仕事をこなす人材，その知識を使いこなすスキル，それをかなりの程度大学に求めるようになっているという点もあげられる。いわゆる「即戦力」志向の高まりである。

　そのような時代においては，冒頭の「グローバル人材の育成」などのような新たなキーワードにおいては，失礼な表現ながら，かつての「旧式 FD」の出番は少なくなるはずである（最低レベルの教授技術を持たない教員のために一定の役割は残る）。つまり，教員個々の教育技術の向上が第一目的ではなく，組織全体の教育力の向上こそが第一目的とされている

からである。教員個々の「腕自慢」の時代は終わったのである。

　ことに「グローバル人材の育成」「アクティブラーニング」や「課題発見型・課題解決型学習」いずれにおいても，個々の授業の中で完結してしまってはいけないし，それは不可能である。もちろん，思考・活動の基盤となる基礎的知識・技術は必要である。これは大人数の学生に効率的に知識・技術を伝えるうえで有効な大規模授業の方法が向いている。ただし，上述の要請に応えるには，そこから先の過程を学生個々に任せてはいけない。習得した知識・技術をもとに「自分が何をしたいか」「自分には何が求められているのか」「自分はクラス（組織・集団・社会）にいかなる貢献ができるのか」を考えさせねばならない。この過程では大規模授業において求められる，「旧式 FD」でも扱われてきた知識・技術の効率的な伝授の方法＝ティーチングではなく，学生が意識化せず持っているもの，可能性を秘めていながら自覚していないもの等を，さまざまな問いかけや働きかけで引き出すこと＝コーチングが必要である。ティーチングは知識や技術を外から付加する（あるいは磨く）技術であり，コーチングは内面に抱えているものを意識化させて引き出す技術である。この双方をうまく組み合わせて自己の課題を見つけ，その課題を社会的に意味づけ深化させて主体的に取り組んでいく。これがアクティブラーニングによる課題発見型・課題解決型学習ということである。ことに「グローバル人材の育成」という意義が強調される今においては，学生の抱く関心をただ単に個人的関心のレベルにとどめず，社会的な意味を理解させるというプロセスが重要なのであろう。自己満足ではなく，クラスに，組織に，集団に，社会に貢献する過程が必要である。このコーチングの技術の習得には「旧式FD」は全く役に立たず，学生の個性を見極めながらうまく関心や能力を引き出してやる技術がいる。いずれにせよ，コーチングのためには教員個々と学生個々とのパーソナルな接触が必要で，また特定個人の教員だけにそれが求められるのではなく，教務関連職員，TA，チューター等も巻き込んだチームとしての能力向上が必要である。

　近年シラバスの成績評価基準において「学生の授業への貢献度」を問うものが散見される。こういう授業では，学生は受け身的な「知の消費者」

ではなく，チームの中で積極的に発言し，チームでの共同作業等中で「知の生産者」であることを求められているのである。したがって，「新式FD」においては教育を提供する側の技量の向上だけではなく，「知の生産」にかかわる者としての学生の側の授業への取り組み方の変化も求められる。いくつかの大学ですでに実践されているように理想的な「新式FD」は，教員（非常勤講師を含む）だけでなく，教務関連職員もTAもチューター，そして学生自身をも含む，まさに大学（学部・学科等）全体のチーム力向上に資するものであるべきなのであろう。

④ 自己修正力の向上

　誤解のないように付け加えねばならないのは，こういったコーチングを通じて学生に成功体験を積ませることが重要ではないということだ。実社会ではプロといえども，失敗する。いや，失敗の繰り返しである。

　したがって，そもそも何か課題を見つけて取り組み始めた時に簡単に，答えを教えてはいけない。課題発見型・課題解決型学習には正解がない場合が多いが，「それはこうしたらいいよ」と教えてはいけない。外から与えるティーチングが必要なのではないのである。内から引き出すコーチングが必要なのである。学生が考え考え，うまくいかない，壁にぶつかっても簡単には教えず自己修正をさせながら温かく見守る。プロに求められることは「失敗しないこと」ではなく「同じ失敗を繰り返さないこと」である。したがって自己修正力を身に付けることが真のプロになるうえで必要である。そのためには，悩ませねばならない。それでもどうしても袋小路に入って抜け出せそうにないときに，「君の先輩の○○君はこういう工夫をしていたよ」とか，「こういう考え方もあるのではないかな」と押し付けないように配慮しながらヒントを与える。自分で工夫するきっかけを与えて，「自力でやったのだ」という達成感を持たせる。それがコーチングの要諦である。またコーチングの場合，叱りすぎも褒めすぎもいけない。メリハリを付けて公平に正当に各学生に声をかけることが肝要であろう。腕自慢の「旧式FD」とは異なり，問いかける力，引き出す力の向上こそが「新式FD」に求められるものである。

また，近年企業の採用活動でグループ・ディスカッションが多用される
ところから，グループワークをする大学が多くみられるが，正しいコミュ
ニケーションのあり方を考えさせる必要がある。自分のしゃべりたいこと
だけをひたすらマシンガン・トークでしゃべるのはコミュニケーション力
の低い証左である。コミュニケーション力とは発した言葉の数ではない。
発した言葉の的確さ，質である。コミュニケーションはキャッチボールで
ある。相手が投げるボールを的確に受け止め，相手が受け止めやすいよう
に的確に投げ返してやることが必要なのである。決して相手めがけて投げ
つけるドッジボールではない。往々にして見られることなので付言してお
く。

　またグループワークでは人の労働成果にただ乗りするフリーライダーが
往々にして発生する。授業時間内は作業しているふりをしながらも，アル
バイトだのクラブだのと理由を付けては，授業時間外の共同作業を全くせ
ずに他人に押し付ける学生が出てくる。そういう場合にはグループ単位で
の成果の評価と同時に，グループ内での作業への貢献度に関する同僚評価
をさせるのも一案である。これですべてが解決するわけではないが一助と
なるであろう。あるいは授業時間外も TA が随時相談に乗れるようにす
るとか，SNS 上でグループを作って対応するなどの方法もある。

　以上，大規模授業のティーチングで身に付けた知識・技術を，いかにし
て少人数教育のコーチングで引き出すか愚見を述べてきた。そして大規模
授業と少人数教育を有機的に組み合わせることの重要性を述べてきた。参
考になるところがあれば幸いである。

【謝辞】本章は日本私立大学連盟編集『大学時報』第 367 号（平成 28 年 3
　　　　月号）に掲載されたものに若干の加筆修正を施したものである。
　　　　転載を許可していただいた同連盟，特に企画制作担当の春名貴明
　　　　氏に感謝する。

memo

第5章

中国の専攻別評価システムと その課題についての研究
―日本への示唆―

❶ 中国の専攻別評価制度の概要

　中国においては初めて専攻別評価を模索したのは 1985 年であった。1985 年には高等工学教育評価シンポジウムが開催され，その後工学に関する評価が試験的に行われるようになった。その後，当時の国家教育委員会や，機械工業部などの国家部局と広東省教育庁などの地方教育庁は，所管している大学の機械製造工業，農学，医学などの専攻を対象に試験的に専攻別評価を実施した。

　1990 年代以降，政府が主導的な役割を果たした大学評価が行われていた一方，専攻別評価は停滞した。2007 年以降，10 年間の大学評価の経験を活かして，国家はまた専攻別評価の実践を推進するようになった。国家教育部は『本科教育を改革し，教育の質をさらに高める意見』（原語：『関于進一歩深化本科教学改革全面提高教学質量的若干意見』），『国家中長期教育改革と発展計画綱要（2010-2020 年）』（原語：『国家中長期教育改革和発展規劃綱要（2010-2020 年）』）などを公表し，専攻調整の根拠を提示するために専攻別評価を行うことを要求した。国家の要求に応じて，青海省，遼寧省，上海市などの地域は 2012 年から省レベルの専攻別評価を実践し始めた。また南昌大学，瀋陽師範大学，瀋陽農業大学，南京財経大学，大連海洋大学などの大学も自ら専攻別評価を模索した。そのために，省校二重の専攻別評価システムとなったのである。

　2016 年と 2017 年においては，国務院教育監督委員会は 2 年連続で『本科大学に専攻別評価を試験的に行うに関する通知』（原語：『関于組織開展普通高等学校本科専業評估試点工作的通知』）を公表し，省レベルの専攻別評価の実施を促進した。筆者の調査によると 2019 年 11 月に中国においては 24 の省が専攻別評価を実施した。

❷ 省レベルの専攻別評価の実施

　中国においては，全国的に 24 の省が専攻別評価を行っているとはいえ，評価制度が完備し，実際に評価を行っていたのは青海省と遼寧省と上海市だけであった。『本科大学に専攻別評価を試験的に行うに関する通知』が公表されて以来，多くの省が遼寧省の専攻別評価の評価基準を改善し，そのまま利用していたため，専攻別評価の画一化が進んでいる。

　中国全土の専攻別評価を分析した結果，遼寧省の評価経験は最も豊富である。遼寧省は 2012 年から 2015 年にかけて 4 年連続に分野別（金融学，社会学，電子情報など）または専攻別（教育学と教育技術学，就学前教育と特殊教育，小学校教育など）に 182 種類の評価基準を作り出した。2012年から 2015 年にかけて遼寧省教育庁は公立大学と私立大学合わせて 65 校の 1368 の専攻を対象に専攻別評価を実施した。ここでは教育学と教育技術学の専攻別評価の評価基準の主な内容を分析する（表 5-1）。

　遼寧省の専攻別評価の目的は，各専攻の教育状況を把握し，地域内の専攻の教育状況と経営状況を改善し，さらに地域内の専攻配置を調整することである。評価の結果は専攻配置の根拠になるために，評価は業績評価であり，インパクト評価であり，その評価結果は数字で表すことが望ましいとされている。表 5-1 に示したように，専攻別評価の評価基準は 7 つの一級指標より構成され，そのうち 1 から 6 までの一級指標は 100 点であり，7 の専攻の特色はプラス指標である。また，指標基準は量的指標と質的指標より構成され，一級指標 100 点満点のうち量的指標は 58.5 点であり，質的指標は 41.5 点である。また遼寧省は 2012 年から評価専門家が大学に入らずに，各大学がアップデートしたデータにより専攻を評価することになった。この評価方法は中国の専門家にとっては効率的であると考えられたため，2018 年以降に専攻別評価を実践したほとんどの省もこの方法を採用した。

　遼寧省のような専攻別に評価基準を策定する方法に対し，一部の省においては，一つの共通基準を設定し，そのうえに各専攻の教育の特徴に応じて一部の観察点の内容を調整するいわゆる「通用型評価」を導入した。江

表 5-1　遼寧省の教育学と教育技術学に関する専攻別評価基準

一級指標	二級指標	主な観察点
1. 学生の受け入れ(10点)	1.1 学生受け入れの状況（100%）	1.1.1 高考における学生受け入れの平均点数（60%）
		1.1.2 4年間高考における学生受け入れの平均点数が大学全体の学生受け入れの中の状況（40%）
2. 人材育成モデル(15点)	2.1 教育プログラム（60%）	2.1.1 教育目標（20%）
		2.1.2 カリキュラム（80%）
	2.2 人材育成モデルの改革（40%）	2.2.1 人材育成モデル改革とイノベーションの具体的な措置とその効果（60%）
		2.2.2 グローバルな人材育成モデルの改善の具体的な措置とその効果（40%）
3. 教育資源(30点)	3.1 教員（35%）	3.1.1 学生と教員の比率（25%）
		3.1.2 博士号を持つ教員の比率（25%）
		3.1.3 ハイレベルな教員の状況（20%）
		3.1.4 4年間教授と副教授が学生に授業をした状況（15%）
		3.1.5 若手教員が社会実践トレーニングを受けた比率（15%）
	3.2 教員の科学研究（25%）	3.2.1 4年間学術論文の発表の数と代表論文（40%）
		3.2.2 4年間省以上のレベルの賞を受賞した状況（30%）
		3.2.3 4年間代表者として科学研究プロジェクトを担った数（30%）
	3.3 教員の教育研究（25%）	3.3.1 4年間教育研究に関する論文の発表数（30%）
		3.3.2 10年間専攻に関する教科書の出版数（30%）
		3.3.3 10年間代表者として省以上のレベルの教育研究プロジェクトを担った数（40%）

	3.4 実験と実践教育の状況（10%）	3.4.1 学生 1 人あたりの教育用実験設備の価格（25%）
		3.4.2 学生 1 人あたりの 4 年間新たに購入した実験設備の価格（25%）
		3.4.3 学外実習施設の数および各施設に実習した学生数と在学生数との比率（50%）
	3.5 図書資料（5%）	3.5.1 学生 1 人あたりの専攻と関連する図書数（60%）
		3.5.2 本専攻と関連する電子ジャーナルの数（40%）
4. 専攻教育プロジェクトと教育成果賞（15点）	4.1 専攻教育プロジェクト（60%）	4.1.1 省以上のレベルの専攻プロジェクトの状況（100%）
	4.2 教育成果賞（40%）	4.2.1 省以上のレベルの教育成果賞の受賞状況（100%）
5. 教育質保証（10点）	5.1 質保証システム（100%）	5.1.1 質のコントロール（30%）
		5.1.2 教育評価（40%）
		5.1.3 フィードバックとその効果（30%）
6. ラーニングアウトカム（20点）	6.1 就職状況と就職の質（50%）	6.1.1 4 年間の就職率（50%）
		6.1.2 1977 年以降卒業した優秀な学生 10 名の事例（50%）
	6.2 在校生の総合素質（50%）	6.2.1 4 年間イノベーション活動と科学研究活動に参加した学生の数と在校生数との比率（25%）
		6.2.2 4 年間学生が省以上のレベルの賞を受賞した数（30%）
		6.2.3 4 年間学士が発表した学術論文およびパテントの数（15%）
		6.2.4 優秀な学生 5 名の事例（30%）
7. 専攻の特色（10点）	7.1 専攻の特色，実行状況とその効果（100%）	

出所：遼寧省教育庁ホームページを基に筆者作成

西省はこの「通用型評価基準」を利用した。江西省は国家教育部『普通高等教育学校本科教育の審査評価に関する通知』により 2014 年から専攻別評価の評価指標と評価方法を設計し，2015 年から 2017 年にかけて 52 の専攻種類の 928 の大学専攻を評価した。2018 年には国家の要求に応じ，江西省は『2018 年普通高等本科教育における専攻総合評価の実施に関する方案』を発表した。この方案は遼寧省の評価方案をもとに，1. 専攻の主要科目を担当する教員の学術分野と専攻との一致性，2. 教育実験設備の利用状況および学外の実践基地の質と評価基準に 2 つの二級指標を増やした。また現在中国においては新時代の教育システムを作り上げ，大学においては思想と政治教育が従来以上に重視されている。そのため，2018 年に発表された江西省の専攻別評価の共通評価基準においては思想と政治教育という評価の二級指標を増やし，また定性指標として各専攻の思想政治教育の成果を評価している。

❸ 省レベルの専攻別評価の評価結果の利用

（1） 評価情報の公開

　業績評価の最も重要な特徴の一つは上級機関が量的評価を実施し，評価情報と評価結果を一定範囲内で公表することである。大学の専攻別評価は業績評価である。そのため，省政府もその評価結果を社会に公開し，社会に説明責任を果たすことを図っている。遼寧省は毎年評価結果を緻密に分析し，その分析報告書を社会に公開した。また遼寧省と江西省が毎年専攻状況ランキングを発表し，省教育庁のホームページにおいて各専攻のすべての評価指標の情報を社会に公表し，学生の就職先の参考に供する。さらに各専攻は各自の教育状況を比較し把握することができるため，教育と運営の状況を改善することが可能である。

（2） 評価結果の利用

　遼寧省は評価結果により各専攻への経費配分のウエイトを変えている。例えば 2012 年から 2015 年にかけて各専攻評価ランキング上位 20％の 247 の専攻に重点的に経費を与えた。また専攻評価ランキング下位の専攻の教

育状況を分析し，そのうち社会の要求に応じない，就職率が低いまたは教育アウトカムが低下している 406 の専攻に学生の入学計画を削減するか停止し，さらに専攻教育権の取り消しに至るまで懲罰を与えた。この評価結果の利用により，省政府は地域内の専攻設置の調整を果たし，大学の専攻設置の画一性を抑え，大学の特色を打ち出せることを図った。江西省の専攻別評価に関する実施法案においては，評価より「専攻設置を改善し，教育の質と特色を打ち出し，教育水準と人材育成の質を高める」と評価の目的について記述したが，評価結果の利用に関する報告書は未公開である。

❹ 大学レベルの専攻別評価の展開

　省レベルの専攻別評価の実施より，一部の大学も専攻教育の質の向上を目指して大学内部の専攻別評価を実施した。筆者は南昌大学，瀋陽農業大学，広東海洋大学，大連海洋大学，南京郵電大学などの 40 校が実施した専攻別評価の内容を比較し，その評価方法を 2 種類に分類した。

（1）　通用型評価

　通用型評価とは一つの評価指標ですべての専攻を評価する方法である。この評価方法は便利であると大学側に考えられ，瀋陽農業大学，延辺大学，広東海洋大学などがこの方法を用いた。

　瀋陽農業大学を例として分析する。瀋陽農業大学は農学，理学，工学，経営学などの学問分野の 57 の専攻を有する大学である。瀋陽農業大学は遼寧省の専攻別評価の評価指標をもとに，定量指標の割合を増加し，定性指標の割合を減少させていた。この定量指標をメインとした専攻別評価は評価専門家の主観要因を最小限としたため，57 の専攻を唯一の評価指標のもとに評価することを可能とした。瀋陽農業大学は毎年評価結果より専攻ランキングを公表し，専攻の教育状況を分析した。その分析により専攻が自ら努力する方向を見出し，また大学が専攻への投入を調整することが可能である。

（2） 分類型評価

　通用型評価は最も便利であるとはいえ，科学的であるとはいえない。それは各専攻分野に自らの人材育成の法則と教育方法があるためである。各専攻分野の教育法則を踏まえたうえで，一部の大学は分類型評価を実施した。分類型評価とは，学問分野あるいは理工系と人文社会系という学術領域の分類により専攻を評価する方法である。南昌大学，西南科技大学，広東工業大学などの大学は分類型評価を実行した。例えば南昌大学においては100余りの本科専攻があり，その専攻を文学，理学，工学，体育学，芸術学と5つの学問分野に仕分け，2015年から毎年専攻別評価を行った。南昌大学は遼寧省の評価基準をもとに，"本科教育プロジェクトおよび教育成果賞"という一級指標を追加した。また近年政府は質保証制度によって大学教育の質を向上させることを重視している，そのために南昌大学は一級指標の"教育質保証"を"教育管理と質保証"に変更し，その評価内容も細分化した（表5-2）。分類型評価は学問分野の近い専攻間の比較を重視し，その教育インカムとアウトカムが画一化しているかどうかを判断し，合理的に大学資源を投入する一方，大学自ら専攻の削減と調整を目指している。

表5-2　南昌大学の"教育管理と質保証"の評価基準

一級指標	二級指標	観察点
5. 教育管理と質保証：15点	5.1 教育管理（50%）	5.1.1 4年間専攻の日常的な教育状況（30%）
		5.1.2 教員が教育制度を守る状況（20%）
		5.1.3 学生の学風（30%）
		5.1.4 他の専攻への貢献（20%）
	5.2 質保証制度（50%）	5.2.1 質のコントロールと評価（40%）
		5.2.2 制度の策定と実施（40%）
		5.2.3 フィードバックとその効果（20%）

出所：南昌大学ホームページを基に筆者作成

❺ 中国の専攻別評価に関する問題点

（1）　国家のマクロ・コントロールシステム

　国家教育部は大学の専攻について「国家政府のマクロ・コントロール，省政府の設置調整および大学の自主経営」の専攻設置と管理の方針を決めた。しかしこのシステムは現在完備しているとは言えない。国レベルからみると，近年専攻教育の質保証制度を確立するために，教育部はいくつかの政策を立てた。まず専攻の質保証に関する最も重要な政策は 2018 年に発表された『本科大学専攻類の教育の質に関する国家基準』（原語：『普通高等学校本科専業類教学質量国家標準』）である。この基準は専攻教育の人材育成モデル，カリキュラムなどを明示したため，専攻教育の質の基本レベルを決定した。そして 2018 年以降教育部は専攻教育指導委員会を調整し，国家レベルの専攻別評価基準や政策などを作成し，専攻教育の質保証を果たしてきた。第三は近年国家レベルにおいてはエンジニア，医学，師範，建築などの学問分野の専攻認証評価を実践した。それは国家レベルの専攻別評価の実践に経験を積み重ねた。近年，国家レベルの専攻教育の質保証に向けた行動が始まったとはいえ，基本的には理工学，医学や師範学に集中している。国家レベルの人文社会学に関する評価経験が欠け，全面的に専攻別評価を実施することが困難である。

　また，中国の高等教育分野においては「211 プロジェクト」と「985 プロジェクト」の経験を踏まえ，2015 年に「双一流建設プロジェクト」を打ち出した。この「双一流」は世界の一流大学と一流学科を指している。専攻は学科の基本要素であり一流の学科を作るためには一流の専攻を作る必要がある。しかし国家レベルの専攻に関する評価制度がないため，一流の専攻を選抜し，戦略的に世界一流の人材育成モデルと教育を提供しているかどうかを判断するために，国家レベルの専攻認証評価を策定する必要がある。また国家レベルの専攻教育に関する評価制度を完備することにより，国際的な教育交流を深めることができる。そのため，国家レベルの専攻評価指標を策定する際に，国際通用可能な人材育成アクレディテーションの指標を参考にする必要がある。その評価の結果は学習成果と専攻教育

の質を示し，国際的な学生交流をする際に修得単位の交換にもつながる。

(2) 省と大学レベルの専攻別評価の区別

　省レベルの専攻別評価の目的は各専攻の教育状況を把握し，地域内の専攻の教育状況の改善と専攻配置の調整に当てはまる。それは専攻教育の質を測るための評価ともいえる。そのため，省レベルの専攻別評価は量的指標をメインとした業績評価の仕法を用い，評価結果による専攻への投入と専攻配置の調整を目指した。

　しかし，現在中国の大学レベルでの専攻別評価は基本的に通用型評価であり，その評価指標も省レベルの専攻別評価の評価指標との区別が少ない。一部の大学は分類型評価を使っていたが，専攻間の評価指標の区別が微小であるため，専攻の教育状況を解明し，人材育成の改善にそれほど役立たない。

　これを踏まえ，大学レベルの専攻別評価の目標を教育の質を測定することではなく，向上することに置く。そのために量的評価をメインとした評価基準を調整し，専攻教育の質を評価する基準を作成する。大学レベルの評価は専攻が省レベルの専攻別評価を受けたあとに，専攻が自ら教育目標と人材育成モデルを調整し，教育を受けた学生が社会の要求に適応できるかどうか，また教育の特色を打ち出しているかどうかという認証評価の基準を作成し，評価より専攻教育の質を向上することを目指すのである。

❻ 日本への示唆

　自由主義諸国では 1980 年代から規制緩和の波が押し寄せ，諸分野で規制緩和が急速に推進された。高等教育においても，例外ではなく，日本では 1991 年 6 月に大学設置基準の改正，7 月から施行された。それと呼応する形で，日本では，2004 年度より日本国内のすべての大学，短期大学，高等専門学校は毎 7 年以内に，専門職大学院は毎 5 年以内に文部科学省が認可している評価機関の評価を受けることが義務づけられた（学校教育法第 109 条）。このほかに，国立大学法人と大学共同利用機関法人においては，法人評価が毎事業年度及び中期目標期間（6 年）ごとに業務実績の評

価等が行われている。

　認証評価に関して，大学の場合，独立行政法人 大学改革支援・学位授与機構（国立大学），一般財団法人 大学教育質保証・評価センター（公立大学，2020 年 4 月から），公益財団法人 大学基準協会（私立大学），公益財団法人 日本高等教育評価機構（私立大学）のいずれかの評価機関の認証評価を受けねばならないのである。短期大学の場合は一般財団法人 短期大学基準協会，大学基準協会，日本高等教育評価機構のいずれか，高等専門学校は大学改革支援・学位授与機構の評価をそれぞれ受けねばならない。認証評価には「機関別評価」と「専門分野別評価」があり，後者については専門職大学院が対象となる。

　従来厳しかった設置基準のハードルを下げる代わりに，いわば規制緩和とのセットで認証評価を行うことで質保証を確保するということなのである。当然ながら，大学設置における大学の自由度を拡大（大学のより一層の個性化，多様化を推進）することになる。

　中国の場合，社会主義国家であり，まだ進学率がそれほど高くならない時期から内部質保証の制度が整備され始めた。なぜなら，中国では大学教育の拡大を政府が計画・推進してきたのだが，短期間での政府の想定を超える急激な増加のため，社会的資源の育成・拡大が大学の拡大のスピードに追い付かず，質保証制度の導入が必要とされたのである。ただ，自由主義諸国における質保証制度と異なり，「自由」と引き換えに「質保証制度」を導入するのではなく，結果が芳しくないと「閉鎖命令」が出されるなど，かなりトップダウンの制度になっている。自由主義諸国では政府が直接タッチしない形で（もちろん，形式的にということにすぎないが）第三者機関による評価が行われているのとは対照的である。そういう目的の相違と関係するものと考えられるが，中国では機関別認証評価にとどまらず，専攻別評価も進んでいる。もちろん，さまざまな問題があり，全面的に進められているわけではないとのことではあるが，日本以上に進んでいるのは事実である。政府によるトップダウン的な質保証制度の特徴を表すと考えることもできる。

　認証評価は質を保証し，大学の教育研究活動の質を向上させるために行

われていくものであるが，際限なく細分化し，煩雑になり，膨大な資源を評価に割くようになると，かえって教育研究の質を低下させることにつながりかねない。何を目的として，誰のために，何をどう評価するのか，どこまでやるのか，それをはっきりするための「アセスメント・ポリシー」が必要なのではないだろうか。

 参考文献

・紀宏（2017）「各省の本科大学の専攻評価の実施方案の内容についての分析」（原語：「各省本科専業評価実施方案内容分析」）『大学』2017年第12号，pp. 61-65

・遼寧省教育庁（2015）『2015年遼寧省普通本科教育専攻別評価報告書』（原語：『2015年遼寧省普通高等学校本科専業総合工作報告』）http://www.lnen.cn/zwgk/zwtz/287004.shtml（2019年11月17日閲覧）

・瀋陽農業大学（2014）『2013年本科専攻の総合評価』（原語：『2013年本科専業総合評価工作報告』）http://jwc.syau.edu.cn/ZiLiaoXZ/7CC232A02B6369DD.shtml（2019年11月17日閲覧）

・南昌大学（2015）『専攻総合評価の実施方案（試行）』（原語：『本科専業総合評価工作実施弁法（試行）』）http://dpb.ncu.edu.cn/cs/pgjs/41205.html（2019年11月17日閲覧）

註

1　本章の作成に当たっては，1.～5. を邵が執筆し，山内がその日本語を修正しつつ，加筆を施し，かつ6.を付け加えた。その後，邵と山内とで3度にわたり原稿を交換し，相互に加筆修正を施した。両名が本章に責任を負うのはもちろんであるが，邵の貢献度は70％，山内の貢献度は30％である。したがって第一筆者は邵，第二筆者が山内である。

2　本章は山内が取得した日本学術振興会の科学研究費補助金 基盤研究（C）（2018年度～2021年度）「研究大学における持続可能な学修支援のあり方についての日中豪三国の比較研究」（課題番号 18K22726）の研究成果の一環である。

memo

第6章

世界の学習支援

❶ メルボルン大学の生き残り戦略と学習支援

（1） オーストラリアの大学教員の覚悟

「オーストラリアでは高等教育は鉄，石炭と並ぶ三大輸出品である。」

2018 年 11 月 23 日，5 年ぶりに訪れたヴィクトリア州のメルボルン大学でリチャード・ジェームス（Richard James）副学長は私たちにこう語った。オーストラリアの大学教員はこのことをよく口にするが，私たちは，それは自慢ではなく覚悟であると理解している。国際的な高等教育市場におけるサバイバル・レースはますます熾烈になっている。グローバル化と高度情報化が加速し，人も情報もすさまじい量がとてつもないスピードで世界中をかけめぐっている。外国から優秀な留学生を集めるにも，教育の質の向上，なかでも学習支援の質の向上は不可欠である。

メルボルン大学は2008年からスタートさせた「グローイング・エスティーム（Growing Esteem）」と称する中期計画において「メルボルン・モデル（Melbourne Model）」と呼ばれる新たな教育システムにリフォームした。すなわち，従来いくつもあった学士号の種類を 6 つに絞り込み，3 年間の学士課程[1]では学群ごとに共通のカリキュラムにより基礎教育を行い，すべての学生を大学院に進学させてから専門職教育もしくは研究者養成を行うものに改編した。「グローイング・エスティーム」は 2020 年に終了する。現在，新しい中期計画の準備が進んでいる。2019 年に教育担当副学長[2]が代わり，最終的検討がなされ，2020 年に承認されるという。

私たちがメルボルン大学を初めて訪れたのは「グローイング・エスティーム」が開始される 2 年前の 2006 年であった。当時，ジェームス副学長は高等教育研究センター長であった。その後，数度にわたり，われわれは同大学を訪問しインタビューを行った。2013 年にも彼にインタビューするために訪問した。そのとき，高等教育研究センターは新しいビルに移転し

たばかりであり，彼は自慢げに広くきれいになったセンターを案内してくれた。大学図書館を見学したが，そこには各階にラーニング・コモンズがあり，多くの学生が座り心地のよさそうなソファーに座って学習していた。2006 年以来，メルボルン大学の教育改革をフォローアップしてきたが，2006 年の訪問調査ではメインテーマは学生授業評価であり，2013 年は学習支援であった。その都度，メルボルン大学が遠くなっていくように感じたが，今回さらにその感を強くした。メルボルン大学の学習支援戦略は地域連携や資金獲得力強化や大学教員の役割の再定義と結びつき，その基盤を強め，進化を進めている。以下に，ジェームス教授へのインタビューをまとめる。

(2)　「グローイング・エスティーム」の実際

　メルボルン大学は「グローイング・エスティーム」と称する大学改革によりさまざまな大学世界ランキングで上位 40 位に入るまでになった。それは大きく 3 つの段階に分けられる。第一段階は「メルボルン・モデル」を中心とする教育改革である。この段階では大幅なカリキュラム改編が進められた。第二段階は研究改革である。この段階では研究力改善のためにさまざまな施策が講じられた。第三段階は社会貢献を中心とする改革である。この段階では地域連携や産官学連携を推進するとともに，寄付金や外部資金獲得のための組織強化とサステナビリティのための施策[3]が実施された。なお，これら 3 つの段階すべてに並行して，より一層の国際化も推進された。

　ジェームス教授の考えでは，国際高等教育市場において大学が生き残るための戦略は 4 つある。第一に，大学が教育と研究が相乗効果を生み出すようなマネジメントをすることである。第二に，地域をよく理解し，地域連携を強化することである。これまで大学は，地域社会に大学の価値をアピールして理解させることを怠ってきた。地域社会との密接な結びつきはとても大切だ。アメリカ合衆国の州立大学などは良い見本である。そのために近隣の地域社会とよくコミュニケーションをとらねばならない。

　第三に，新しい財源を開拓することである。例えば，マイクロ・クレデ

ンシャルである。すなわち，これまでの学士課程や修士課程のような長期の教育プログラムではなく，それらを細分化して個別に提供し認証する営利目的の教育プログラムである。平日に受講でき，オンライン中心のものであり，6カ月で修了できる。卒業生が主なターゲットであり，同窓生を巻き込んだ生涯学習であるとも言える[4]。これを企業や政府に売っているが，今や大学のビッグビジネスになっている。

　また，寄付金や外部資金を獲得するための体制づくりは重要である。メルボルン大学はこの点について精力的に取り組んでいる。アメリカ合衆国とは異なり，オーストラリアは人々が大学に寄付する伝統や文化はなかったのだが，今メルボルン大学ではこれに力を入れている。同窓生からの寄付が2,000万ドル，3,000万ドルと集まる。大学全体で毎年1億ドルも寄付金が集まる。ジェームス教授のオフィスは大学本部にあるが，その建物の2階はフロア全体が外部資金に関する部署であり，50人ものスタッフが働いている。上級スタッフの一人は国際的な資金獲得戦略を担当しており，資金獲得強化のために連合王国から招いたスタッフが2人いる。寄付金を集めるために多くの優れたエキスパートを雇っているし，広告のエキスパートもいる。

　以上である。日本では資金獲得が個々の大学教員に委ねられていることが多いと話すと，「学者や教員はお金集めに向いていない。日本の大学は資金獲得にもっと真剣になる必要がある。ちゃんとしたスタッフを揃えなければならない」と言われた。予算や人員の不足は学習支援が整備・拡充されないことの理由にならない。学習支援を強化するためにも，外部資金獲得をプロフェッサーではなくプロフェッショナルに任せて財政基盤をしっかりしたものにしていく必要があるだろうということであった。

（3）　巨大なマーケットとその課題

　なお，オーストラリア全体について，現在重点的に留学生獲得のマーケットとして重視しているのは，中国，インド，インドネシアの3カ国である。この3カ国の総人口合計は25億人近くになるわけであるから，とてつも

ない大きなマーケットである。当然のことながら留学生が増えると，手厚い学習支援が必要になる。その体制をどう構築していくかは，日本同様に財政問題で悩みの絶えないオーストラリアの大学においても喫緊の課題であるとのことであった。

　初めてわれわれがオーストラリアを訪れた 2006 年の時点でニュー・サウス・ウエールズ州のニュー・サウス・ウエールズ大学も訪問したのだが，特に理科系の研究室では教授をはじめとする教育スタッフ，職員，ポストドクター，大学院生，学部生の大半がアジア系という研究室がいくつか見られた。現在，さらなるアジア系移民と留学生の国内流入が加速しているようであり，研究重視の大学においては，学習支援の充実は，まさしく喫緊の課題であるというほかない。

　少なくともメルボルン大学は，日本の大学における学習支援の状況の数歩前を歩んでいる。われわれが今後のグローバル化推進の中でどのような学習支援が必要になるかを考察していくうえでモデルになるというのが実感である。

【付記】本研究は山内が取得した日本学術振興会の科学研究費補助金の基盤研究（C）「2018 年度〜2021 年度研究大学における持続可能な学修支援のあり方についての日中豪三国の比較研究」（課題番号 18K22726）の研究成果の一環である。

❷ 香港中文大学の LEO と学科と書院による学習支援

　香港中文大学（以下，「中文大学」と略す）は世界ランキング 46 位である。学生数も 2 万人を超して香港大学を抜いて香港のトップとなり，香港だけでなく中国本土や海外から多くのエリートが学びに来る名門大学となっている。われわれが中文大学を訪問するのは今回が 3 度目になる。前回 2011 年 2 月に訪問した時にも王淑英教授にインタビューしたが，2018 年 12 月 3 日に訪れた時には彼女は入試・学生担当副学長となっていた。中文大学は世界を視野においた先進的研究を志向しながら，伝統と現代，中国と西洋の融合をミッションとして掲げる。王副学長へのインタビューをもとに，中国のエリート大学の学士課程における学習支援を学生支援シス

テムと関係づけながら紹介する。

　ちなみに，現在，香港には8大学がある。そのうち6大学は1990年代に創設されたものである。最も歴史があるのは1911年創立の香港大学であるが，中文大学は1963年に創立されており，香港大学に次ぐ歴史を持つ。香港が英国の植民地統治を受けていた時代から，英語で授業を行う香港大学に対抗して，中国語と中国文化を教授する公立大学として，中文大学は異彩を放っていた。もちろん，英語による授業も数多く設けられているのではあるが，香港大学との意図的な差別化が図られていたのである。1997年の返還以降は，研究志向を強め，現在では各種ランキングにおいても香港大学を凌駕している。

　周知のとおり，今，香港は騒乱のただなかにある。しかし，われわれが訪問したときは，（今，考えればそれなりの「予兆」はあったものの）政治的には静かな環境であったと言える。ただ，歴史的に，中華人民共和国成立時（1949年）と天安門事件時（1989年）に中国本土からの「移民」が大量流入した経緯があり，中国本土に対する感情は「微妙」である。現在でも，中国本土では使用できないFacebook，LINE等のSNSやインターネットを，日本とほぼ同様に使用することができる。地下鉄の車内では映像が流れ，政府批判のニュースなどが流れている。中国本土では考えられないことである。つまり，どうにかこうにか「一国二制度」が保たれているのである。この自由主義的な雰囲気にあこがれて，中国本土からの優秀な「ノンローカル」学生が集まることにつながっているのである。

（1）　OSAにおけるLEOによる学習支援

　以下，王副学長へのインタビューを再構成して要約しながら，われわれの見解を加えていく。

　この10年間で外国人留学生（international students）や中国本土からの学生（mainland students）が増え続けて学生全体の20％を占めるまでになった。中文大学は超難関大学である。中国本土からの「ノンローカル」学生が入学するには，「高考」と呼ばれる国家の全国統一試験でトップ0.1％に入る必要がある。香港からの「ローカル」エリートだけでなく中国各地の

エリートが集まっているが，文化や生活習慣の異なる学生が混在すること
により，学習面でもいろいろな問題をかかえる学生が増えている。これに
対応するため，王副学長が所掌している OSA（Office of Student Affairs）
に LEO（Learning Enhancement Officer）と呼ばれる専門職員を学部ごと
に 1 名ずつ，計 6 名雇い，学生の個別相談に応じている。また，外国人留
学生の学習支援に携わる LEO もいる。

(2)　2種類のアドバイザーによる学科の学習支援

　中文大学は学科単位で 2 種類のアドバイザーがアカデミック・サポート
を提供している。すべての学部生は入学直後に 4 年間の学習計画を立てる。
そのため学生は進級条件や各学年のカリキュラムや各科目の内容や学習方
法などを知らなければならない。ジェネラル・アドバイザーはこれらに関
する情報を提供して学生が学習計画を立てるのをサポートする。一方，そ
れとは別に GPA が 4 点満点中 2 点以下で留年の恐れのある学生や家庭の
問題や人間関係に悩みを抱える学生のカウンセリングをするアドバイザー
がいる。こうした 2 種のアドバイザーが学科ごとにおり，学生をサポート
している。

(3)　書院システムによる学生支援と学習支援

　中文大学は，香港大学をはじめ香港の他の公立大学にはない「書院（col-
lege）」と呼ばれる教育システムをもつ。王副学長によれば，それはオッ
クスフォード大学やケンブリッジ大学が設立当初から継続している伝統的
な学寮制度（college system）とよく似たものだという。中文大学には 9 つ
の書院がある。すべての学生はそのどれかの書院に属さねばならない。書
院は単なる生活の場であるだけでなく，さまざまな課外活動の拠点であり，
さまざまな学生支援を行っている。すべての学生は最低 1 年間いずれかの
書院で寮生活をしなければならない。学生は入学時に所属したい書院の希
望を第 1 希望から第 9 希望まで書いて届けるが，第 3 希望までに入れるこ
とはほとんどない。どの書院も，属する学生は男女が半数ずつで，所属学
部（中文大学では「学院」と称する）も特定の学部に偏らないように振り分

けされている。すべての学生がいずれかの学院と書院に所属するのである。

　書院ではさまざまな学生が共同生活をしたり，一緒に課外活動をしたりするだけでなく，書院が提供する正規授業である「体育」（2単位）を履修しなければならない。各書院には必ず体育を担当する教員がいる。小さい書院では1人しかいないが，大きい書院では2～3人いる。講義もあるが，大半は実技であり，学生は好きなスポーツを選んで実技をしている。また，課外活動や体育の授業の他，道徳やリーダーシップなど，学生の心身を育て鍛える教育・訓練を行っている。

　学科が担っているアカデミック・サポート以外のほとんどの学生支援は書院で行っている。それぞれの書院は学生に海外留学するための奨学金を出している。また，国内だけでなく国外でのサービス・ラーニングをサポートしている。さらに，すべての書院には学生補導長（Dean of students）と呼ばれる教員がおり，カウンセラーとなって学生のメンタルな悩みの相談を受けたり，学生生活上の問題を学生が解決するための援助をしたりしている。

　なお，興味深いのは中国本土からの「ノンローカル」学生に対して「中国語」の授業を行い，学習支援を展開していることである。その授業で中国人学生は「普通話（北京語）」とは発音がかなり異なる「広東語」を学ぶ。「ノンローカル」学生の多くが普通話は理解するけれども広東語は理解できない。そこで，本土出身の中国人が広東語の授業を受けることになるのである。

（4）　奨学金とアルバイト

　中国政府から中文大学に配分される予算には奨学金は含まれていない。そのため，寄付金などの外部資金を獲得したり，教育や管理運営の経費を削って奨学金に回したりする必要がある。海外から優秀な留学生を集めるためにも奨学金は必要である。その点，中文大学は寄付金がそれなりに集まっており，財政面でのやりくりにより奨学金を出す余裕があるという。裕福な家庭出身の学生は一部だけであり，ほとんどは裕福でない。したがって，ノンローカル学生は夏休みに，ローカル学生は授業期間中も香港市内

の学習塾などでアルバイトしている。優秀な中文大学の学生はそうしたアルバイトを容易に見つけられるようである。

　以上，中文大学の学習支援と学生支援をみてきた。中文大学の学生支援システムはいくつかの層からなっており，書院システムが大きな役割を果たしている。書院での学寮生活や課外活動や体育の授業などにより，異なる文化の学生がかかわりあい協働する中で，人間性だけでなく多様性を受け入れる素地やコミュニケーション能力やチームワーク力なども身につけ磨いている。学習支援では学科と書院と OSA（とくに LEO）が三位一体となってそれぞれの長所を発揮している。

　　ハードで過剰なカリキュラムの上にアルバイトも課外活動もするのではじっくり自分で考える習慣ができないのも仕方ありません。学生が自分で考える時間をもっと増やしたい。旧来のサブジェクトベースのカリキュラムからイノベーションを扱うようなカリキュラムにリフォームしなければなりません。中国人学生はなかなか外国人留学生と交流しないので，そうした交流を促進することも今後の課題です。

　王副学長はインタビューの最後にこのように語った。中国の高等教育をリードするエリート大学は高いハードルをクリアしながら，目はずっと先を見ている。

　ただし，冒頭に述べたとおり，2019 年 11 月には警官隊が大学構内に入り，催涙弾を発射し，学生を拘束した。また多数の負傷者も出た。中文大学の戦略も，香港が中国においてどのように位置づけられるのかにかかってくるのであろう。

【付記】本章は山内が取得した日本学術振興会の科学研究費補助金の基盤研究（C）「2018 年度〜2021 年度研究大学における持続可能な学修支援のあり方についての日中豪三国の比較研究」（課題番号 18K22726）の研究成果の一環である。本章の第一筆者は米谷，第二筆者が山内である。

註

1 オーストラリアは英国同様，一般に大学の学士課程は 3 年である。

2 Vice Chancellor といい，オーストラリアの大学では実質的な学長職である。

3 持続的発展が可能な社会を構築するためのさまざまな取り組み。

4 働く者が仕事に直結する知識・技能を身につけるための学習支援とも言える。

memo

第III部
学生の進路について

第**7**章

大学生の学力と
進路職業選択

❶ 問題意識

松下佳代教授（京都大学）（2006）はかつて下記のような問題提起を行った。

> 大学生にとって学力とは何か？
> 大学に入ってから新たに獲得する学力はあるのか？

この問題提起のもつ意味は深い。なぜなら，大学生に関しては従来，すでに獲得してきた学力しか，論議の対象にはならなかったからである。大学は入学までに身につけてきた学力を基盤にして，学問，研究を行う場であり，あらたに学力をつける場ではなかった。

ところが，1990年代は教育に中心が移り，21世紀に入ってからは学習支援に中心が移っている。つまり，前世紀末と今世紀に入ってから以降との大学教育改革の流れの変化は，「授業者の授業力向上」から「学習者の学習力向上」へと論点が移行したことによるものである。「単位制度の実質化」とあいまって，1単位＝45時間の学習をいかにして―空文句ではなく―実質的に学生に行わせるかが課題である。その努力を学生が行うことなく，教員だけが授業改善に身をやつしても意味は薄い。したがって，教員の授業改善から学生の学習支援へと論点は移動しているのが現状である。すなわち，現在，学生の学びを支援するという考え方においては，授業者が一方的に講義を行う（運転手＝教員）のではなく，むしろ学習者が主体的になって学習に取り組み，授業者は適宜アドバイスをする（運転手＝学生，助手＝教員）立場に一歩退くことが求められている。これは結局のところ，「学生をいかに育てるのか」という問いに近いのである。90年代までの授業者の「教える」営みを改善しようとする流れに対して，授業者は

学習者の「学ぶ」営み，学習者を「育てる」営みを促進しようとする流れへと変化している。しかし，それでは，大学教育において，学生を「育てる」とは何なのか。大学生にとって習得すべき学力とは何なのか。

❷ 大学生にみる学力の多様化

大学生の学力の「多様化」というと，学力「低下」を言い換えただけ，カモフラージュしただけの詭弁と捉える向きが多い。しかし，現実にはそうではない。すなわち，いわゆる「低下」が起こっているだけでなく，垂直方向への「格差拡大」，水平方向への「拡散化」も進行している。両者を併せて「多様化」と称するのである。この点こそ，近年の大学生の学力論が，かつて大学生を巡って倦むことなく繰り返されてきた「近頃の大学生は……」式の議論と異なる点である。すなわち学生の学力の多様化は**垂直的多様化**（＝いわゆる各大学内部での，また大学生層全体の中での学力格差の拡大）と**水平的多様化**（＝高校時代の履修経歴の多様化）によって特徴づけられる。

やや古いデータではあるが，筆者の本務校における 2010 年度の学生の履修経歴を調べた結果，表 7-1 のようになった（米谷 2010）[1]。例えば，現在の高校には，理数コース，英語コース，特進コースなど，特別なコースが設置され，それらのコースでは独特の教科がある。そういうものも独自の科目としてカウントすれば，調査時点では，職業科の科目（例えば，工業数学等）は別として，総計で英語 13 科目，数学 9 科目，国語 7 科目，理科 15 科目，社会 9 科目で，合計 53 科目であった。

神戸大学では，かつては一般入試を経て入学する学生が大半を占めてきたが，一部の学部では AO 入試，推薦入試があり，さらには社会人特別入試，さらに社会人に限らぬ特別入試，「志」入試などもある。このような入試方法の多様化とも連動して学生の学力の多様化はかなり進行している。

表 7-1 からわかるとおり，上位 10 科目，すなわち，英語Ⅰ，Ⅱおよびリーディング，ライティング，数学Ⅰ，Ⅱ，A，B，現代文，古典の 10 科目は文系理系に関係なく，一般入試では求められるので，いずれも 80%

表 7-1　神戸大学新入学生の科目別履修率（2010 年度）

（%）

1	数学 I	96.3
2	数学 A	96.1
3	数学 B	95.9
4	数学 II	95.8
5	英語リーディング	86.1
6	現代文	85.8
7	英語ライティング	85.5
8	古典	85.5
9	英語 II	81.8
10	英語 I	81.5
11	化学 I	54.2
12	化学 II	46.2
13	数学 C	45.9
14	数学 III	45.7
15	国語総合	44.1
16	生物 I	43.1
17	英語オーラル・コミュニケーション	40.9
18	物理 I	38.4
19	物理 II	34.8
20	地理 B	30.8

出典：神戸大学大学教育推進機構の調査（2010）より

以上の学生が履修している。履修していない少数派は，未履修ということではなく，例えば英語コースの英語，理数コースの数学などコース独自の科目を履修しているケースが大半である。ところが，これらのコア科目以外の履修状況は全く多様である。11 位の化学 I が 54.2％で，その他の科目，つまり 42 科目はすべて半数以下の学生しか履修していない。

　ことに問題となるのは下記の点である。

（1）　医学部医学科では物理 I 履修者は 72.1％，物理 II 履修者は

65.1%，化学Ⅰ履修者は 93.0%，化学Ⅱ履修者は 90.7%，生物Ⅰ履修者は 53.5%，生物Ⅱ履修者は 30.2% となっている。ここ数年，生物履修者が激減している。

(2)　医学部保健学科では物理Ⅰ履修者は 30.8%，物理Ⅱ履修者は 20.2%，化学Ⅰ履修者は 77.9%，化学Ⅱ履修者は 64.4%，生物Ⅰ履修者は 51.0%，生物Ⅱ履修者は 39.4% である。

医学部は，医学科であれ，保健学科であれ生物の知識をかなり必要とする学部である。ところが生物Ⅱのみならず，生物Ⅰすら履修している者が半数ほどにすぎないというのは問題である。医学部では国家試験の関係上，非常にタイトなカリキュラムが組まれている。この条件下でいかに対応するべきであるのかが問題になっている。もちろん，その後のカリキュラム改革と学習指導要領の改訂によって，この問題は緩和されたが，解消されてはいない。

さらに下記も問題点である。

(3)　農学部では学科によるばらつきはあるものの，物理Ⅰ，Ⅱは概ね 3 分の 1 の学生が履修しており，化学Ⅰ，Ⅱは 90% の学生が履修している。生物Ⅰ，Ⅱは 50% から 70% の学生が履修している。

農学部も生物の知識をかなり必要とする学科が多いにもかかわらず医学部と同様な問題が見られるのである。

また理系全般の問題として下記の事情も問題になっている。

(4)　理系学生の約 1 割が数学Ⅲも数学Ｃも履修せずに入学している。

(5)　理系学生の約 2 割が物理Ⅰも物理Ⅱも履修せずに入学している。

この履修経歴の多様化＝拡散化の問題は，カリキュラムが積み上げ式でタイトな理科系に顕著に表れる問題ではあるが，文科系も無縁ではない。しかも，「単位制度の実質化」が叫ばれる現在「1 単位＝15 時間の授業＋

表7-2　神戸大学生の一日あたり勉強時間

(%)（授業時間外の学習時間）

	1990	1995	1998	2001	2004	2010	1 回生	2 回生以上
していない	―	58.9	34.5	27.8	20.5	13.7	10.5	15.3
1 時間未満	73.9	30.1	39	43.3	47.1	33.7	36.2	32.4
1～2 時間	16.2	7.9	18.7	21.1	24.0	30.4	33.6	28.8
2～3 時間	3.3	1.9	4.5	4.7	5.1	11.0	9.9	11.5
3 時間以上	1.8	0.8	0.4	2.1	2.2	8.1	6.6	8.8
不明	4.8	0.4	2.9	1.0	1.1	3.1	3.2	3.1

註：最終列の「1 回生」と「2 回生以上」のデータは 2010 年のものである。
出典：各年度『神戸大学学生生活実態調査』による

30 時間の授業外学習（講義科目）」を必要とするということは，かなり広く認識されているが，学生の授業時間外の学習状況はお寒い限りである。やや古いけれども，表7-2 は筆者の本務校のデータである（米谷 2010）が，近年，若干改善されているとはいえ，まだまだ実質化にはほど遠い。平均値でも概ね必要な学習時間の半分ほどにすぎない。2012 年 3 月 7 日に中央教育審議会・大学分科会・大学教育部会で取り上げられ話題になったことではあるが，現代の学生は 1980 年代～1990 年代に学生生活を過ごした人々＝いわゆる大学レジャーランド化と呼ばれた世代と比べると，授業に出席し，授業時間外学習もするようにはなっている。ただし，これは歴史上初めてということでは決してない。例えば戦前の東京帝大・京都帝大の学生の学生生活を分析した竹内洋（2003）が，『昭和 9 年度東京帝国大学学生生活調査報告』を集計した結果では，法学部と文学部の学生は一日平均 4 時間強，他学部生でも概ね 3 時間前後学習しているということである。もちろん，戦前の帝大には厳しい卒業試験があったなど，さまざまな理由があろうが，少なくともわが国において「学生は勉強しないもの」という学生観は古くからあったものではないということだけは確認しておきたい。

　なお，神戸大学生に関しては，2018 年度のデータでは週当たり，授業関連学習と授業関連外学習とを合わせて週 9 時間の学習を行っていることを付け加えておく。つまり，状況はいささか改善されているのである。

　いずれにせよ，この学力の多様化（格差拡大，拡散化），および授業時間外学習の少なさにどう対応していくべきか，筆者の本務校のみならず全国の多くの大学に共有される問題であろう。

　ところで，この高校と大学とのいわば接続の「緩み」は社会学的にはどのように解釈され得るのであろうか。入学試験の変化と学力の定義の変化に着目して，検討していこう。

　入学試験政策はここ 20 年の間に大きく変化した。この変化を荒井克弘 (2005) は「入試政策から接続政策へ」と捉え，入試が厳しい選抜試験から緩やかな適性検査へと変化したと述べる。すなわち高学力の者が選り分けられる厳しい選抜試験から，ごく一部の明確な不適格者だけをふるい落とす緩やかな適性検査へと変化したというわけである。

　高校教育と大学教育の間には溝がある。かつての厳しい選抜試験は，この溝を跳び越える，あるいは溝を自力で埋める能力を持つ者をより分けてきたが，現在の緩やかな適性検査では溝を跳び越えられない，あるいは溝を自力で埋めることのできない者も入学してくることになる。さらにこの緩やかな適性検査も現時点では，徐々に変わり，文字通りの「全入」に近づいているといわれる。一方では少子化，他方では大学の新規参入，短大の昇格，既設大学の拡大のために，2018（平成 30）年度時点で私立大学の約 40％弱が定員割れをおこしている。この状況の中，全体としては適性検査がより一層，緩やかになっていく。

　それに加えて，選抜試験においても，小論文，面接などでは人物重視と銘打たれているため，問われる学力の中身も，いわゆる獲得された知識・技術＝アビリティだけではなく，人間性をも含む潜在的な能力＝コンピテンシーをも含むようになり，学力の定義が広がりつつある。この接続の緩みと学力の広義化が，学力の多様化を大学内部で問題たらしめているのである。

　もっともこのような問題は，高校から大学への進学だけに限定されるものではない。大学院も部局化し，定員を増大したため，学士課程を過ごした大学とは別の大学院に進学することは，いまや珍しいことではない。むしろ，独立大学院では当たり前でさえある。また，学際性を売り物にする

大学院では，さまざまなアカデミック・バックグラウンドを持った学生が入学してくる。すなわち，これらの大学院に象徴されるように，大学院入学者においても学力の多様化が極度に進行しているのである。

　筆者が属する神戸大学の国際協力研究科では，教育経済学・教育開発論・教育社会学系のゼミに入ってくる者でも，ほとんど教育学＝ペダゴジーを履修した者はいない。外国語学部，国際関係学部，総合政策学部，社会学部等の出身者が多く，アカデミック・バックグラウンドはばらばらである。ごく一部の例外を除いて，厳しい入試によって学力のバックグラウンドを入り口で整えることは，大学でも大学院でもかなり困難になってきており，むしろ逆に，水平的，垂直的多様性を前提にして教育に当たらねばならないのが大半の大学・大学院の状況ではないだろうか。

　学力の多様化が垂直的多様化のみであれば，現時点でも，入試によって学力をそろえるということは可能であったかも知れない。しかし，水平的多様化も伴う形で進行してきたため，多様な入試を経て多様な学力の持ち主を受け入れている現状では，初期の教育で異なる学力的基盤をある程度整え（しかしかなりのばらつきを残して），あとは出口で学力をそろえるべくカリキュラム・教育方法で工夫するという対応以外にできないというのが現状ではないだろうか。

　ただし，学校・大学が生徒・学生に習得させるべき学力についての論議はこれだけではない。この点について次節で検討しよう。

❸ 学校・大学で身につけるべき新たな能力について

　上述のように，これまで大学で再三言及されてきた学力なるものは，いささかクラシックかつ狭義の学力である。近年では，もう少し広義に学力，というよりも学校・大学で習得すべき能力が定義され論じられている。したがって，これらは学力というよりも，むしろ能力という方がふさわしいであろう。その代表例が先述のコンピテンシーである。2010年代になって以降，就職戦線で定着している言葉に「コンピテンシー面接」という言葉がある。これはかつての自己PRなどに代わって，採用活動の軸を成す面接手法である。それでは，コンピテンシーとは何か。それについて詳細

に論じる紙幅の余裕はないが，以後の論述との関連で必要な範囲で述べておきたい。

　エステー株式会社から『消臭力』という消臭剤が出ている。これと絡んでいるのかいないのか，これまで日本語の語彙になかった『○○力』という言葉が大流行である。いわく，人格力，人生力，指揮力，恋愛力，親力，女子力，結婚力，経営力，上司力，部下力，経験力，協働力，出世力，友達力，借金力，信用力，なでしこ力，さらにはキワモノめくが，モテ力，セックス力，セレブ力，変態力，ホモ力，アホ力……となんでもかんでも，「力」をつけているように見える。

　本章と関係のある『○○力』の言葉として，学士力，人間力，社会人基礎力，就職基礎能力などがある。これらは若年就労問題が深刻化するようになって提起され始めた，就職するために必要な力を表している。

　こと，大学生に限っては，かつては，大学は学問をするところで，新たに何かの学力を身につける場所ではないという考え方も広く見られた。冒頭の松下の言はまさしくこのことを指している。すなわち学力を習得する場所は高等学校以下であったということである。

　周知の通り，学校教育の目的は学力形成，人間形成であるが，究極的には「社会に出るための準備をする」場所とも言える。もちろん，その準備とは職業的準備に限定されないのだが，職業生活，社会生活で必要とされる汎用的能力（ジェネリック・スキル）の育成などを通じて「社会に出るための準備をする」ことへの要請は，今日の若年就労状況を受けて，大いに高まっている。その具体化したものとして，経済産業省による社会人基礎力（表7-3），厚生労働省による就職基礎能力（表7-4）がある。

　これらの諸能力は狭義の学力でないのはもちろん，広義でも学力というにはふさわしくないかも知れない。ただ，誤解のないように述べておくならば，これらの議論が言わんとするのは，大学なり学校なりが職業準備に大きく傾斜するべきということではなく，日々の教育の上でもう少し，意図的に職業的能力，ジェネリック・スキルを養えるような，体系的なカリキュラムづくりを進めてほしいということである。例えば，プレゼンテーション能力やコミュニケーション能力の育成といっても，それに特化した

表7-3　社会人基礎力（経済産業省）

前に踏み出す力	主体性，働きかけ力，実行力
考え抜く力	課題発見力，計画力，創造力
チームで働く力	発信力，傾聴力，柔軟性，状況把握力，規律性，ストレスコントロール力

出典：経済産業省（2006）より

表7-4　就職基礎能力（厚生労働省）

コミュニケーション能力	意思疎通，協調性，自己表現能力
職業人意識	責任感，向上心・探求心，職業意識・職業観
基礎学力	読み書き，計算・計数・数学的思考力，社会人常識
ビジネスマナー	ビジネスマナー
資格取得	情報技術関係，経理・財務関係，語学力関係

出典：厚生労働省（2004）より

科目を一つ立てるということではなく，既存の教科の内部で，その教科の知識・技術・スキルを身につけながらも，その教育方法に工夫を加えて，職業的能力，ジェネリック・スキルをも身につけられるようにすべきだということである。現在，大学において盛んに行われている CP（Curriculum Policy）作成の試みはその具体的現れとなるべきなのである。

　昨今の厳しい大卒者の就職状況を受けてこのようにさまざまの能力を身につけることが要請される今日であるが，それでは大学卒業者の就職状況自体にはどのような変化が見られるのであろう。それを次節で検討してみたい。

❹ 大学卒業者の職業の変化

（1）分析に用いる資料について

　近年の大学進学者数の急増は，ただでさえ厳しい大卒労働市場をより一層厳しいものにしている。加えて留学生が本国へ帰国せず，日本にとどまり日本で就職することを希望する傾向が強まっていることも日本人学生にとって，より就職活動の厳しさが増す大きな原因になっている。

　ただし，さまざまな論稿，資料を吟味して気づく重要なことがある。い
わゆる大学設置基準の大綱化＝規制緩和以降，新たな大学，新たな部局を
創りやすくなり，大学が次々とでき，進学率が上昇してきた。大学設置基
準が大綱化された 1991 年度の現役大学進学率は 31.6％（通信制を除く）
であったのに対して，2018 年度には 54.8％になっている。大学の数は
1991 年度には 514 校だったのが，2018 年度には 782 校になり，大学院を
設置する大学は 1991 年度 320 校から 2018 年度 636 校へと激増している。
大学生，大学院生（専攻科，別科等除く）の数は，1991 年度にはそれぞ
れ 205 万 2,335 人，9 万 8,650 人であったのが，2018 年度にはそれぞれ
259 万 9,684 人，25 万 4,013 人へと激増している。この 20 年間で大学生数
は 26.7％増，大学院生数は 2.57 倍になっている。この間，少子化が進行
してきたことを考慮すれば，この伸びは驚異的である。

　ところで，この急増が見られた期間を含めた長い期間，つまり M. トロ
ウのいうエリート段階（進学率 15％未満）からマス段階（進学率 15％以
上 50％未満），さらにはユニバーサル段階（進学率 50％以上）へと移行す
る期間に，大学生，大学院生を含む高等教育修了者の進路職業選択は全体
としてどのように変化してきたのであろうか。この点については，大学生
の就活がかまびすしく取り上げられる割には，長期間のデータに基づく検
証がさほどきっちりとなされていないのではないだろうか。こういったテー
マは，社会学，教育社会学において 1970 年代〜1980 年代にかけてかなり
精力的に取り組まれてきたが，1990 年代以降，すなわち大学設置基準の
大綱化以降については，管見に入る限り，かつてほどなされていない。

　そこで，ここでは，過去半世紀ほどの高等教育修了者の職業別就職状況
を中等教育修了者をも含む全新規就職者のなかに位置づけつつ検討してい
くという地味な作業を行いたい。このような作業を行う理由は，世論をに
ぎわす「大学生の学力の低下と多様化」が職業世界において何をもたらす
のかを考察する基盤としたいからである。また，現在各大学で取り組まれ
ているカリキュラム改革において，この「学力の低下と多様化」と専門性
を身につけることとの兼ね合いをどのように考えればいいか，その考察の
ための基盤を確認するためである。

データソースは文部省・文部科学省が戦後一貫して発行してきた『学校基本調査報告書』である。ここでは，下記のような理由から1963（昭和38）年度から2017（平成29）年度まで，54年間の動向を3年おきに19時点ピックアップし，中学卒業者，高校卒業者，高等専門学校卒業者，短期大学卒業者，大学（学士課程）卒業者，修士課程（博士課程前期課程）修了者，博士課程（博士課程後期課程）修了者などの動向を比較検討する[1]。

　『学校基本調査報告書』において，大学院修了者の就業状況が初めて記載されるのは1960（昭和35）年である。ただし，この年度についてはまだ，修士課程（前期課程）と博士課程（後期課程）が区別されていない。修士課程と博士課程が区別されるようになるのは1963年度からである。本章では1963年度から最新の2017年度までの半世紀以上にわたる『学校基本調査報告書』を3年度おきに19時点ピックアップして分析する。

（2）分析の企図

　本節では上述の能力・学力は大学生の就業とどのようにかかわるのかについて論じたいと考える。実は，このことは近年あらたに論じられ始めたことではない。半世紀近く前の1971年に見田宗介がその著書『現代日本の心情と論理』（筑摩書房）の「ホワイトカラーの分解と意識」においてすでに展開し予測していることである。この論文の初出は『月刊労働問題』の1968年10月号であり，高度経済成長期の終盤に書かれたものである。同論文において見田は，ホワイトカラーには「専門・技術的な職種」「管理・事務的な職種」「販売・サービス的な職種」の3種があるとしている。これらホワイトカラーは大卒が就くことになる一つの典型的な職業である。ただ，見田は，この3種，それぞれの内部で「分解」が生じ，表面化しつつあると述べる。それは「頭脳（ブレーン）」と「手（ハンド）」とへの分解である。見田の指摘するところでは，専門・技術的な職種においては「技術体系の設計・開発に従事する頭脳（ブレーン）」と「単なるオペレーターとしての技師や技手」へと分解し，管理・事務的職種においては「事務機構それ自体をも包含した企業組織全体の統括・管理に関わる機能」と「企業の中の事務機構の単なる遂行者としての機能」に分化し，販売・サービ

ス的な職種においては「この線にそった分化はそれほど顕著にあらわれて
いないけれども，萌芽はたしかにみることができる」とし「たとえば販売
の企画やアイデアを引き受ける頭脳（ブレーン）としての，セールス・エ
ンジニアやコピーライターやマーケット・リサーチの専門家」と「店頭や
外交におけるじっさいのいわば接客労働者の大群」とに分かれつつあると
する。半世紀前の時点でこれら各職種において進行しているとされた「頭
脳（ブレーン）」と「手（ハンド）」が今日，誰の目にも明白に分化し分断
されている。このうち，従来の「管理・事務的な職種」「販売・サービス
的な職種」に属していた「頭脳（ブレーン）」のうち，いくつかは専門職
になり，後述のように「プロフェッション化」を果たしている。またプロ
フェッション化せずに「管理・事務的な職種」「販売・サービス的な職種」
に属し続けている「頭脳（ブレーン）」においては，同職種カテゴリー内
で「手（ハンド）」との差異化を強めている。

　いうまでもなく第2節で概観した諸能力・学力は「手（ハンド）」では
なく「頭脳（ブレーン）」になるために必要な能力ということである。従
来の職業8分類ではこの動向を十分に捉えることはできないが，しかしこ
の「頭脳（ブレーン）」と「手（ハンド）」の分化を取り込んだ新たなる職
業分類はまだ成熟していないため，ここでは旧来の職業8分類を用いる。

(3) 新規学卒就職者全体の動向

　まず，新規学卒就職者数の変遷をご覧いただきたい（図7-1）。1960年
代半ばに160万人を超えていた新規学卒就職者数は，1970年代から1990
年代初頭まで100万人から120万人の間を上下し，1990年代半ばから20
世紀末にかけて急減，21世紀に入ってからは70万人前後で推移している。
次にその新規学卒就職者の学歴構成を図7-2で検討すると，1960年代初
頭の160万人を超えていた時期はちょうどマジョリティが中学卒から高校
卒へとシフトする時期である。そして次の1970年代から1990年代初頭ま
での時期は，高校卒がマジョリティであり続けた時期で，その後世紀末に
かけて高校卒と大学卒（学士課程卒）が拮抗し，21世紀に入ると大学卒
がマジョリティになるという図式がはっきりする。そこで最初のマジョリ

ティが中学卒から高校卒へシフトする時期までを第Ⅰ期，高校卒がマジョ
リティである時期を第Ⅱ期，高校卒が学士課程卒と数の上で拮抗し，抜か
れていく時期を第Ⅲ期として，以下の図を検討していこう。

他方，図7-3は新規学卒就職者の職業構成を検討したものである。こ
こでは（Ⅰ）専門＋管理，（Ⅱ）事務，（Ⅲ）販売，（Ⅳ）農林漁業，（Ⅴ）

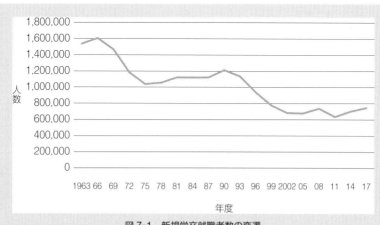

図7-1　新規学卒就職者数の変遷
出典：文部科学省（文部省）『学校基本調査報告書』各年度版を基に筆者作成

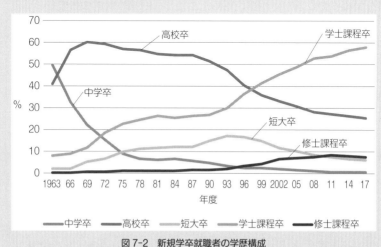

図7-2　新規学卒就職者の学歴構成
出典：文部科学省（文部省）『学校基本調査報告書』各年度版を基に筆者作成

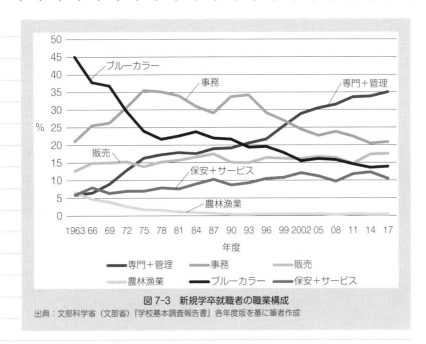

図7-3　新規学卒就職者の職業構成

出典：文部科学省（文部省）『学校基本調査報告書』各年度版を基に筆者作成

ブルーカラー，（Ⅵ）保安＋サービス，（Ⅶ）その他，に分類し，図には（Ⅰ）から（Ⅵ）を掲げた。新規学卒者でいきなり管理職に就く者は僅少であるので専門＋管理とまとめた。

　最も顕著に増えているのは専門＋管理職である。事務職はM字型を描いている。販売職と保安＋サービス職は横ばい，農林漁業とブルーカラーは減少している。特に農林漁業は僅少である。この職業構成の傾向は非常に明瞭である。

　さて，以上の状況を頭に置いて職業グループごとに検討していこう。ただしここでは，高等教育修了者の分析が中心的なテーマであるから，高等教育修了者の就職者が極端に少ない（Ⅳ）農林漁業を除く5グループについて検討する。

(4)「非特権化」と「学歴閉鎖性」

　なお，分析の一つの視点として下記の概念を提起しておきたい。

1970年代後半に「大卒ブルーカラー化論」が起こった。これは大卒者の急激な増大が社会的需要を上回る形で実現する趨勢にあり、ホワイトカラー的職業（＝当時で言うところの、大卒者にふさわしい職業）に就けない、大卒者の大量生産ということである。これはリチャード・B. フリーマンの『教育過剰のアメリカ人（原題）』で指摘されたように、オイルショック期のアメリカ合衆国の社会状況を背景に書かれている。

日本でも1971年に潮木守一が「大卒ブルーカラー化」現象と命名して警鐘を鳴らした。これはジャーナリスティックなレベルで、加藤尚文（1971, 1980）などが再三指摘してきたことではあるが、潮木は学術的に国際比較の視点から具体的なデータを元に証明しようとした。

結局のところ、後に見るとおり、ごく一時的、かつ局所的な現象としてしか大卒ブルーカラー化は起きなかったのではあるが、潮木の指摘には、その後の大卒就職を検討する際の多くの重要な問題提起が含まれていた。その一つには高学歴者の「非特権化」と「学歴閉鎖性」の問題がある。

「非特権化」とは大卒であるというだけで特定の職業に就くことが保証されるわけではなくなるというわけであり、「高学歴社会では高等教育卒業者の職業別構成が、他の学歴層のそれと実質的に差異がなくなり、学歴のいかんにかかわらず各職業に対する機会はほぼ平準化したものになる」（潮木 1971, p.10）というものである。他方、「学歴閉鎖性」とは「社会が高学歴化し、高等教育卒業者の非特権化が進行するにつれて、その反面においてはテクノクラートとビューロクラートの学歴的閉鎖性が高まり、そこに新たな『学歴的特権』が発生する」（同, p.11）というものである。なお、潮木のいうブルーカラーには保安・サービス職、農林漁業職も加えられており、販売職はホワイトカラーに含まれる。

しかし、前者の「非特権化」は過去の大卒との比較でいえば確かに「非特権化」が進行しているということになろうが、他の学歴層においても同時に同様の変化（より一層の「非特権化」）が進行しているのであれば、他の学歴層との差がなくなり大卒の「平準化」が進行したとは言えない。あいかわらず（他学歴層から見れば）大卒は特権的であり得るということだ。すなわち、各学歴層間の比較、過去と現在の時系列的な比較を全体的

な視野の中で行ってこそ,「非特権化」「学歴閉鎖性」の議論に明瞭なインプリケーションを得ることができる。本章で用いるシンプルな手法は, なによりもこの点に留意したものである。この「非特権化」と「学歴閉鎖性」の概念を, 一つの視点として頭に置いて以下の分析を進める。すなわち,「非特権化」に関しては学歴別の職業構成を分析し,「学歴閉鎖性」に関しては職業別の学歴構成を分析して考察する。

（Ⅰ）専門＋管理職

　高等教育修了者に限定すれば, 短大卒を除いて各学歴層で専門＋管理職に就く者の比率（図7-4）には, 大きな変動は見られない。高専卒, 修士課程修了者はそれぞれ80％台〜90％前半を推移し, 博士課程修了者は90％台を推移している。高専卒が一時的に1970年代半ばに80％を切っているが, 直ちにＶ字回復している。唯一大きく変動しているのが短大卒である。短大卒は1990年代半ばまで50％弱から30％弱へと徐々に比率を低下させてきたが, 90年代末から比率を急上昇させ, 2017年は60％にまで達している。これは短大が文学科と家政学科を中心とした構成の中で教員・栄養士・保育士等の専門職を養成していたのが, 徐々に学士課程卒業者にそのポジションを奪われ, その代わりにあらたに医療・福祉の分野を

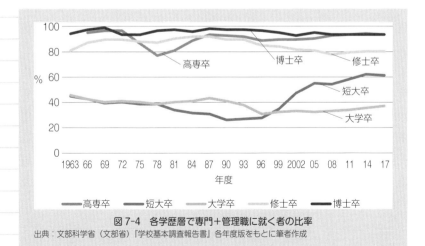

図7-4　各学歴層で専門＋管理職に就く者の比率
出典：文部科学省（文部省）『学校基本調査報告書』各年度版をもとに筆者作成

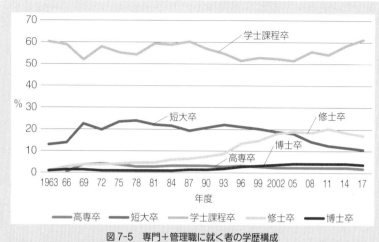

図7-5 専門＋管理職に就く者の学歴構成
出典：文部科学省（文部省）『学校基本調査報告書』各年度版を基に筆者作成

中心として専門職の開拓に成功してきたことを物語っている（後掲**表7-5**を参照のこと）。学士課程卒業者については**図7-2**でみた，ここ数年の急増ぶりを考慮すると，40％前後で安定しているのは驚くべきことであろう。

専門＋管理職に就いている者の学歴構成（**図7-5**）を確認すると，学士課程卒業者が，波はあるものの，この50年間近く50％台を推移し続けている。この半世紀の間，新規学卒者の専門＋管理職者の半数以上は学士課程卒業者から供給されてきたのである。博士課程修了者と高専卒業者は数的にはいずれも5％に満たない。短大卒業者と修士課程修了者が第Ⅲ期に入ってから数字的に逆転している。**図7-4**に見るとおり，短大卒業者内部では専門＋管理職に就く者が急増しているが，新規短大卒業者の絶対数が減少し続けているため，**図7-5**では右肩下がりになっているのである。他方，修士課程修了者は**図7-2**に見るとおりここ20年ほどで増加し続けている。しかも**図7-4**に見るとおり，この急増にもかかわらず，80％以上の者が専門＋管理職に就き続けているため，上述の逆転現象が起きたものと考えられる。

（Ⅱ）事務職

　図 7-6 によれば，短大卒業者と高校卒業者の変動が激しい。短大卒業者では 1980 年代末までに 40％台から 60％台へと変化し，その後 10％台へと急減している。この急減の傍らで先述の専門＋管理職へのシフトが進行していたわけである。他方，高校卒業者については多少の波はあるもの

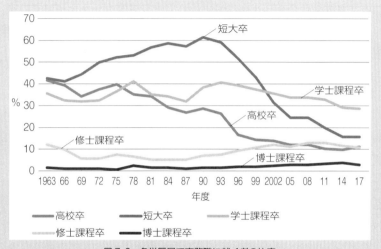

図 7-6　各学歴層で事務職に就く者の比率
出典：文部科学省（文部省）『学校基本調査報告書』各年度版を基に筆者作成

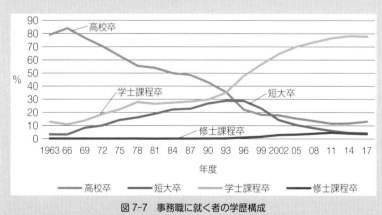

図 7-7　事務職に就く者の学歴構成
出典：文部科学省（文部省）『学校基本調査報告書』各年度版を基に筆者作成

の，全体としては40％強から10％弱へと一貫して減少している。これは短大卒業者とは逆にブルーカラー化が進行したためである。

図7-7の事務職就職者内部の学歴構成の変化に見るように，事務職といえば，かつては80％以上が高校卒業者によって占められていた，しかし，急激にその比率を低下させ続け，10％強にまで減少している。それと入れ替わる形で学士課程卒業者が10％台〜80％弱まで比率を伸ばしている。短大卒業者は専門＋管理職の動向と逆で逆U字型カーブを描いている。つまり，事務職においては高校卒→短大卒→学士課程卒と，見事に代替雇用が進行したのである。

（Ⅲ）販売職

販売職に関しては，各学歴層で就く者の比率（図7-8）について一波はあるものの—ある傾向を読み取れる。すなわち，高校卒業者は10％台を減少しつつ推移し，短大卒業者は5％弱から15％弱の間を上下動し，学士課程卒業者は15％から25％の間を上下動している。

ただし，数として高校卒業者は減少し，学士課程卒業者は増大しているので，販売職内部での学歴構成においては，図7-9にみるとおり，高校卒業者は70％強から20％弱へと急減し，学士課程卒業者は10％弱から

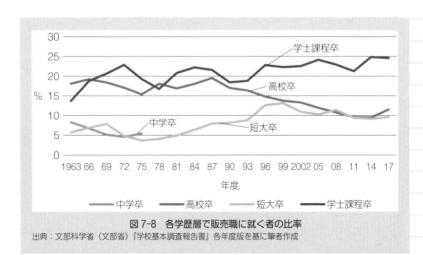

図7-8 各学歴層で販売職に就く者の比率
出典：文部科学省（文部省）『学校基本調査報告書』各年度版を基に筆者作成

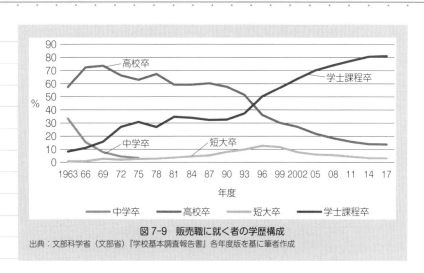

図 7-9　販売職に就く者の学歴構成
出典：文部科学省（文部省）『学校基本調査報告書』各年度版を基に筆者作成

80％強へと急増している。短大卒業者は 10％前後で推移し，大きな変化
は見られない。販売職においても，代替雇用が促進されたと考えることが
できる。

（Ⅳ）ブルーカラー職

図 7-10 に見るとおり，ブルーカラー職に関しては，第Ⅰ期においては

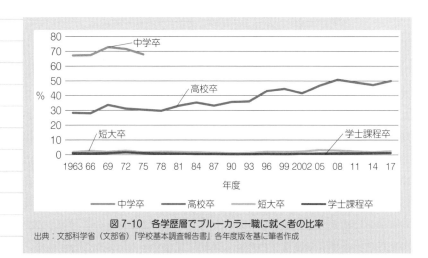

図 7-10　各学歴層でブルーカラー職に就く者の比率
出典：文部科学省（文部省）『学校基本調査報告書』各年度版を基に筆者作成

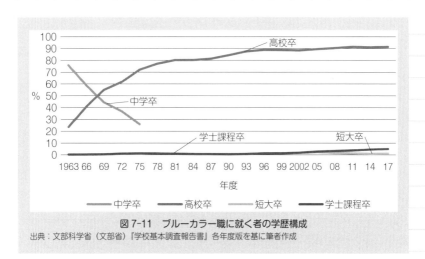

図7-11　ブルーカラー職に就く者の学歴構成
出典：文部科学省（文部省）『学校基本調査報告書』各年度版を基に筆者作成

中学卒業者の70％前後が就いていた。高校卒業者においてもが徐々に比率を高め，30％から50％へと増大している。高等教育層については，ここには短大卒業者と学士課程卒業者しか掲げていないが，他の層も含めてブルーカラー職に就く者は僅少である。図7-11においても，1960年代半ばまで中学卒業者が圧倒的多数を占めていたのが，1970年代半ばには高校卒業者がマジョリティとなり，90％を越す比率を占めている。すなわち高等教育層のブルーカラー化は生じなかったわけである。

（V）保安＋サービス職

保安＋サービス職は時としてブルーカラー職と一緒にされることもあるが，新規学卒就職者の就職傾向においては，ブルーカラー職とかなり異なる傾向を示す。図7-12を見ると，各学歴層とも保安＋サービス職全体の増大に応じて，この仕事に就く者の比率が増大していることがわかる。図7-13によると，第Ⅰ期においてはこの仕事に就く学歴層で最大のものは中学卒業者だったのが，高校卒業者に代わり，ついで学士課程卒業者に代わろうとしているわけであり，この図自体が図7-2，すなわち新規学卒就職者の学歴構成図と酷似している。要は，この職業は特定の学歴層と固有の関係を持たず，学歴構成の変動に柔軟に対応できるということである。

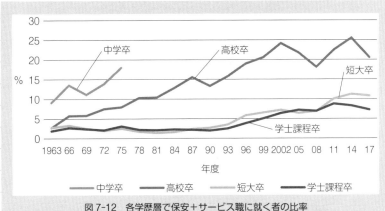

図 7-12　各学歴層で保安＋サービス職に就く者の比率
出典：文部科学省（文部省）『学校基本調査報告書』各年度版を基に筆者作成

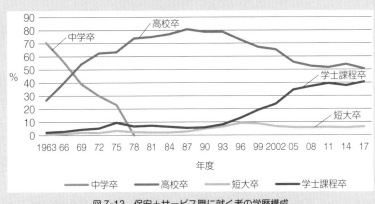

図 7-13　保安＋サービス職に就く者の学歴構成
出典：文部科学省（文部省）『学校基本調査報告書』各年度版を基に筆者作成

（Ⅵ）その他無業者ないしは一時的な仕事に就く者

　最後に無業者，ないしは一時的な仕事に就く者について検討しておこう（図 7-14）。無業者に関しては，学士課程卒業者，修士課程修了者ともに1980 年代末まで概ね 5 ％から 10 ％の間で変動してきた。しかし，いわゆる「就職氷河期」において学士課程卒業者は 20 ％強，修士課程修了者は15 ％強にまで増える。その後一時的に減少し，また 2011 年に増大している。深刻なのは博士課程修了者である[2]。20 ％から 35 ％の間で推移し，21

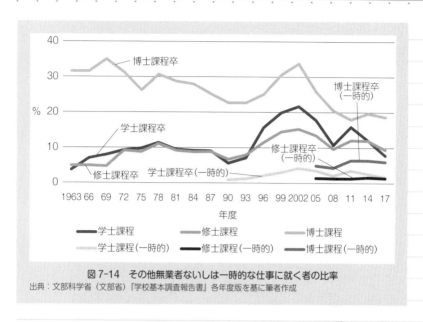

図7-14　その他無業者ないしは一時的な仕事に就く者の比率
出典：文部科学省（文部省）『学校基本調査報告書』各年度版を基に筆者作成

世紀に入ってから減少傾向にあるものの一時的な仕事に就く者が増加して
いることから，根本的な問題は解決していないと見るべきであろう。最高
度の教育を受けた人材が3人に1人から5人に1人が無業者，ないしは一
時的な仕事に就いているというのは，本人の損失だけではなく，国家的な
損失もまた大きいことを認識すべきであろう。博士課程修了者については
就職氷河期以前からかなり深刻な問題であり続けているのである。

　そもそも，医学・歯学系は別としても4年間で少なくとも500万円，上
は1,000万円以上の学費を納めて，さらには奨学金を借りて高等教育を受
けた者が失業している，あるいは身につけた専門性や能力に見合った仕事
に就けないという状況は，何かがおかしいと言わざるを得ないのではない
だろうか。

(5) 分析のまとめ

　いずれにせよ，学士課程卒業者と短大卒業者は，中学卒業者，高校卒業
者と比較すると異なるのはもちろんだが，同じ高等教育修了者の中でもか
なり異なる傾向を示す。すなわち，修士課程修了者，博士課程修了者，高

専卒業者はいずれも専門職への就職者が際だって多い学歴層で他の職業にはほとんど就職していない。潮木の言葉で言えば「非特権化」しない学歴層である。それに対し，学士課程卒業者はこの半世紀一貫して，専門＋管理職には 30〜40％，事務職にも 30〜40％，販売職には 15〜25％が就職しており，保安＋サービス職に就く者の比率については，新規学卒就職者全体でこの職業に就く者の増大に呼応する形で，増大し続けている。これはすぐに推察できるとおり，理科系学士課程卒業者が専門＋管理職へと進み，文科系学士課程卒業者が事務職，販売職へと進んできたということではある。

　しかし，例えば表 7-5，表 7-6 をみればわかるとおり，理科系においても事務，販売，保安＋サービス職に就く者は少なくない割合で輩出されている。とくに専門＋管理職に就く者の比率が低下した分野が多い。おそらく学歴のアップグレーディングに伴い，修士課程修了者，博士課程修了者にこのポストを譲っていったということであろう。事務職については理科系で増え，文系＋家政系で減少している。販売職については，保健を除く多くの分野で増加している。農林漁業職とブルーカラー職については，いずれの時点でもいずれの分野でも，就く者は僅少である。保安＋サービス職についてはいずれの分野でも顕著な増加が見られる。表 7-5，表 7-6 によれば，工学系と保健系の増加が顕著であるが，それを除くと全体として

表 7-5　平成 3 年度における新規学士課程卒業就職者の専門分野別職業構成（％）

	人文科学	社会科学	理学	工学	農学	保健	家政	教育	芸術
専門＋管理	24.4	8.3	77.7	92.2	61.9	89.4	46.6	66.2	72.5
事務	53.0	58.8	13.4	3.8	20.1	3.4	40.7	25.9	17.0
販売	19.0	29.8	5.2	1.9	13.6	6.3	10.7	5.4	8.3
農林漁業	0.01	0.06	0.0	0.0	1.3	0.0	0.0	0.0	0.04
ブルーカラー	0.2	0.3	0.9	0.8	0.3	0.09	0.03	0.2	0.08
保安＋サービス	2.8	2.4	1.1	0.9	1.3	0.1	1.4	1.9	1.5
その他	0.6	0.3	1.7	0.5	1.5	0.7	0.6	0.5	0.6

出典：文部科学省『学校基本調査報告書』平成 3 年度版より

は大きな変化はなく安定していると言える。

　それに対して，短大卒業者については表7-7，表7-8にみるとおり，学士課程卒業者と全く異なる傾向を見せる。まず，基本的な変化の一つは，先述のように，学科構成が大きく変化したことである（表7-9，表7-10）。その変化も一因となり，専門＋管理職に就く者の比率が漸減していたのが，第Ⅲ期以降，医療系，教育系等の卒業者を中心に専門＋管理職に就く者が急増している。その逆に，事務職に就く者の比率は一時60％ほどにまで高まったが，第Ⅲ期以降，人文科学系等の卒業者の減少と歩調を合わせて20％ほどにまで低下している。販売職，保安＋サービス職に就く者は増加

表7-6　平成30年度における新規学士課程卒業者の専門分野別職業構成（%）

	人文科学	社会科学	理学	工学	農学	保健	家政	教育	芸術
専門＋管理	16.3	12.5	56.5	80.1	42.3	90.9	48.9	61.5	57.6
事務	39.2	41.1	16.7	5.8	17.4	2.4	18.6	15.3	16.7
販売	31.1	34.5	19.1	8.3	26.5	3.7	24.2	14.5	15.7
農林漁業	0.1	0.1	0.2	0.1	3.0	0.03	0.01	0.1	0.1
ブルーカラー	1.0	1.5	1.6	1.6	2.3	0.1	1.7	0.6	2.1
保安＋サービス	10.1	8.1	3.5	2.6	6.5	2.4	5.4	7.1	6.3
その他	2.3	2.2	2.4	1.5	2.0	0.5	1.2	0.9	1.6

出典：文部科学省『学校基本調査報告書』平成30度版より

表7-7　平成3年度における新規短期大学卒業者の専門分野別職業構成（%）

	人文科学	社会科学	教養	工学	農業	保健	家政	教育	芸術	その他
専門＋管理	4.1	13.3	4.6	51.0	36.1	89.6	19.0	61.4	51.3	5.0
事務	82.4	72.4	81.8	15.7	28.8	9.1	67.2	30.3	34.3	87.2
販売	8.6	9.3	10.5	7.2	12.4	0.6	10.3	4.8	8.4	6.2
農林漁業	0.0	0.0	0.0	0.1	17.2	0.0	0.0	0.0	0.0	0.0
ブルーカラー	0.1	0.9	0.1	20.9	1.5	0.1	0.3	0.3	0.5	0.0
保安＋サービス	4.1	2.5	2.9	1.1	2.5	0.6	2.6	2.2	4.6	1.3
その他	0.7	1.5	0.2	4.0	1.4	0.1	0.6	0.9	0.9	0.4

出典：文部科学省『学校基本調査報告書』平成3度版より

している。

　もう一つの要因として，進学者が増加していることである。図7-15は大学院への進学率，図7-16は短大・高専からの大学進学（編入学）率を示す。ここでいう進学者とは，専門学校や海外の学校も含むが，多くは4年制大学への進学，編入学と考えていいだろう。短期大学卒業者の進学率は増加し，第Ⅲ期の間に3倍近くになっている。これは人文科学，家政学を中心にした完成教育機関としての短大から，保健系，教育系を中心とした進学準備機関としての側面を強めてきたことを意味し，専門職者として

表7-8　平成30年度における新規短期大学卒業者の専門分野別職業構成（%）

	人文科学	社会科学	教養	工学	農業	保健	家政	教育	芸術	その他
専門＋管理	8.1	21.1	3.5	29.3	43.6	94.4	45.7	93.3	35.3	23.0
事務	39.3	37.5	58.0	1.4	8.9	1.9	20.9	2.2	12.8	34.4
販売	26.6	15.5	20.9	2.3	14.4	0.4	15.3	1.7	22.2	22.0
農林漁業	0.1	0.1	0.1	0.0	19.5	0.0	0.0	0.0	0.1	0.0
ブルーカラー	2.6	4.1	1.6	52.7	5.1	0.2	2.4	0.3	4.4	3.4
保安＋サービス	23.0	20.9	15.9	14.4	8.1	2.9	15.3	2.4	24.7	16.9
その他	0.4	0.9	0.1	0.0	0.4	0.3	0.4	0.1	0.5	0.3

出典：文部科学省『学校基本調査報告書』平成30度版より

表7-9　平成3年度と平成30年度の新規学士課程卒業就職者の学問分野別比率の変化（%）

	人文科学	社会科学	理学	工学	農学	保健	家政	教育	芸術
平成3年度	15.2	43.2	2.8	19.8	3.3	2.7	2.3	7.7	2.2
平成30年度	15.6	36.5	2.1	11.9	2.8	10.0	3.5	8.7	2.2

出典：文部科学省『学校基本調査報告書』平成3年度版および平成30年度版より

表7-10　平成3年度と平成30年度の新規短大卒業就職者の学問分野別比率の変化（%）

	人文科学	社会科学	教養	工学	農業	保健	家政	教育	芸術
平成3年度	26.6	12.1	2.9	4.2	0.6	4.0	26.7	17.8	3.6
平成30年度	7.0	8.9	2.0	2.0	0.5	7.1	20.2	42.8	2.1

出典：文部科学省『学校基本調査報告書』平成3年度版および平成30年度版より

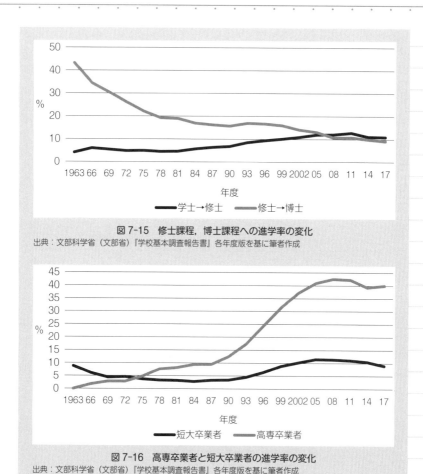

図 7-15　修士課程，博士課程への進学率の変化
出典：文部科学省（文部省）『学校基本調査報告書』各年度版を基に筆者作成

図 7-16　高専卒業者と短大卒業者の進学率の変化
出典：文部科学省（文部省）『学校基本調査報告書』各年度版を基に筆者作成

より高い知識・技術・スキルを求めて進学する傾向が強まったことを示す。

　ちなみにこの傾向がより顕著であるのは高等専門学校であり，図 7-16
に見るとおり，現在では 4 割強の者は進学している。これに関しては
1976 年に，高専からの編入生を多く受け入れる豊橋技術科学大学と長岡
技術科学大学が設置され，これをきっかけに（特に 1990 年代以降）これ
ら技科大以外の大学でも高専卒業生に門戸を開く大学（例えば，工学部で
3 年次編入生として受け入れる等）が増大し，進学が制度化されていった
ことが大きな要因である。このことは高専だけではなく高校工業科の卒業

生についてもいえる。短大に限らず，完成教育機関としてのショート・サイクルの高等教育から，4 年制大学等への進学準備機関へと大きく変貌しているわけである。むしろ完成教育機関としてのショート・サイクルの高等教育は修士課程（博士前期課程）にグレード・アップしている。

❺ 結　論

さて，以上第 3 節の考察から，4 年制大学においては，文科系においては，事務職，販売職，理科系においては専門・管理職に過半の者が就いていることがあらためて確認できた。他方で販売職，保安＋サービス職に就く者が増大している。文科系においては事務職に就く者の比率が漸減し，販売職と保安＋サービス職に就く者が大きく増加している。理科系においても専門・管理職に就く者の比率は依然として高いが，販売職と保安＋サービス職に就く者の比率が増加している。特定の学歴との強い結びつきが見られないこれらの職業においては，これまで以上により高度なコンピテンシーの習得を求められるようになるであろう。

なるほど，既述のように学士課程卒のブルーカラー化は起きなかったが，一時期「**グレーカラー化**」という表現がよく用いられた。竹内洋（2012）によれば「高卒の仕事は従来の中卒の職種を埋め，ブルーカラー化し，大卒の仕事は従来の高卒の職種を埋め，ブルーカラー化とホワイトカラーの中間つまり『グレーカラー化』した。ホワイトカラーと生産労働者，学歴別賃金の格差も縮小する。ホワイトカラーとブルーカラーを分断するカラー・ラインも曖昧になってきた。これは，販売職やグレーカラー職という目にみえる低位代替雇用である」ということであるが，すなわち，学士課程卒業者がホワイトカラー職からブルーカラー職へ転じる（ブルーカラー化する）のではなく，グレーカラー化したのである。ちなみに，ブルーカラー職自体は図 7-3 のように大きく減少している。したがって中学卒業者，高校卒業者の就職状況がきわめて厳しいものとなっているのである[3]。

また先に見たように，高等教育卒業者で専門＋管理職に就く者の数が激増している。これは専門職の範疇が大きく拡大し，従来専門職に属してはいなかった職業が専門職になる現象が見られたことによる。例えば，「○

○コーディネータ」「××コンサルタント」「△△プランナー」などである。いわば非専門職の「**プロフェッション化**」である。上述のようにグレーカラー職においては対人サービスを強く意識した要素が求められると述べたが，新たに専門職に参入する「プロフェッション化」した職業においても，その要素は色濃く見られる。そして新たに「プロフェッション化」した職業は，伝統的な専門職の職務内容にも影響を及ぼし，医療，法曹，教育などの各領域において，対人サービスを強く意識した新たなスキルが求められるようになるのである。学士課程卒業者，そして大学院修了者の増大が労働市場にもたらす緊張は，多様な非専門職のプロフェッション化によって，そして彼ら／彼女ら自身のグレーカラー化によって，緩和されてきた。そして伝統的な専門職（技術職も）においてはますます高度な知識・技術・スキルが求められるようになり，より長い教育期間を必要とするようになった。その結果，短大卒業者，高専卒業者の進学率も増大した。他方，新たにプロフェッション化した職業，グレーカラー的職業においては，従来主として高校卒業者，中学卒業者がこれらの職業に就いていた時代とはかなり異質なコンピテンシー──アビリティとは異なる次元の──が求められるようになっている。

　高等教育機関が水平的・垂直的両面で多様な学力の持ち主を受け入れている現在，求められる高等教育の内容は，厳しい選抜試験があってアカデミックなバックグラウンドが入学時に整えられていた時代とは大きく異なる。初年次教育，導入教育などさまざまな工夫によって入学後もバックグラウンドを整えていかねばならない。ただし，それだけではなく，卒業後の就業という面で見ても，文系卒の多数が事務職に，理系卒の多数が専門職に就いていた時代に求められる高等教育と非専門職のプロフェッション化とグレーカラー化が進行する現代に求められる高等教育とは異なる。その差異を説明する語彙の一つがキー・コンピテンシー，ジェネリック・スキル等と呼ばれるものであろう。現在各大学において進行している AP（Admission Policy），CP（Curriculum Policy），DP（Diploma Policy）の作成は，入口での能力的多様性，出口での進路の多様性，この両面から十分に考慮された上で作成されるべきものであろう。

引用・参考文献

- 荒井克弘（2005）「入試選抜から教育接続へ」荒井克弘・橋本昭彦『高校と大学の接続―入試選抜から教育接続へ―』玉川大学出版部，pp. 9-16
- 潮木守一（1971）「高等教育の国際比較―高等教育卒業者の就業構造の比較研究―」日本教育社会学会編『教育社会学研究』第 26 集，東洋館出版社，pp. 2-16
- 潮木守一（1986）『キャンパスの生態誌―大学とは何だろう―』中央公論社
- 加藤尚文（1971）『大卒労働力―現場投入の時代―』日本経営出版会
- 加藤尚文（1980）『学歴信仰の崩壊―いま大卒に何が求められているか―』日本経営出版会
- 経済産業省（2006）『社会人基礎力に関する研究会「中間とりまとめ」報告書』
- 厚生労働省（2004）『若年者就職基礎能力修得のための目安策定委員会報告書』
- 竹内洋（2003）『教養主義の没落―変わりゆくエリート学生文化―』中央公論新社
- 竹内洋（2012）「大学・インテリ・教養　第 12 回　ジャパニーズ・ドリームの大衆化　教養難民の系譜（12）」『NTT 出版 WEB マガジン―WEB nttpub―』（http://www.nttpub.co.jp/webnttpub/contents/university/012.html 2012 年 4 月 2 日閲覧）
- トロウ, M.（天野郁夫・喜多村和之訳）（1976）『高学歴社会の大学―エリートからマスへ―』東京大学出版会
- 西之園晴夫（2009）「教育パラダイムから学習パラダイムへ」『総研ジャーナル』第 94 号，pp. 35-43
- 濱中淳子（2009）『大学院改革の社会学―工学系の教育機能を検証する―』東洋館出版社
- フリーマン, R. B.（小黒昌一訳）（1977）『大学出の価値―教育過剰時代―』竹内書店新社
- 本田由紀（2005）『多元化する「能力」と日本社会―ハイパー・メリトクラシー化のなかで―』NTT 出版
- 松下佳代（2006）「大学生と学力・リテラシー」『大学と教育』第 43 号，東海高等教育研究所，pp. 24-38
- 松下佳代編（2010）『〈新しい能力〉は教育を変えるか―学力・リテラシー・コンピテンシー―』ミネルヴァ書房

第1章
第2章
第3章
第4章
第5章
第6章
第7章
第8章
附録

- 米谷淳（2010）「学生は高校でどんな科目を履修し，どんな科目で受験したか―新入生アンケート調査報告―」『大学教育研究』第19号，神戸大学大学教育推進機構，pp. 19-28
- 山内乾史・原清治編（2010）『論集　日本の学力問題（上・下）』日本図書センター

註

1　ここでは，大まかな傾向を把握するため，学科別，学部別，専攻別，男女別の検討は行わず，総数の検討のみを行う。また，各学校の中退者，卒業後時間が経過している者，盲・聾・養護学校，特別支援学校と通信制学校は資料の制約から含まれていない。また専修学校，各種学校等，海外の学校も含めていない。ただし，中等教育学校と専門職大学院，国立工業教員養成所，国立養護教諭養成所は含んでいる。

　よく知られているとおり，『学校基本調査報告書』の就業状況をめぐる統計は多くの批判に晒されている。各学校の事務担当者の恣意的な就業分類をアグリゲートしたものにすぎないとの批判もある。そのため，この種の研究には『国勢調査』や『就業構造基本調査報告』を用いる研究が多く見られる。ただ，大学院修了者の増加はごく近年の現象であり，『国勢調査』や『就業構造基本調査報告』には，ごく近年のものを除いて，独自のカテゴリーとして「大学院卒」は設けられてこなかった。しかも，このカテゴリーが設けられている近年のものにしても修士と博士の区別はなされていない。したがって，本章では数々の制約はあるものの『学校基本調査報告書』を用いて分析することとする。

　なお，上述の点以外に『学校基本調査報告書』のデータソースとして持つ限界，問題点がある。これについて述べておく必要があろう。まず，新規中学卒業就職者の職業別就業状況については1976（昭和51）年度を最後に記載されていない。これは新規中学卒業就職者の数自体が激減したことと，職業構成がブルーカラー職に大きく偏っていることによるものと推察される。したがって，本章での1978年度以降の新規中学卒業就職者の職業構成については，1976年度の職業構成が不変であると仮定した。明らかに無理のある仮定ではあるが，1978年度，2005年度，2008年度，2011年度，2014年度，2017年度の新規中学卒業就職者はそれぞれ69,102人，8,755人，7,911人，4,449人，4,623人，3,204人で，それぞれ新規学卒就職者全体の6.5%，1.3%，1.1%，0.7%，0.7%，0.4%に

相当する。また職業構成を見ても，1976（昭和 51）年度の時点で，専門＋管理職は皆無，事務職は 1.0％にすぎないのに対し，ブルーカラー職が 67.3％を占めている。したがって，専門＋管理職を中心とする大学卒業者（学士課程卒業者），大学院修了者の就業を修士・博士別に検討することが課題である本章の場合には，統計資料の不足している現在，以上のような荒っぽい仮定も許されるのではないかと考える。さらに，2008（平成 20）年度，2011（平成 23）年度の新規中等教育学校（前期課程）卒業者中就職者が各 2 名いる（2014（平成 26）年度と 2017（平成 29）年度は皆無）が，この 2 名の職業別内訳はいずれの年度も不明である。ただ，新規中学卒業就職者のように過半がブルーカラー職であろうと推定し，2 名ともブルーカラーとしている。もちろん，誤った推定であるかもしれないが，数量的に大きな影響を引き起こすことはないものと考える。

2　ここでいう博士課程修了者には，単位を修得して満期退学した者，学位を取得して修了した者が含まれる。いわゆるポスドクは含まない。また，「一時的な仕事」は任期付きということではなく，いわゆるフリーターに代表される，非正規雇用で不安定な職業に就いた人々である。任期付き職業は，任期がある点を除けば正規雇用と大きく変わらない（というよりも一種の正規雇用でもある）わけで，ここで言う一時的な仕事には含まれていない。

3　グレーカラーとは保安＋サービス職などいわゆるホワイトカラーでもブルーカラーでもない，両者の中間的な職業カテゴリーを指す。場合によっては販売職，営業職なども含む。

memo

第 Ⅳ 部
卒業生の活躍について

第8章

エリート教育研究の課題と展望

❶ 問題意識—関西人の意気—

「人間は一人ひとり異なる」,「国家・社会は一つひとつ異なる」というのはその通りである。しかし,「人間は皆同じである」,「国家・社会は皆同じである」というのもその通りである。もちろん,これでは社会科学の理論にはならない。社会科学の理論は,複雑で見えにくい社会をある仮定の下に単純化して,その本質・構造を把握しやすくしてくれる。仮定の置き方には2種類ある。「強い仮定」と「弱い仮定」である。

強い仮定　現実離れしているが,社会を単純化してわかりやすくする。
弱い仮定　現実に即しているが,複雑でわかりにくい。

　例えば,経済学の想定するホモ・エコノミクス（経済学的合理性に従って個人主義的に行動する人間）を普遍的な人間像（弱い仮定）と考える研究者も多い一方,アングロ・サクソン民族の行動特性に合った「強い仮定」であると捉える研究者も多い（例：エマニュエル・トッド（1999）『経済幻想』藤原書店）。

　強い仮定を持つ理論が登場すると,その単純さが批判され,弱い仮定を持つ理論が登場する。近代化論（強い仮定を置く理論）が学界を席捲したあとに,そのシンプルさを批判して,ポスト近代化論（弱い仮定を置く理論）が登場する。同じくシンプルなグローバル化論のあとに複雑性を強調するポスト・グローバル化論が登場する。歴史的にはこれが繰り返されている。いったん否定されてしまった「強い仮定を置く理論」は,ふたたび別の「強い仮定を置く理論」が登場すると再評価されることもある。もちろん,再評価されず,消え去るものもある。

　さて,エリート研究は近代化論の流れに沿って登場してきた。ちなみに,

属性原理から業績原理に転換するには，今田高俊（1983）によると，下記の３つの要件が必要である。

(1)　「機会均等化」：教育機会が均等化されないまま業績原理に移行しても，それは属性原理と選ぶところがない。

(2)　「能力主義化」：学校教育だけでなく，社会全体の能力主義化が必要である。

(3)　「高学歴化」：業績原理の社会が属性原理の社会よりも優れているならば，より高い水準の業績を上げるために，さらなる高学歴化が必然的に起こる。

　エリートの学歴構成を検討する研究は，(2) の社会全体の「能力主義化＝業績主義化」を検討する課題に位置づけられてきた。近代化論はある種の人間観，社会観を前提（強い仮定）とする理論であり，したがって日本のエリート研究は，単純化していえば「東京が中心，東大が頂点」という「強い仮定」を持つ（少なくとも関西人にとっては普遍的ではない）。「すべての受験生は皆，最初は東大を目指す（はず）」というモデルである。現代社会において，エリート研究を今考える（再評価する）うえで，この「強い仮定」をどう評価するかが重要な問題になる。

　この問題について，卑近な問題から考えていきたい。

　筆者の本務校である神戸大学では毎年「入学・進学時アンケート」というアンケートを実施している。そこで神戸大学を選んだ理由などを尋ねているのだが，学部を問わず「京大に行きたかった」，「京大以外は大学と思っていなかったので，未だに京大に未練がある」という，われわれ神戸大学の教員から見ると残念な回答が少なからず見受けられる。現在，神大は後期入試を行っているが，京大・阪大では行っていないので，前期試験で京大・阪大を不合格になった学生が後期試験で合格して神大に入ってくるケースが少なからずある。

　ただ，ここで注意してほしいことは，「阪大（あるいは東大）に行きたかった」という回答はほとんどなく，「京大に行きたかった」という回答

がほとんどであることだ。これは関西人のメンタリティにかかわることである。

　後出の竹内洋の名著『競争の社会学―学歴と昇進―』（1981）に収録されている「学歴志向の論理と心理」の60頁に次のような記載がある。

　　…それにたいして戦後の経済の高度成長以降の教育アスピレーションは，きわめて均質化してきた。教育アスピレーションが，「競走モデル」（race model）にそって考えられるべき社会になった。**万人が東大へウォーミング・アップされる社会になったのである。**（強調は山内による）

　竹内は筆者が最も尊敬し影響を受けてきた教育社会学者の一人であるが，この記述に限っては，強い違和感がある。この著書が出版されたのは1981年で筆者が高校3年生の時で，まさに筆者自身が受験生であった。たしかに，関東甲信越ではかなりの受験生が「東大へウォーミング・アップ」されていたのであろう（竹内は新潟県の出身である）。しかし，筆者の周囲にいた秀才たちのほとんどが，「東大へウォーミング・アップ」されている状況には程遠かったというのが実感である。麻生誠（1983a）においても「閉鎖的・硬直的高等教育ピラミッド」という表現が出てくる。つまり麻生の念頭にも竹内の念頭にも「ピラミッド型」の高等教育構造があるということである。

　大阪生まれで神戸育ちの筆者にとっては当たり前のことであるが，関西人のメンタリティとしては，「仮に東大を受けたら合格するとしても京大に行く」という受験生が周囲には大変多かった。京大は東大の代替物ではなかったのである。決してイソップ童話の「すっぱい葡萄」ではないのだ。京大が関西人に愛されるのは，「京大こそ，もっとも大学らしい大学」であるというところに理由があり，他のいかなる大学も代わり得ない強烈な個性を持っていると考えられているのだ。

　もちろん，兵庫県の私立中高六年一貫校の中でも，灘高等学校では医学部志望者を除くほぼすべての生徒が東大を目指し，甲陽学院高等学校では半数が東大，半数が京大を目指すといわれていた。しかし，灘高は関西で

も例外的な存在である。筆者の在籍していた学校は，関西志向が極めて強く，同じ法人が設立した上智大学への進学者を除いて，かなりの者が京大，阪大，神大に進学していた。「東大に行けるとしても京大に行く」，「東京工業大学に行けるとしても阪大に行く（阪大は，1929 年に東京工業大学と同時に大学昇格を果たした旧制大阪工業大学が前身である）」，「一橋大学に行けるとしても神大に行く（神大は，1929 年に大学昇格を果たした旧制神戸高等商業学校が前身である）」という感覚であり，関西に十二分に「同格」の大学がある（と関西人が考えているだけかもしれないが）のに，何を好んで「東下り（あずまくだり）」をしなくてはならないのかという感覚があったのである。関東の大学へ行く関西人は，筆者たちの感覚からしたら「変な奴」であり，そういった連中が夏休みに帰省して東京言葉に染まっていたりしたら心底軽蔑したものだ。

　筆者たちが極端なのだろうか。決してそうではなく，繰り返すが，関西人にとって京大は特別な大学であり，阪大・神大とも格段に違う特別な大学である。もちろん，旧帝大の場合，東大，京大はもちろんのこと，北大，東北大，名大，九大といった旧帝大は各地域の秀才を集める。各地のとびぬけた才能児もこれら旧帝大には多く存在するであろう。すべての才能児が地元を離れて東大を目指すわけではないのである。同じように，関西地区では多くの秀才と呼ばれる受験生がまず京大を目指す。阪大は，他の旧帝大と異なり，すぐ近くに京大という上位の旧帝大があるがゆえに，よく言えば粒がそろっているのであり，悪く言えばとびぬけた学生がいない。神大も同様である。阪大や神大には真面目な秀才は多いが，個性あるとびぬけた才能はほぼすべて京大に集まる，それが関西である。

　筆者の個人的な感慨を述べるだけでは説得力に欠けるので 1980 年に日本リクルートセンター出版部から刊行された大学総合研究シリーズ企画編集委員会の編集による『京都大学＝総合研究』と『大阪大学＝総合研究』から関係する部分を引用する。ちなみにこの一連の『総合研究』シリーズは 1980 年代の受験生の間でかなり読まれ，旧七帝大，東京工業大学，筑波大学，一橋大学，横浜国立大学，早稲田大学，慶應義塾大学，上智大学，関関同立等の 27 大学に関して刊行されている。このシリーズの企画

編集委員には高等教育研究で高名な天野郁夫（東京大学名誉教授）が入っているのが大きな特徴である。

　さて，『京都大学＝総合研究』によると，例えば理学部を 1978 年に卒業してミノルタカメラに入社した U 氏は次のように述べる。

　　就職して感じるんですが，企業では確かに京大生はエリート。だけど，京大卒のデメリットはありますよ。京大卒だというと，工場の女の子が何か話しにくそうでした。もっとも初対面のころでしたが。

　また，農学部を 1975 年に卒業して大和銀行に入行した K 氏は次のように述べる。

　　ただ，京大卒というのは入社当時，隠していたんです。周りの人と何か壁ができるんじゃないか，と考えた。今は京大卒にもバカな奴がいると皆思っていますよ。

　ところが『大阪大学＝総合研究』によると，基礎工学部に一浪して 1980 年に入学した H 氏は次のように言う。

　　要するに超難関大学以外に合格する秘訣は，ちょっと勉強するフリをして，健康的にテニスをやって，十時間睡眠をとることである。

　H 氏が言うように，関西人の感覚では，阪大は「超難関大学」ではない。超難関大学とは東大，京大，そして国立大学医学部（のいくつか）を指していた。関西人にとって，阪大や神大に合格するということは，ほどほどの達成感と少しばかりの挫折感を伴う体験で，京大合格者のように「てっぺんを取った」という感覚はないのである。

　何を言いたいのかというと，社会科学の研究においては，特に近代化理論においては，過去，東京中心主義的な傾向，東大中心主義的な傾向が少なからずみられ，エリート研究においても，エリート教育研究においても，

その傾向は，今なおかなりみられるということである。

　さて，後に述べるようにエリート教育の研究に最も熱心に取り組み，大きな成果を上げてきたのは麻生誠と竹内洋である。いずれも教育社会学者であり，麻生は東大，竹内は京大の出身である。

　麻生は生前，筆者に直接，東大と京大の教育社会学研究の違いについて「東大は首都にあるから政策志向が極めて強く，京大は政策よりも純粋な研究としての面白さを目指すのだ」と語った。これは至言である。確かに，今日に至るまで東大の教育社会学は「規範学」ではなく「政策科学」を志向する傾向が強く，東大出身の教員が多い名大，阪大にも同様の志向がみられる。しかし，京大はかなり異なる。例えば，かつて教育社会学講座担当教授であった渡邊洋二の主著が，丹念なフィールドワークに基づく『街娼の社会学的研究』（鳳弘社 1950）であることにもそれは表れていると考える。研究成果が政策立案に応用されるのはよしとするが，政策立案に役立てることを目的として研究をしないということである。

　ただ，東大であれ，京大であれ，他の大学であれ，教育社会学に関しては，教育学で取り扱われないようなテーマを規範的にではなく，機能的に分析するという点において，一種のフロンティア精神というか，前衛性があり，エスタブリッシュされない，若々しい異端性に魅力がかなりあった。今，教育社会学もすっかりエスタブリッシュメントの一翼になってしまった感があるが，筆者がこの領域に足を踏み入れたころは初期の若々しさがまだ保たれていた（つまり，異端児扱いされた）。

　脱線するが，別の機会に，麻生は「京大はスターを一人作り出して，弟子や研究仲間がそれにぶら下がる。そういうことを組織的に非常にうまくやる」と指摘した。これも至言で，筆者の実感もまさにそうである。これは竹内の言う「納豆移動」（2011「納豆移動社会」『大学の下流化』NTT 出版，pp. 192-194）ということになるのであろう。

　いずれにせよ，東京中心主義的，東大中心主義的なエリート教育論と，それに疑義を唱えるエリート教育論があることを念頭において以下の議論を進めたい。

❷ エリート教育研究の不振の原因と残した課題

　エリート教育については，戦後，GHQ の「日本社会の民主化」，「教育の民主化」政策のために，実践のみでなく，研究までもタブー化され，公教育からは放擲された。麻生がこの研究に取り組む 1960 年前後においては「優生学や民族主義のにおいのプンプンする危険な研究である」と捉える向きさえあった。生前，麻生本人から，エリート教育の研究をしたために，どれほどひどい迫害を受けてきたか，よく聞かされた。麻生が大学院生の時に，評価してくれた数少ない理解者の一人が，当時東大で研究を進めていた R.P. ドーア氏であったらしい。よほどうれしかったのだろう，そのことを筆者は繰り返し聞かされた。終生，コンピュータやインターネットと無縁だった（コピーしたりファックスを送ったりすることさえできなかった）麻生が，サンプルとして取り上げる膨大な数のエリート一人ひとりをカードに記入して，数千枚のデータファイルを作り上げ，それを繰って，理解も評価もされにくい研究分野に黙々と取り組む姿はおそらく相当に孤独なもので，孤立感も味わったことであろう。今風にいうなら教育学部は，そして戦後日本社会は麻生にとって完全な「アウェイ」だったのである。

　さて，エリート研究は主として政治学，社会学，教育社会学の領域で精力的に行われてきた。政治学では選出プロセスの民主性，社会学では社会階層，人種，出身地等との関連，教育社会学では高等教育歴との関連に関心がもたれてきた。いずれにせよ，その根本的な問いは「エリートという存在とその教育は民主主義社会と調和し得るのか？」という問いに集約される。教育社会学を中心とするエリート研究（特に高等教育歴の研究）では日本社会の近代化との関係を中心に考察されてきた。また，個人としての資質論ではなく集団としての代表性論の観点から，イデオロギー分析ではなく機能的分析によって論じられてきた。その際に，エリート自身の近代化の指標として高等教育歴が用いられてきた。高等教育歴を持つエリートの増加は「世襲エリート」や「地縁エリート」等の属性により選抜されたエリートに代わる近代的な業績により選抜されたエリートへの切り替わ

りを意味すると考えられたからである。したがってエリート研究は近代化論が盛んな 1960 年代～1970 年代に隆盛を迎えるが，ポスト近代化論が登場する 1980 年代になると衰退する。

　時代が下って，1960 年代半ばから 1990 年代にかけては総論的なエリート研究も領域ごとのエリート研究も盛んに行われるようになってきた。しかし，21 世紀に入ってからは，竹内による一連の研究を除いて，散発的にしか行われていない。その理由を 5 点に関して考察したい。

(a) 『人事興信録』等のエリート・インデックスが発行されなくなった。

　この領域のパイオニアである麻生誠（1960），青沼吉松（1965），中道実（1973, 1974），岩見和彦他（1981）等の研究においては，しばしば各種のエリート・インデックスが用いられてきた。なかでも包括的なエリート・インデックスとして『人事興信録』は重宝されてきた。

　しかし，『人事興信録』は 1903 年から出版され 2009 年に第 45 版が刊行された後に無期限休刊になった（表 8-1 を参照のこと）。また 1889 年，つまり同時期に刊行され始めた『日本紳士録』は 2007 年に第 80 版が刊行された後に無期限休刊になった。

　理由の一つとして 2005 年に施行された個人情報保護法の影響と，ほぼ同時期に頻発した，いわゆる「『紳士録』詐欺」の影響が挙げられる。これらの影響で「紳士録」への掲載を拒否する動きがかなりみられるようになった。「『紳士録』詐欺」とは，「『紳士録』に掲載するから」と掲載料を要求し，掲載を拒否すると今度は削除料を要求するというかなり悪質で執拗な詐欺である。かつては掲載されることは名誉と考える人が多かったのだが，個人情報保護の観点からも，詐欺からの自衛の意味でも，掲載を忌避する動きが大きくなってしまった。このことは，この種の人名録に大きな打撃を与える。それが廃刊理由の一つでもある。

　例えば『朝日新聞』2007 年 4 月 29 日には「『日本紳士録』無期休刊へ—掲載辞退増で『使命終えた』—」（http://www.asahi.com/culture/news_culture/OSK200704290022.html 2018（2018 年 3 月 12 日閲覧）という記事が掲載された。これによれば「掲載された連絡先に電話して『掲載

表 8-1 『人事興信録』の版数と刊行年

初版	1903（明治 36）年	第 24 版	1968（昭和 43）年
第 2 版	1908（明治 41）年	第 25 版	1969（昭和 44）年
第 3 版	1911（明治 44）年	第 26 版	1971（昭和 46）年
第 4 版	1915（大正 4）年	第 27 版	1973（昭和 48）年
第 5 版	1918（大正 7）年	第 28 版	1975（昭和 50）年
第 6 版	1921（大正 10）年	第 29 版	1977（昭和 52）年
第 7 版	1925（大正 14）年	第 30 版	1979（昭和 54）年
第 8 版	1928（昭和 3）年	第 31 版	1981（昭和 56）年
第 9 版	1931（昭和 6）年	第 32 版	1983（昭和 58）年
第 10 版	1934（昭和 9）年	第 33 版	1985（昭和 60）年
第 11 版	1937（昭和 12）年	第 34 版	1987（昭和 62）年
第 12 版	1939（昭和 14）年	第 35 版	1989（平成元）年
第 13 版	1941（昭和 16）年	第 36 版	1991（平成 3）年
第 14 版	1943（昭和 18）年	第 37 版	1993（平成 5）年
第 15 版	1948（昭和 23）年	第 38 版	1995（平成 7）年
第 16 版	1951（昭和 26）年	第 39 版	1997（平成 9）年
第 17 版	1953（昭和 28）年	第 40 版	1999（平成 11）年
第 18 版	1955（昭和 30）年	第 41 版	2001（平成 13）年
第 19 版	1957（昭和 32）年	第 42 版	2003（平成 15）年
第 20 版	1959（昭和 34）年	第 43 版	2005（平成 17）年
第 21 版	1961（昭和 36）年	第 44 版	2007（平成 19）年
第 22 版	1964（昭和 39）年	第 45 版	2009（平成 21）年
第 23 版	1966（昭和 41）年		

出典：筆者作成

や削除が有料になった』と代金を請求する詐欺は，『古典的な手口』とし
て以前からあったが，警視庁が 05 年に詐欺や恐喝などの容疑で 14 人を逮
捕した事件では，14 億円以上を脅し取られた元会社員もいて，社会的な
注目を浴びた。国民生活センターや各地の消費生活センターに寄せられる
同様の相談は年間計 2000〜3000 件に達している」ということであり，そ
の結果 2000 年ころには最大 14 万人を掲載していたのが掲載拒否の動きが

広がり，10 万人を下回ったとのことである。さらに同記事によれば，『人事興信録』においても「掲載を希望しない人は他社でも増えている。1903（明治 36）年から『人事興信録』を発行する『興信データ』（東京都千代田区）によれば，同社が今年 3 月（筆者註：2007 年 3 月）に発行した最新版の第 44 版は，掲載人数は約 8 万人。3〜4 年前から掲載を断る人が増えており，10 年前より約 3 割減ったという」ことである。確かに最後となった『人事興信録』第 45 版（2009 年）の掲載人名数を 8 年前（個人情報保護法施行前）の第 41 版（2001 年）と比較すると，4 分の 3 に急減している。

　なお，ビジネス・エリートのインデックスとしては，ダイヤモンド社の『会社職員録』が頻繁に用いられてきた。前出の竹内洋の『競争の社会学』（1981）でも用いられている。しかし，これも 2011 年度を最後に刊行されていない。これら代表的な『紳士録』が刊行されなくなったことはエリート研究，エリート教育研究の遅滞に少なからず関連があるといえよう。

(b)『人事興信録』，『日本紳士録』等エリート・インデックスの掲載基準が曖昧である。

　もし仮に，『人事興信録』，『日本紳士録』，『会社職員録』が刊行され続けていたとしても，問題がないわけではない。これらエリート・インデックスの掲載基準があいまいではないか，また掲載基準がエリートの領域ごとに異なるのではないか，という疑義はかねてから提出されていた。このエリート・インデックスの掲載基準のあいまいさは，そのインデックスを使用した研究が，そのまま当該研究の限界・欠点として引き受けることになる。なお，古典的な研究のいくつかにおいてはどのインデックスを使用したかすら明示されていないものもあり，今日では論外である。

　『人事興信録』という資料それ自体の研究が必要であるが，これについては，増田・佐野（2017〜2019b）による詳細な考察により，『人事興信録』は近現代の日本の指導層を知るうえで貴重な資料と位置づけられている。なお，この考察によると，第 4 版の掲載人数は 13,917 名である。これは索引で掲載人数をカウントしてもわからない数字であるとのことである。平成以降の『人事興信録』は 8 万人〜10 万人を掲載しているので，版に

よって掲載人数もかなり異なる（つまり，掲載基準が一定していないということになる）という難点もあるわけだ。つまり，『人事興信録』にあるカテゴリーの人物がより多く掲載されるようになった，あるいはより少なく掲載されるようになったという変化があったとして，それが『人事興信録』の掲載基準の「ブレ」を表すのか，それとも「どのような人物が社会でエリートとみなされているか」という価値基準の変化を表すのか，区別がつきにくいということになるわけである。後者であれば研究の価値は大きいが，前者であればこの資料を用いて研究する価値は大きく減ぜられる。

　なお，『人事興信録』と『日本紳士録』を比較したとき，青沼吉松（1965）が指摘する通り，『日本紳士録』の記載よりも『人事興信録』の記載の方が詳しい。青沼自身も，麻生誠，中道実，岩見和彦他あるいはそれ以降の研究者も『日本紳士録』よりも『人事興信録』をインデックスとして重宝してきたのはその故である。ちなみに麻生（1991）は，『人事興信録』を用いるデメリットとして，「(1) ある特定の職業集団（たとえば，経営者）が，実際に保持している権力や威信に比較して多く選ばれている可能性があること，(2) 潜在的な権力保持者が記載されていないこと，(3) 記載されたエリートたちのもつ権力や威信に階層的な差異があるにもかかわらず，彼らを一様にエリートとして包括していること」をあげている。逆にメリットとして，「(1) 記述が比較的正確で，社会的に一応誰もがエリートだと思われる枠のなかで人びとが選ばれており，その意味で社会的普遍性が保たれていること，(2) 時系列的に，広い範囲のエリートを比較考察しようとした場合，ナショナルな広い範囲で，明治初期から一貫して編纂されたエリートの資料としてこれが唯一のものであること，(3) 日本以外の国においても，類似の資料（たとえば "Who's Who in America"）が存在しており，国際比較が可能であること」をあげている（pp.248-249）。なるほど，類似の『紳士録』や『名士録』と銘打った資料としては，『日本紳士録』，『日本人事興信録』，『全日本人事興信録』，『帝国人事興信録』他種々あるが，『人事興信録』は長期にわたって（2〜5年間隔で）発行され続け，記述の正確さにおいて最も信頼できるということなのであろう。麻生本人は筆者に直接「『人事興信録』は実に怪しげな資料だ。しかし，

他の資料をもって代えがたい」としばしば話していた。

　さて，麻生は，今や古典的名著となっている『エリート形成と教育』第1章第2節において，「エリートとは何か」について，麻生が敬愛するジョルジュ・ギュルヴィッチの集団論を参照して，エリートを他の集団から区別する基本的指標として以下の9つをあげる。すなわち，「(1) 接近の様式，(2) 内容，(3) 容量，(4) 分散の程度，(5) 機能，(6) 全体社会（社会体制）との関連様式，(7) 統一度，(8) 構造化の程度，(9) 社会階級との関係」である。麻生は「以上の社会集団としてのエリートのもつ九つの基準によって，エリートについて，ほぼ余すところのない定義を与えることができる」として，エリートを下記のように定義する。

　　エリートとは，一定の全体社会において平均人よりすぐれた内的属性あるいは有利な外的属性をもち，一定の領域と水準におけるリーダーシップの機能を通じて，全体社会の規定となっている諸価値を増殖したり維持したりすることによって，全体社会の決定力の構造に主体的構成的に関与するところの，一定の集団意識と特殊な文化所産を包み込んだ，高度の構造化への傾向を持つところの機能集団である。そして，この機能集団は，一定の全体社会における機能的集団の位階制の最高位に位置づけられ，超機能集団である社会階級の位階制とある時は重なりあい，ある時は相争い，ある時はそれに優位に立つ。産業化の進展とともに，エリート集団は社会階級からの分離度を強め，多元化され，多元化されたエリート集団はその相対的自立性を強めていく傾向がある。

　この節の最後に麻生は「この定義が，いままで，きわめてあいまいであった社会学におけるエリート概念を，どれだけ練りきたえ，同時にそれを明確化し得たか？この問に答えるものはこれを現実に適用し，実証によって検証するほかないであろう」と述べる。ただ残念ながら，いかに「集団としての定義である」と述べようとも，個々の「エリート」が，「エリート」たるゆえんとして，結局のところ『人事興信録』に掲載されているという以上の根拠を持たない以上，ただ集団の定義だけを練り鍛えたところで，

その定義の適否を確認するすべはないであろう。

　なお，定義に関して，麻生によればエリートは機能集団であり，支配階級は超機能集団であるとする。この発想には C.W. ミルズの影響を見ることができる。しかし，マルクス主義社会学のアプローチは異なる。例えば，ミルズの一連の業績を検討に値する良質な研究と高い評価をしながらも，容赦ない批判をする H. アプセーカー（1962）はミルズの代表作『パワー・エリート』に対する批判の根幹に階級概念ではなく，エリート概念に基づいて分析したことを滲ませている。この点については，機能主義社会学者とマルクス主義社会学者とで，根本的な見解の相違があるのであろう（ミルズが「階級概念」ではなく「パワー・エリート」の概念を用いる理由については同書第12章「権力エリート」を参照のこと）。

　ただ，ここで述べたいことは，マルクス主義社会学の視点についてではない。エリート研究として行うべきではない（あるいは行う必要がない）研究対象をエリート研究の枠組みで捉えようとする研究も過去にいくつか登場してきたのではないかという疑義についてである。その代表例が筆者自身の研究（1995）である。

（c）高等教育機関がエリート養成機関ではなくなった。

　マーチン・トロウの著名なエリート，マス，ユニバーサルの高等教育の三段階発展仮説によると，高等教育機関がエリート教育機関でなくなるのは 1960 年代後半である。麻生に始まる一連の研究においては，高等教育機関がエリート教育機関であるという前提の下で考察が深められてきた。しかし，戦後，日本に導入された段階型（単線型）教育制度により，かつてのエリート高等教育機関が，制度上，他の高等教育機関と同等になり，さらに大衆化，ユニバーサル化によって実質的にも非エリート高等教育機関化が進んできた。エリート教育，エリート形成と教育の関係を研究する場合にこのことは深刻な意味を持つ。

　竹内は歴史社会学的な手法で，戦前期〜1960 年代ごろまでの日本の高等教育機関がエリート段階にあった時期に絞り込んで，丸山眞男や吉本隆明らの研究を進めている。マス段階以降の日本のエリート教育については，

ほとんど着手されていないのが実態ではないだろうか。

(d) ビジネス・エリートが肥大化した。

　麻生の『エリート形成と教育』によれば，1964 年の時点でビジネスリーダーは全エリートの 70 ％を超えている（p. 215）。また，麻生・山内編（1994）によると 1991 年のサンプルにおいては実に 77.9 ％を占めている。これでは包括的なエリート研究といえども，ビジネスリーダーの研究に若干のその他の領域のエリートを加えただけであり，ビジネスリーダーの数量的肥大は包括的なエリート研究の意義を低下させることになる（ただし女性エリートに関しては別である）。言い換えれば，他のエリートの特徴がビジネスリーダーの特徴によってかき消され，ビジネスリーダーの特徴が過度に強調されることになるのである。したがって，領域別のエリート研究が必要になるということである。

　ビジネス・エリートの研究に限定してみると，黒岡千佳子（1982），麻生（1983b），麻生・山内編（1994）のように大企業ビジネス・エリートと中企業ビジネス・エリートを比較検討したものがあるし，青沼（1965），萬成（1965）の研究においても―限界はあるものの―ビジネス・エリートをサブカテゴリーごとに比較検討している。そういった努力は他の諸研究にもみられるけれども，限定的である。

　筆者が指摘したいことは，エリートを集団として，数量において把握しようとする麻生以降の研究手法の限界がここにみられるということである。ビジネス・エリートの肥大化を高度経済成長の結果としてみられる産業界の発言力の増強とか，「経済的価値の重視」の結果と考えることは正当なのであろうか。

　周知のとおり，ミルズは政治・経済・軍事の三領域のエリートを「パワー・エリート」と称した。したがって，政治エリート，ビジネス・エリート，軍事エリートの研究が各国とも存在する。ただ，日本においては，軍事エリートは（自衛隊はあるものの）戦後日本には存在しない。しかし，その代わりに高級官僚が存在する。日本においては，英米と比べて高級官僚の占める位置が異なるのであり，高級官僚の数量的研究が重要であるに

もかかわらず大いに不足している。日本の高級官僚は英米のように政治任用ではないのであり、政治エリートとは別に独自に研究する必要があるカテゴリーである。高級官僚は政治エリートの供給源にもなり得る（官僚派政治家）し、ビジネス・エリートの供給源にもなり得る（天下り）し、大学教員の供給源にもなり得る。その意味で清水唯一朗による高級官僚の研究（2013）は、きわめて貴重なものであるが、政治学、歴史学の立場からの高級官僚論だけでなく、清水のアプローチよりもさらに教育あるいは試験制度との関連に重点を置いた高級官僚研究が今後強く望まれると考えられる。竹内洋（1993a）が、麻生が高級官僚の研究を深めなかったことを残念がっているのはここに理由があると考える。数量的に見れば高級官僚は限られている。しかし、そのパワーは相当に大きいものであり、他の領域のエリートにも大きな影響を及ぼす。しかし、集団的な手法、数量的な手法で把握する限り、ビジネス・エリートの陰に隠れてしまうのである。つまり、麻生のいわゆる「キャリア＝制度論的アプローチ」では「影響力の質」を把握することが困難なのである。

（e）とかく発想が東京中心主義、東大中心主義になりがちである。

　従来のエリート研究のアプローチのゆがみとして、東京中心主義的、東大中心主義的になりすぎることがあげられる。これは麻生以降顕著になったことである。麻生はキャリア・アプローチと制度論的アプローチを融合した「キャリア＝制度論的アプローチ」を用いて分析を行った。このように外的属性を中心に、集団としてエリートを捉えたことが麻生の最大の功績であり、オリジナリティである。しかし、外的属性に明白な序列構造がある場合には、問題が生じ得る。例えば高等教育を受けていないエリートが駆逐されて、高等教育を受けたエリートが増加すれば、近代的な教育を受けた（つまり「業績主義によって選抜され、組織的に育成された」ということになるのであろう）エリートが、世襲エリート等に代わって登場するということになり、「エリートの近代化」が進んだとみなす、というわけである。ただ、こういう論理を究極まで押し進めると、エリートが全員東大出身者になれば業績主義の究極の姿が実現するということになりかね

ない。

　麻生（1978）がパレートの「周流」の概念を用いて『エリート形成と教育』において述べるところによれば下記のとおりである。

　　一般的にいって，学歴エリートの「個人的周流」は大きく，「社会的周流」は小さく漸進的性格を持つということができる。（p. 291，傍点は麻生による）

　すなわち，特定個人がエリートポストを長期間独占することは少ないが，エリート間の外的属性，特に学歴の共通性は高いということである。このことは，日本社会が民主的であり，業績主義的であることを示す証左なのであろうか。

　エリートの来歴に見る限り，ほぼ近代教育を受けた人々でエリートのポストが占められるようになるのは昭和戦前期である。しかし，そのエリート教育における近代化のひとまずの完成期が，大日本帝国の崩壊と重なるというパラドックスの意味を十分に解きほぐすという課題は残されたままである。そこで「東条英機は小者だった」式の個別的資質論ではなく，近代日本のエリート形成システムに埋め込まれた欠陥を剔抉すべきなのであろう。

　それはさておき，このような発想は社会学者の吉見俊哉にもみられる。名著『大学とは何か』（岩波書店 2011）150 頁に下記のような記述がある。

　　…明治中期以降の帝国大学では，その中心部（東京帝大）では法科系ゼネラリストへの重心移動が起きており，その周縁部の地方帝大では理工系テクノクラートの養成システムが発達し，植民地の帝大はその両方の要素を併せ持つというという重層的な構造が形成されていたのである。もちろん，これは，帝国自身が，中心部からは社会の「管理」を，その周縁部では社会の「開発」を，植民地ではその両方を必要としていた構造に対応するものであった。

中心部＝都市部にある先発帝大としての東京帝大と，その他の周縁部＝地方にある後発の6帝大，さらに植民地の2帝大（京城帝大，台北帝大）という三層構造について書かれた一文であるが，札幌，仙台，名古屋，京都，大阪，福岡といった政令指定都市でさえも，東京からは周縁部＝地方にしか見えず，そして研究大学の代名詞として何かと「旧帝大」とまとめられる（東大以外の）6大学も，東大からは周縁部＝地方にできた（東大の不完全なコピーとしての）後発帝大にしか見えないということなのであろう。

　また竹内洋が頻繁に使用する用語でもあるが，中心部＝都市部にある大学の中でも東大だけが正系で屹立し，一橋大や東京工大など他の大学は傍系ということになるのであろう（竹内の「正系」，「傍系」という用語については例えば，竹内（2001a）『大衆モダニズムの夢の跡─彷徨する「教養」と大学─』（新曜社）の『「一橋的」教養主義』（p. 168）を参照されたい）。竹内のオリジナリティの一つは，麻生のように「正系」だけに目を向けるのではなく，「傍系」にも目を向けたというところに存するが，「正系」─「傍系」という序列の在り方を吟味する必要があると考える。つまり，竹内も麻生と同様に日本型学歴社会が「ピラミッド型」であることを前提とした議論をしているのだが，その前提を検討する必要があるということである。

　言い換えれば，戦後日本で行われてきた実証的なエリート研究は，ある種の「日本人観」，「日本社会観」を前提にしていたということである。そして筆者は，その「日本人観」，「日本社会観」に強い違和感を覚えるのである。このような「日本人観」，「日本社会観」においては，東京，東大を頂点とする序列が明白にある。出生地や出身地については選ぶことはできないが，学歴については能力に応じてその序列の中から最も高位のものを選ぶはずという「日本人観」，「日本社会観」が根底にあるのだ。そのような一元的な合理的選択を行う，ロボットや機械のような人間観，社会観は関西人の最も嫌うところでもある。しかし，そもそも社会学（そして教育社会学も）とは，多様性を尊重する学問ではなかったか。「東大進学が可能でも京大に行く」という一見，関東人には非合理に見える行為であっても，それが許容されるのが人間社会であり，それを研究するのが社会学（教

育社会学も）ではなかったのか。

　さて，以上のような理由から研究が不活発になっていると考えられるが，残されてきた重要な課題を 2 つあげておく。

（A）学習院の研究，貴族院の研究は必要ではないのか。

　これまで日本のエリート研究というと，とかく「旧制高校→旧制帝国大学」といったルートのエリートが強調されがちで，戦後においてはビジネス・エリートが強調されがちだったことは述べてきたとおりである。その「旧制高校→旧制帝国大学」型のエリートにおいても，麻生以降の研究においては「一高→東京帝国大学」型のエリートが強調される傾向が強くみられた。

　ところが，他の類型のエリートが日本に存在した可能性があるように筆者は考える。例えば，戦前の学習院は華族の子弟のための学校として1877 年に設置され，宮内省の管轄下におかれた。言うまでもなく，れっきとした官立学校であり，戦後の私立学校としての学習院とも根本的に異なる。ただし，文部省の所管ではない，華族の子弟のための学校ということで，他の文部省所管の学校とは異なる性格を有していた。文部省からすれば統制しづらい学校だったのである。しかし，これまで旧制高等学校の研究といえば，一高，三高に代表されるナンバースクールを頂点として想定する研究が多く，管見に入る限り，学習院の特殊性にはあまり言及されなかった。

　竹内の著書『大衆モダニズムの夢の跡―彷徨する「教養」と大学―』（新曜社 2001a）に収録されている「エリート養成スクール」87 頁に次のような記述が出てくる。

　　それに対して旧制高等学校の特徴は，厳密な能力主義的な選抜にあった。たとえ華族でも，入試で特別優遇はしなかったのではないかと思われる。状況証拠ではあるが，明治末に学習院の中等科から高等科へ行かず，官立の高等学校を受験した華族の子弟の合格率を調べてみると，十

数人が受験して合格は一人。合格率が異常に高ければ特別扱いされていたといえるが，そのときの全国平均の合格率は三〇％ぐらいだから，学習院中等科を出た人が高校入試で特別扱いされた形跡はないようにみえる。そういう意味では，エリートの補充の裾野は，イギリスよりも日本の方が広がりが大きかったといえよう。

これには少し注釈が必要である。例えば，昭和10年の高等学校別東京帝大合格率のデータを見ると，全体で4,533名受験して2,205名が合格している。合格率は48.6％である。ただし，法学部は1,635名が受験し655名が合格，合格率は40.1％，医学部医学科に至っては429名が受験し130名が合格，合格率は30.3％，工学部は927名が受験し324名が合格，合格率は35.0％である。学習院高等科はどうかというと，東京帝大全体に関しては36名が受験し18名が合格している。合格率は50.0％である。法学部は5名が受験し1名合格，医学部は4名が受験し全員不合格，工学部は5名が受験し2名が合格している。なるほど，確かに特別扱いはされていないように見える。また，昭和21年には学習院高等科の入試要項が発表され，文科志願者360名に対し合格者は51名，理科志願者474名に対し合格者は46名とかなりの競争試験になっている。ただ次のような指摘もある。

　いずれも学習院初等科，中等科，高等科の卒業生で，日本を代表する小説家・劇作家である三島由紀夫と美術評論家である徳大寺公英（学習院で三島の4年先輩にあたる）の「対談　青春を語る—戦争の谷間に生きて—」（『三島由紀夫集（現代日本の文学35）』（学習研究社）の月報6）（1969）において，学習院について次のように述べられている。

三島　しかし，考えてみると戦争中，あんなリベラリストの学校ってなかったろうな。変な特権意識でリベラリストだった。でも，戦後，安倍能成になってから，すべてダメになった。一高的な，つまり教養主義ってものを学習院へ導入した。それが，学習院には，古くから教養主義というものに対する非常な侮蔑があってね。

徳大寺　本を読むということを軽蔑する。それはあったね。

三島　そのね，三つ子の魂百までってのは，ぼくはいまでも残っている。ぼくは大学の先生ってだいっきらいだし，だいたい，インテリゲンチャってきらいでしょ。その体質は二十何年たったって，全然直らないね。文士ってものに軽蔑感をいだくのは，やっぱりそれだね。「白樺」と接触しなかったのは，「白樺」があまりにも学習院を代表しちゃったから反感をもったんだな。だけどあれは，オーソドックスな学習院じゃないんですね，結局。

徳大寺　そうでしょうね。だから，ぼくはあのころ志賀（直哉）さんに会って，あなたの小説を批評したりしていたけれども，ぜんぜん志賀さん，理解していないものね。

三島　そうですか。

また，この月報には収録されていないが，この対談のロングバージョンである『決定版　三島由紀夫全集』第 41 巻（音声）（2004）の CD に収録されている「青春を語る」において，関連する発言がある。

三島　まあ，すごい天才と，すごいのんきな人とね，二種類いるんですよ。それで，どっちが威張っているかっていうと，学校ができない方が威張っていた。できないほど学習院らしいっていうんでね。それはね，ぼくはイギリスのジェントルマンシップの伝統が残っていると思うんですよね。本を読むのを軽蔑するんですよね。あんまり本ばっかり読むのはよくない。ジェントルマンらしくない。

徳大寺　それはイギリスかな？

三島　イギリスですね。イギリスではインテリゲンチャというのはある程度下の階級だから。

さらに別の箇所で一高を引き合いに出して述べているが，「一高生＝本を読む人＝インテリゲンチャ＝ジェントルマンより階級が下の人」という意味で述べられている。

また旧制学習院初等科の入学資格について次のように述べている。

三島　華族はフリーパスなんだ。われわれ平民はね，三人の華族の推薦
状がいる。それでぼくが初等科に入るときにはね，三人の華族の推薦状
を持って入ったんだ。

　つまり，三島自身は試験を経て入学したわけではないということである
が，その後，中等科も高等科も入学試験はなく，首席で卒業時に恩賜の銀
時計を拝領した。東京帝大法学部にも推薦で入ったため，初めて受験した
競争試験が高等文官試験だったということである。ちなみに，三島の反知
性主義は有名な東大全共闘との対話集会においても表明されている。

　　…その政治的思想においては私と諸君とは正反対だということになっ
　ている。まさに正反対でありましょうが，ただ私はいままでどうしても
　日本の知識人というものが，思想というものに力があって，知識という
　ものに力があって，それだけで人間の上に君臨しているという形が嫌い
　で嫌いでたまらなかった。具体的に例をあげればいろいろな立派な先生
　方がいる…。そういう先生方の顔を見るのが私は嫌でたまらなかった。
　これは自分に知識や思想がないせいかもしれないが，とにかく東大とい
　う学校全体に私はいつもそういうにおいを嗅ぎつけていたから，全学連
　の諸君がやったことも，全部は肯定しないけれども，ある日本の大正教
　養主義からきた知識人の自惚れというものの鼻を叩き割ったという功績
　は絶対に認めます。（拍手）

　いずれにせよ，知性主義，教養主義の牙城としての旧制高校群とは異な
る異質な旧制高校としての学習院高等科の研究が必要ではないだろうか。
そのことによって，戦前期日本のエリートを重層的に理解できるのではな
いだろうか。また，学習院では多くの華族の子弟が学んだわけだが，彼ら
の中には長じて貴族院議員になったものも少なからず存在する。権力装置
としての貴族院は，衆議院とは異なる重み，性格を持つ独特の議会であっ
た。残念ながら管見に入る限り，政治学の領域において貴族院の研究は僅
少である。そこで活躍した貴族院議員たちについても，研究が十分になさ

れていない。この領域の研究が進めば，戦前期日本のエリートについてまた異なる側面を明らかにすることにつながるのではないかと考える。

(B) 国際比較が必要ではないのか。

もう一つの問題点は日本におけるエリート形成と近代教育との結びつきが国際比較の観点からどれぐらい強いのかについて検討することである。

ここでは，あくまでも考えるための材料として，仮に首相ないしは大統領という政治エリートのトップと学歴の関係について簡単にみておきたい。

【日本】

まず，表8-2を参照されたい。これは加藤友三郎以降の日本の歴代首相の学歴を調べたものである。加藤友三郎以前の首相は近代の学校教育制度を通過していない者が多い（唯一の例外はソルボンヌ大学を卒業した西園寺公望）ので省略した。52 名の首相と 3 名の臨時代理，計 55 名について学歴を見たところ，第二次世界大戦以前の平沼騏一郎までの 14 人の首相と 2 人の臨時代理のうち，近世以前の私塾出身者が 3 名，東京帝大出身者が 7 名（近衛文麿を除き全員法学部），軍学校出身者が 6 名である。第二次世界大戦期の阿部信行以降 6 名の首相については，いずれも軍学校（陸軍士官学校→陸軍大学校か海軍兵学校→海軍大学校）の出身である。しかし，第二次世界大戦後，幣原喜重郎から宮澤喜一までの 20 名の首相については 11 名が東京帝大（全員法学部）である。残る 9 名のうち，早大が 3 名，京都帝大，東京商科大，神戸商業大，明治大，農林省水産講習所が各 1 名である。田中角栄の高等小学校卒という学歴は際立っている。この時期で新制大学の出身者は海部俊樹 1 名であり，他はすべて旧制の出身である。

ところが中選挙区制から小選挙区制への移行を含む政治改革法案の提出をめぐり，宮澤喜一内閣が総辞職したのち，13 名の首相が誕生している。13 名全員が高等教育を受けているが，東大卒は鳩山由紀夫 1 名（しかも工学部），他に国立大出身者は菅直人（東工大卒）しかおらず，いずれも理系である。また，村山富市を除いてすべて新制大学の出身者である。早

表8-2 日本の首相（加藤友三郎以降）の学歴

氏名	出生地	就任	離任	学歴	学部	註
加藤友三郎	広島	1922	1923	海兵→海大		旧制
(内田康哉)	熊本	1923	1923	同志社英学校→東京帝大	法	
山本権兵衛	鹿児島	1913	1914	海兵		
		1923	1924			
清浦圭吾	熊本	1924	1924	咸宜園		私塾
加藤高明	愛知	1924	1926	名古屋洋学校→東京大学	法	
若槻禮次郎	島根	1926	1927	司法省法学校→東京帝大	法	旧制
		1931	1931			
田中義一	山口	1927	1929	陸士→陸大		
浜口雄幸	高知	1929	1931	三高→東京帝大	法	
犬養毅	岡山	1931	1932	慶應義塾（中退）		私塾
(高橋是清)	東京	1932	1932	ヘボン塾		
斎藤実	岩手	1932	1934	海兵		
岡田啓介	福井	1934	1936	海兵		
廣田弘毅	福岡	1936	1937	一高→東京帝大	法	
林銑十郎	石川	1937	1937	陸士→陸大		
近衛文麿	東京	1937	1939	一高→東京帝大→京都帝大	文（東京帝大） 法（京都帝大）	
		1940	1941			
平沼騏一郎	岡山	1939	1939	東大予備門→東京帝大	法	
阿部信行	石川	1939	1940	陸士→陸大		
米内光政	岩手	1940	1940	海兵→海大		
東条英機	東京	1941	1944	陸士→陸大		
小磯国昭	栃木	1944	1945	陸士→陸大		
鈴木貫太郎	大阪	1945	1945	海兵→海大		
東久邇宮稔彦王	京都	1945	1945	陸士→陸大		旧制
幣原喜重郎	大阪	1945	1946	三高→東京帝大	法	
吉田茂	東京	1946	1947	学習院高等科→東京帝大	法	
		1948	1954			
片山哲	和歌山	1947	1948	三高→東京帝大	法	
芦田均	京都	1948	1948	一高→東京帝大	法	

鳩山一郎	東京	1954	1956	一高→東京帝大	法	
石橋湛山	東京	1956	1957	早大	文	
岸信介	山口	1957	1960	一高→東京帝大	法	
池田勇人	広島	1960	1964	五高→京都帝大	法	
佐藤栄作	山口	1964	1972	五高→東京帝大	法	
田中角栄	新潟	1972	1974	高小		
三木武夫	徳島	1974	1976	明治大	法	
福田赳夫	群馬	1976	1978	一高→東京帝大	法	
大平正芳	香川	1978	1980	高松高商→東京商大		
(伊藤正義)	福島	1980	1980	浦和高→東京帝大	法	
鈴木善幸	岩手	1980	1982	農林省水産講習所		
中曽根康弘	群馬	1982	1987	静岡高→東京帝大	法	
竹下登	島根	1987	1989	早大	商	
宇野宗佑	滋賀	1989	1989	彦根高商→神戸商大		
海部俊樹	愛知	1989	1991	早大	法	新制
宮澤喜一	東京	1991	1993	武蔵高→東京帝大	法	旧制
細川護熙	東京	1993	1994	上智大	法	新制
羽田孜	東京	1994	1994	成城大	経済	
村山富市	大分	1994	1996	明治大専門部	政治経済科	旧制
橋本龍太郎	東京	1996	1998	慶大	法	
小渕恵三	群馬	1998	2000	早大	第一文（大学院は政治経済学研究科）	
森喜朗	石川	2000	2001	早大	商	
小泉純一郎	神奈川	2001	2006	慶大	経済	
安倍晋三	山口	2006	2007	成蹊大	法	新制
		2012	現職			
福田康夫	東京	2007	2008	早大	第一政治経済	
麻生太郎	福岡	2008	2009	学習院大	政治経済	
鳩山由紀夫	東京	2009	2010	東大	工（大学院はスタンフォード大学）	
菅直人	山口	2010	2011	東工大	理	
野田佳彦	千葉	2011	2012	早大	政治経済	

註：（　）は首相の逝去等に伴う臨時代理等
出典：筆者作成

大出身者が4名と目立つ。

　つまり，まとめると，55名の首相及び臨時代理のうち，19名が東京帝大（うち18名が旧制東京帝大，鳩山由紀夫のみが新制），7名が早稲田大，12名が軍学校（陸軍大学校6名，海軍大学校3名，海軍兵学校3名）という経歴である。東京大（東京帝大）出身者のうち17名は法学部出身であり，例外は近衛文麿（文学部），鳩山由紀夫（工学部）である。

　このように見てくると，首相という政治エリートの形成に関して，東京帝大は，第二次世界大戦以前においては軍学校と並ぶ主要ルートの一つではあったが，独占していたわけではなく，むしろ第二次世界大戦中は軍学校が独占していたのである。第二次世界大戦後ほぼ旧制高等教育を受けた世代が社会の第一線から退場するまでの半世紀において東京帝大は最重要ルートとなるが，その後の新制高等教育を受けた世代の時代になると，さまざまなルートの一つにすぎなくなってしまったようにみえる。

　このような傾向はどの国を見ても言えることなのであろうか。

【イギリス】

　次に，表8-3を参照されたい。この表は初代首相ロバート・ウォルポール卿から現職ジョンソン首相まで55名の学歴を調べたものである。この表によれば，オックスフォード大出身者が28名，ケンブリッジ大出身者が14名となる。オックスフォード大出身の首相28名のうち，13名がクライスト・チャーチ出身であるのが目に付く。他の15名のうち，トリニティ・カレッジ出身が3名，ベリオール・カレッジ出身が3名であり，残る9名はそれぞれ異なるカレッジ出身である。ケンブリッジ大学出身の首相14名のうち，6名がトリニティ・カレッジ出身，4名がセント・ジョンズ・カレッジ出身であり，残る4名はそれぞれ異なるカレッジ出身である。

　なお，戦後のクレメント・アトリー首相（ウインストン・チャーチル首相の次）以降14名中11名がオックスフォード大出身である。そのうち5名がイートン校出身である。チャーチル以前はオックスフォード大出身者17名，ケンブリッジ大出身者14名でほぼ互角であったが，アトリー以降様相が変わり，ケンブリッジ大出身の首相は1930年代のスタンリー・ボー

表 8-3　イギリスの首相の学歴

氏名	政党	就任	離任	初中等教育学歴等	高等教育学歴	
ウォルポール	ホイッグ	1721	1742	イートン校	ケンブリッジ大	キングス・カレッジ
ウィルミントン伯爵	ホイッグ	1742	1743	セントポールズ校	オックスフォード大	トリニティ・カレッジ
ペラム	ホイッグ	1743	1754	ウエストミンスター校	オックスフォード大	ハートフォード・カレッジ
ニューカッスル侯爵	ホイッグ	1754	1756	ウエストミンスター校	ケンブリッジ大	クレア・カレッジ
		1757	1762			
デボンシャー侯爵	ホイッグ	1756	1757	教育歴不明		
ビュート伯爵	トーリー	1762	1763	イートン校	高等教育学歴なし	
グレンヴィル	ホイッグ	1763	1765	イートン校	オックスフォード大	クライスト・チャーチ
ロッキンガム侯爵	ホイッグ	1765	1766	ウエストミンスター校	ケンブリッジ大	セント・ジョンズ・カレッジ
		1782	1782			
チャタム伯爵	ホイッグ	1766	1768	イートン校	オックスフォード大	トリニティ・カレッジ
グラフトン公爵	ホイッグ	1768	1770	ウエストミンスター校	ケンブリッジ大	ピーターハウス
ノース男爵	トーリー	1770	1782	イートン校	オックスフォード大	トリニティ・カレッジ
シェルバーン伯爵	ホイッグ	1782	1783	中等教育歴不明	オックスフォード大	クライスト・チャーチ
ポートランド公爵	ホイッグ	1783	1783	ウエストミンスター校	オックスフォード大	クライスト・チャーチ
		1807	1809			
ウイリアム・ピット	トーリー	1783	1801	中等教育学歴なし	ケンブリッジ大	ペンブルク・カレッジ
		1804	1806			
アディントン	トーリー	1801	1804	ウインチェスター校	オックスフォード大	ブレーズノーズ・カレッジ
グレンヴィル男爵	ホイッグ	1806	1807	イートン校	オックスフォード大	クライスト・チャーチ
パーシヴァル	トーリー	1809	1812	ハーロウ校	ケンブリッジ大	トリニティ・カレッジ
リヴァプール伯爵	トーリー	1812	1827	チャーターハウス校	オックスフォード大	クライスト・チャーチ
カニング	トーリー	1827	1827	イートン校	オックスフォード大	クライスト・チャーチ
ゴドリッチ子爵	トーリー	1827	1828	ハーロウ校	ケンブリッジ大	セント・ジョンズ・カレッジ
ウエリントン公爵	トーリー	1828	1830	イートン校	ピニロール士官学校	
		1834	1834			
グレイ伯爵	ホイッグ	1830	1834	イートン校	ケンブリッジ大	トリニティ・カレッジ

名前	政党	就任	退任	学校	大学	カレッジ
メルバーン子爵	ホイッグ	1834	1834	イートン校	ケンブリッジ大	トリニティ・カレッジ
		1835	1841			
ピール	保守	1834	1835	ハーロウ校	オックスフォード大	クライスト・チャーチ
		1841	1846			
ラッセル卿	ホイッグ	1846	1852	ウエストミンスター校	エディンバラ大	
		1865	1866			
ダービー伯爵	保守	1852	1852	イートン校	オックスフォード大	クライスト・チャーチ
		1858	1859			
		1866	1868			
アバディーン伯爵	ホイッグ	1852	1855	ハーロウ校	ケンブリッジ大	セント・ジョンズ・カレッジ
パーマストン子爵	自由	1855	1858	ハーロウ校	ケンブリッジ大	セント・ジョンズ・カレッジ
		1859	1865			
ディズレリ	保守	1868	1868	高等教育学歴なし		
		1874	1880			
グラッドストン	自由	1868	1874	イートン校	オックスフォード大	クライスト・チャーチ
		1880	1885			
		1886	1886			
		1892	1894			
ソールズベリー侯爵	保守	1885	1886	イートン校	オックスフォード大	クライスト・チャーチ
		1886	1892			
		1895	1902			
ローズベリー伯爵	自由	1894	1895	イートン校	オックスフォード大	クライスト・チャーチ
バルフォア	保守	1902	1905	イートン校	ケンブリッジ大	トリニティ・カレッジ
キャンベル＝バナマン	自由	1905	1908	グラスゴー高校	ケンブリッジ大	トリニティ・カレッジ
アスキス	自由	1908	1916	シティ・オブ・ロンドン・スクール	オックスフォード大	ベリオール・カレッジ
ロイド・ジョージ	自由	1916	1922	小学校	高等教育学歴なし	
ボナー・ロー	保守	1922	1923	グラスゴー高校	高等教育学歴なし	
ボールドウイン	保守	1923	1924	ハーロウ校	ケンブリッジ大	トリニティ・カレッジ
		1924	1929			
		1935	1937			
マクドナルド	労働	1924	1924		ロンドン大学	バークベック・カレッジ
		1929	1935			
チェンバレン	保守	1937	1940	ラグビー校	メイソン・サイエンス・スクール	
チャーチル	保守	1940	1945	ハーロウ校	王立サンドハースト陸軍士官学校	
		1951	1955			

アトリー	労働	1945	1951	ヘイリーベリー校	オックスフォード大	ユニヴァーシティ・カレッジ
イーデン	保守	1955	1957	イートン校	オックスフォード大	クライスト・チャーチ
マクミラン	保守	1957	1963	イートン校	オックスフォード大	ベリオール・カレッジ
ダグラス＝ヒューム	保守	1963	1964	イートン校	オックスフォード大	クライスト・チャーチ
ウイルソン	労働	1964	1970	グラマースクール	オックスフォード大	ジーザス・カレッジ
		1974	1976			
ヒース	保守	1970	1974	グラマースクール	オックスフォード大	ケブル・カレッジ
キャラハン	労働	1976	1979	中等学校	高等教育学歴なし	
サッチャー	保守	1979	1990	ケステヴァン・アンド・グランタム女子校	オックスフォード大	サマーヴィル・カレッジ
メージャー	保守	1990	1997	グラマースクール	高等教育学歴なし	
ブレア	労働	1997	2007	フェテス校	オックスフォード大	セント・ジョンズ・カレッジ
ブラウン	労働	2007	2010	カーコーディ校	エディンバラ大	
キャメロン	保守	2010	2016	イートン校	オックスフォード大	ブレーズノーズ・カレッジ
メイ	保守	2016	2019	グラマースクール	オックスフォード大	セント・ヒューズ・カレッジ
ジョンソン	保守	2019	現職	イートン校	オックスフォード大	ベリオール・カレッジ

出典：筆者作成

ルドウイン以降出ていない。

　全55名中で見ると，イートン校→オックスフォード大というキャリアを歩んだ者が14名にも上る。また37名が「ザ・ナイン」と呼ばれる名門パブリック・スクール9校の出身で，20名がイートン校，7名がハーロウ校，6名がウエストミンスター校，セントポールズ校，ウインチェスター校，チャーターハウス校，ラグビー校が1名ずつである。

　なお，ジョン・ラッセル卿とゴードン・ブラウン（および後出の韓国大統領経験者である尹潽善）が学んだエディンバラ大学も，いわゆるAncient Universitiesの一つで1582年に創設された。英国ではオックスブリッジ，セント・アンドリュース大，グラスゴー大，アバディーン大に次ぐ伝統をもつ名門大学である。

表8-4 は，"Who's Who" 等を用いて行われた 1970 年代から 1980 年代の各界エリートの研究成果をイヴァン・リード（1986）がまとめたものである。これをみると，首相に限らず，各領域においてオックスブリッジ出身者の比率，パブリック・スクール出身者の比率は相当高いことがわかる。もちろん，30 年ほど前のデータであるので，現時点でどうなっているかについては，再検討の必要がある。なお，「労働党下院議員」のみオックスブリッジ，パブリック・スクール出身者の比率が低くなっているが，労働党政権の首相 6 名中 3 名（アトリー，ハロルド・ウイルソン，トニー・

表8-4　1980 年代におけるパブリックスクールとオックスブリッジ出身のエリート比率

	パブリックスクール	オックスブリッジ
支配階級（1984）		
公務員（次官以上）	50	61
高等法院および控訴院裁判官	83	83
弁護士	89	89
英国国教会司教	59	71
大使	69	82
財界（1981 & 1971）		
大手保険会社の取締役	92	50
銀行の取締役	70	47
銀行の頭取	83	67
イングランド銀行の取締役	78	89
マーチャント・バンクの頭取	88	59
40 大企業の取締役	66	40
政界（1983）		
保守党下院議員	70	48
労働党下院議員	14	15
北アイルランド同盟党下院議員	52	30
◎教育科学省（DES）で任に就いた国会議員（1964-1984）		
保守党	79	63
労働党	31	34

出典：Reid, I. (1986) p.145

ブレア）がオックスフォード大出身である。

　以上をまとめると，中等教育機関ではパブリック・スクール，高等教育機関ではオックスブリッジのエリート輩出力が極めて強いということである。

【フランス】

　フランスの場合，シアンスポ（Science Po，パリ政治学院）というグランゼコール，およびÉNA（École Nationale d'Administration，国立行政学院）（1945年にシャルル・ドゴール将軍によって創立されたグランゼコールであるが，他の大学またはグランゼコールを修了後に入学する）という顕在的な政治エリートの育成コースがある。

　表8-5を参照されたい。ÉNA出身の初の大統領である第20代ヴァレリー・ジスカールデスタン以降6代の大統領のうち，ジャック・シラク，フランソワ・オランド，エマニュエル・マクロンの3名が，シアンスポ→ÉNAという政治エリート養成コースを経ている。そのほかに，ジスカールデスタンがÉNA出身であり，フランソワ・ミッテランがシアンスポ出身である。シアンスポにもÉNAにも関わらない大統領はニコラ・サルコジ（パリ第10大学卒業）のみである。つまり，シアンスポ→ÉNAというメインコースが大きな役割を果たし続けていることがわかる。ただし，マクロン大統領によって**ÉNAを2019年4月に「閉校する」という宣**

表8-5　フランスの大統領の学歴

氏名	就任	離任	学歴
ジスカールデスタン	1974	1981	エコール・ポリテクニク→ÉNA
ミッテラン	1981	1995	パリ大学→自由政治科学学院（現在のシアンスポ）
シラク	1995	2007	シアンスポ→ÉNA
サルコジ	2007	2012	パリ大学
オランド	2012	2017	パリ経営大学院，シアンスポ→ÉNA
マクロン	2017	現職	パリ大学，シアンスポ→ÉNA

出典：筆者作成

言がなされた。

【アメリカ合衆国】

　表8-6を参照されたい。初代ジョージ・ワシントンから現職ドナルド・トランプまで歴代大統領44名（クリーブランドが第22代と第24代に当たるので，現在のトランプは第45代）のうち，コロンビア大，ハーバード大，ペンシルベニア大，プリンストン大，イエール大の5大学（つまり，アイビーリーグ。ただしブラウン大，コーネル大，ダートマス大は該当者なし）にスタンフォード大を加えた6大学（大学院やロースクールも含む）の出身者が17名に上ることがわかる。共和党，民主党のいずれであるにかかわらず名門大学出身者が非常に多いことがわかる。またロースクールの出身者が12名（ただしセオドアとフランクリン二人のルーズベルトはいずれも中退）であることも興味深い。ただ，アメリカ合衆国の場合は，いわゆる一流大学の出身者が多いけれども，イギリスにおけるオックスブリッジやパブリック・スクール，フランスにおけるÉNAやシアンスポのような独占的，寡占的状況ではないといえるだろう。

表8-6　アメリカ合衆国の大統領の学歴

氏名	政党	就任	離任	高等教育学歴等	註
ワシントン	無所属	1789	1797	高等教育学歴なし	2期
アダムズ	連邦党	1797	1801	ハーバード大	1期
ジェファーソン	民主共和党	1801	1809	ウイリアム・アンド・メアリー大	2期
マディソン	民主共和党	1809	1817	プリンストン大	2期
モンロー	民主共和党	1817	1825	ウイリアム・アンド・メアリー大中退	2期
アダムズ（Jr）	民主共和党	1825	1829	ライデン大→ハーバード大	1期
ジャクソン	民主党	1829	1837	高等教育学歴なし	2期
ヴァン・ヒューレン	民主党	1837	1841	高等教育学歴なし	1期
ハリソン	ホイッグ党	1841	1841	ペンシルベニア大	1期途中で逝去
タイラー	ホイッグ党	1841	1845	ウイリアム・アンド・メアリー大	副大統領から昇格，1期
ポーク	民主党	1845	1849	ノースカロライナ大	1期
テイラー	ホイッグ党	1849	1850	高等教育学歴なし	1期途中で逝去

フィルモア	ホイッグ党	1850	1853	ニュー・ホープ・アカデミー	副大統領から昇格，1 期
ピアース	民主党	1853	1857	ボードイン大	1 期
ブキャナン	民主党	1857	1861	ディッキンソン大	1 期
リンカーン	共和党	1861	1865	高等教育学歴なし	2 期途中で暗殺
ジョンソン, A	民主党	1865	1869	高等教育学歴なし	副大統領から昇格，1 期
グラント	共和党	1869	1877	陸軍士官学校	2 期
ヘイズ	共和党	1877	1881	ケニヨン大→ハーバード LS	1 期
ガーフィールド	共和党	1881	1881	ウイリアムズ大	1 期途中で暗殺
アーサー	共和党	1881	1885	ユニオン・カレッジ→ステート・アンド・ナショナル LS	副大統領から昇格，1 期
クリーブランド	民主党	1885 1893	1889 1897	高等教育学歴なし	2 期
ハリソン	共和党	1889	1893	マイアミ大	1 期
マッキンリー	共和党	1897	1901	アレゲニー大→オルバニー LS	2 期途中で暗殺
ルーズベルト, T.	共和党	1901	1909	ハーバード大→コロンビア LS 中退	副大統領から昇格，2 期
タフト	共和党	1909	1913	イエール大→シンシナティ LS	1 期
ウイルソン	民主党	1913	1921	プリンストン大	2 期
ハーディング	共和党	1921	1923	オハイオ・セントラル大	1 期途中で逝去
クーリッジ	共和党	1923	1929	アマースト大	副大統領から昇格，2 期
フーバー	共和党	1929	1933	スタンフォード大	1 期
ルーズベルト, D. F.	民主党	1933	1945	ハーバード大→コロンビア LS 中退	4 期途中で逝去
トルーマン	民主党	1945	1953	高等教育学歴なし	副大統領から昇格，2 期
アイゼンハワー	共和党	1953	1961	陸軍士官学校	2 期
ケネディ	民主党	1961	1963	ハーバード大	1 期途中で暗殺
ジョンソン, L	民主党	1963	1969	南西テキサス教員養成大学	副大統領から昇格，2 期
ニクソン	共和党	1969	1974	ウイッティア大→デューク大 LS	2 期途中で辞任
フォード	共和党	1974	1977	ミシガン大→イエール大 LS	副大統領から昇格，1 期
カーター	民主党	1977	1981	ジョージア・サウスウエスタン大→ジョージア工科大→海軍兵学校	1 期
レーガン	共和党	1981	1989	ユーリカ大	2 期
ブッシュ	共和党	1989	1993	イエール大→シンシナティ LS	1 期
クリントン	民主党	1993	2001	ジョージタウン大→イエール LS	2 期
ブッシュ（Jr）	共和党	2001	2009	イエール大→シンシナティ LS	2 期
オバマ	民主党	2009	2017	オクシデンタル大→コロンビア大→ハーバード LS	2 期
トランプ	共和党	2017	現職	ペンシルベニア大	現職，1 期目

註：LS はロースクール
出典：筆者作成

【韓国】

　次にお隣の韓国に目を転じよう。表8-7を参照されたい。初代李承晩から現職文在寅まで18名（臨時代行を含む）について分析する。臨時代行を含めて18名中，慶尚南道出身者が4名，慶尚北道出身者が1名と慶尚道の出身者が5名に上ることが注目される。それに対し，ソウル特別市出身者は2名で，いずれも臨時代行である。

　広く知られるように，韓国には「S」（ソウル大学校），「K」（高麗大学校），「Y」（延世大学校）の3つ，合わせて「SKY」と呼ばれる3つの名門大がある。韓国大統領のうち，ソウル大学校出身者が2名，高麗大学校出身者が1名，軍学校（国防大学校，陸軍大学校）出身者が5名である。つまり，「ピラミッド型」のようには見えない。

表8-7　韓国大統領の学歴

氏名	就任	離任	出身地	学歴
李承晩	1948	1960	黄海南道（北朝鮮）	ジョージ・ワシントン大，ハーバード大院，プリンストン大院
(許政)	1960	1960	プサン広域市	普成専門学校
(郭尚勲)	1960	1960	プサン広域市	京城高等工業学校（中退），国防大学校
(白楽濬)	1960	1960	平安北道（北朝鮮）	パーク大，プリンストン大院，イェール大院
尹潽善	1960	1962	忠清南道	エディンバラ大（英国）
朴正熙	1962	1979	慶尚北道	陸軍士官学校（日本），国防警備士官学校（現陸軍士官学校（韓国）），陸軍大学校
崔圭夏	1979	1980	江原道	東京高等師範学校（日本），大同学院（満州）
(朴忠勲)	1980	1980	済州特別自治道	同志社高等商業学校（日本），国防大学校
全斗煥	1980	1988	慶尚南道	陸軍士官学校，陸軍大学校
盧泰愚	1988	1993	大邱広域市	陸軍士官学校，陸軍大学校
金泳三	1993	1998	慶尚南道	ソウル大学校
金大中	1998	2003	全羅南道	慶熙大院，モスクワ大院
盧武鉉	2003	2008	慶尚南道	プサン商業高
(高建)	2004	2004	ソウル特別市	ソウル大学校，ソウル大院
李明博	2008	2013	大阪市（日本）	高麗大学校
朴槿恵	2013	2017	大邱広域市	西江大学校
(黄教安)	2016	2017	ソウル特別市	成均館大学校，成均館大院
文在寅	2017	現職	慶尚南道	慶熙大学校

註：（　）は大統領権限代行。朴正熙大統領および崔圭夏大統領は大統領権限代行時代を含む。
出典：筆者作成，この表の作成に当たり，石川裕之氏の多大なる助力を得た。ここに記して感謝する。

　次に**表 8-8**,　**表 8-9** を参照されたい。これは全斗煥大統領時代の政界,
官界のエリート約 1,200 名について服部・鐸木 (1987) が調査したもので
ある。表 8-8 は出身地を調べたものであるが,　これによればソウル特別市,
忠清南道,　慶尚北道,　慶尚南道,　北朝鮮の出身者が多くなっていることが
わかる。ややのちの時代の統計だが,　2005 年時点でソウル特別市は全人
口の 20.8%,　忠清南道は 4.0%,　慶尚北道は 5.5%,　慶尚南道は 6.5%を占
めているから,　ソウル特別市の輩出率はむしろ低く,　忠清南道,　慶尚南
道・北道の輩出率がかなり高いことがわかる。表 8-9 は同じく学歴につい
て調べたものであるが,　ソウル大学校出身者が 4 割と極端に多くなってい
ることがわかる。これに高麗大学校,　延世大学校の,　いわゆる「SKY」
と称される難関名門校,　および士官学校を合わせると 56%になる。

　もちろん,　30 年近く前のものであるので,　現時点でどうなっているか,
新たなデータに基づいて検討する必要はある。ただ,　のちに見るとおり,

表 8-8　韓国政治・官僚エリートの出身地 (全斗煥大統領時代)

	政治			官僚			全体	
	学者・文化人	その他	%	学者・文化人	その他	%	合計	%
ソウル特別市	12	17	8.9	16	130	17.2	175	14.9
京畿道	5	11	4.9	15	43	6.8	74	6.3
忠清南道	6	23	8.9	11	69	9.4	109	9.3
全羅南道	7	31	11.7	11	42	6.3	91	7.8
慶尚北道	10	34	13.5	20	88	12.7	152	13.0
慶尚南道	7	35	12.9	16	90	12.5	148	12.6
プサン特別市	1	8	2.8	1	16	2.0	26	2.2
大邱直轄市	5	5	3.1	6	25	3.7	41	3.5
北朝鮮	8	30	11.7	21	110	15.4	169	14.4
その他	13	57	21.5	18	100	13.9	188	16.0
不明	1	0	—	4	8	—	13	—
合計	75	251	100	139	721	100	1186	100

出典：服部・鐸木編 (1987) を基に筆者作成

表 8-9　韓国政治・官僚エリートの出身校分布（全斗煥大統領時代）

			政治			官僚			全体	
			学者・文化人	その他	%	学者・文化人	その他	%	合計	%
韓国	大学	ソウル大	31	54	27.6	67	311	43.9	463	39.6
		延世大	6	16	7.1	8	28	4.2	58	5.0
		高麗大	12	18	9.7	9	51	7.0	90	7.7
		士官学校	0	8	2.6	0	37	4.3	45	3.8
		他	17	73	29.2	21	205	26.2	316	27.0
	初中等教育		0	14	4.5	0	12	1.4	26	2.2
日本	大学		7	33	13.0	25	48	8.5	113	9.7
	初中等教育		0	9	2.9	0	4	0.5	13	1.1
米国の大学			1	0	0.3	5	13	2.1	19	1.6
他国の大学			0	6	1.9	0	13	1.5	19	1.6
学歴なし（不明）			1	2	1.0	4	1	0.6	8	0.7
合計			75	233	100	139	723	100	1170	100

出典：服部・鐸木編（1987）を基に筆者作成

日本においては東大出身者をはじめとする旧帝大出身者が高級官僚を独占，寡占に近い状態で占めているのだが，政界においては必ずしもそうではない。これはかなり以前から続いている傾向である。この点が日韓両国の相違点といえよう。

　確かに，今ここで概観したのは，主として政治エリートのトップである首相ないしは大統領に関してのみであるが，従来，近現代日本においては，ビジネスや芸能スポーツ等ごく一部の領域を除く大半の領域で，東京帝大ないしは旧帝大（および旧制官立大），あるいは旧制高校のエリート形成機能が強調され，しかも，時代を下るにつれて独占・寡占機能が強まってきたという一つの定説がある。しかし，諸外国と比べてみて，果たして本当にそう言えるのか。そういえない領域があるとすれば，どういう領域なのかについて，再度定説を吟味してみる必要があるのではないだろうか。

つまり，「ピラミッド型」ではなく，「連峰型」ではないか，ということである。この点は後程吟味することとして，さしあたり以上の課題があることを指摘しておく。

❸ エリート教育研究の自分史と 2 人の巨人―麻生誠先生と竹内洋先生―

（この節はコラムであり，一人称は私，それから先輩方には「先生」と敬称をつける）。

(1) エリート研究と個人史

私は 1982 年 4 月に大阪大学人間科学部に入学した（第 11 期生）。当時は 2 年間，豊中キャンパスの教養部で必要な単位を修得したのちに，3 年進級時に吹田キャンパスの学部に移り，講座（小講座）に所属することになっていた。私は 1984 年 4 月に教育計画論講座に入った。

教育計画論講座は 1981 年から学生を受け入れ始めたばかりの講座で，私が 4 期目だった。ちなみに 2 期上に木村涼子さん，2 期下に高田一宏さんがおり，一緒に勉強した。

教育計画論講座は，文学部教育学科時代からあった教育社会学講座から分化した講座である。教育社会学講座が教育社会学全般を学理的に研究するのに対し，教育計画論講座は 1980 年代に完成する「一億総中流社会」の中で，中流社会に収まらない人々の研究を通して，日本社会の特性・歪みを診断しようという政策志向の強い講座であった。

教育計画論講座創設時のスタッフは下記の通り。

教授　麻生誠（1932-2017）　エリート研究，才能教育研究，生涯学習論
"Input-Output" 分析＝機能分析により研究，デュルケム，ギュルヴィッチの影響大。

講師　池田寛（1949-2004）　（1985 年 4 月に助教授（現在の准教授）に昇進）
被差別部落の子どもたちの教育に関するエスノグラフィ。

"Process-Product" 分析＝フィールドワークにより研究，フレイレの影響大。

助手（現在の助教）近藤博之（1954-）

計量的に日本社会の教育機会の不平等を研究。

1986年4月の私の大学院進学時に助手が岩井八郎さん（1955-），さらに1990年4月に木村涼子さん（1961-）へと変わる。岩井さんは日本社会における女性のライフコースを定量的に研究しておられた。木村さんはジェンダー間の教育不平等を定性的に研究しておられた。

麻生先生は中流社会から抜け出たエリートの研究，池田先生は中流社会からこぼれ落ちたマイノリティの研究を通じて，日本社会の特性，歪みを診断し，なぜこのような歪みが生じたのか，どのような施策が必要かを政策科学的に研究しておられた。近藤さんは日本社会全体の教育機会の不平等，社会的機会の不平等（社会移動）について高度な計量的手法を用いて研究しておられた。1980年代は「一億総中流社会」の完成期で，村上泰亮（1984）『新中間大衆の時代』（中央公論社）にみられるような「中流社会論」が盛んであった。エリートやマイノリティについては今日ほど議論されなかった。

私はこの講座に学部・大学院合わせて都合7年間在籍し，エリート研究の視点から機能分析を通じて日本社会の教育制度・文化の特性にアプローチしようとした。その過程で二人の巨人から深い影響を受けた。麻生誠先生と竹内洋先生である。

（2）麻生誠先生（1932-2017）—エリートの属性と学歴の関係を研究—

麻生誠先生に関しては，出会いは下記のとおりである。大学2回生の時に，豊中キャンパスで「教育学概論」というオムニバスの専門科目があり，確か2番目の担当者として麻生先生が来られた。麻生先生は大きな黒板のあちこちに，階級構造を示す三角形を書きなぐり，判読しにくい文字と，聞き取りにくい声でぼそぼそと話されるのだが，「エリート，エリート」，「離陸，離陸」という言葉が頻出し，「どうも，『いわゆる（規範的な）教

育学』とはかなり異なるらしい」と感じ，帰りに梅田の紀伊國屋書店で『エリート形成と教育』（『エリートと教育』の改訂増補版で1978年に福村出版より刊行された）を購入した（余談ながら，この本は絶版になって久しく，一部の古本市場で信じられない高値で取引されているらしい）。この時の感覚を麻生・山内編（2004）の「あとがき」に書き記したのでそのまま引用する。

　　エリート研究という領域があることを初めて知ったのは大学二回生の時にとった，麻生先生が担当されていた「教育学概論」の講義においてであった。講義で紹介された御著書を買って読んでみると，何とも形容しがたい違和感に襲われたのが忘れられない。エリート研究をする人とはいったいどういう人物なのか？エリートと自負する人物がエリートの研究をするのは，ナルシシズムか自己顕示欲かの故であるに違いない。中身以前にそういった姿勢自体に嫌悪感を覚えてしまう。少なくとも当時はまだエリートという言葉がある種の価値観を表すものであり，それに生理的な拒否反応を示す人も少なくなかった。しかし，他方エリートでない者がエリート研究をする人というのは，ルサンチマンめいたものであるか，カルト的なアンチ・エリーティストか盲目的なエリート礼賛か，それ以外はなんとも笑止な振る舞いにしか思えなかった。では，一体，だれがエリート研究の適任者なのか，いまもってわからない。いずれにせよ自分には無縁の領域であろうと考えていた。

　付け加えることは何もない。このとおりである。強烈な違和感を抱いたが，なぜか吸い寄せられるように麻生先生が主宰される教育計画論講座に入ることとなった。なぜかと言うと，私自身がひねくれた人間で「異端児」を自任しているくらいである。教育社会学の異端性を代表するようなテーマの一つがエリート研究だったことが，この講座に妙に引き付けられた原因なのだろう。異端の学問に異端児が引き寄せられたということにすぎないのだろう。

　ちなみに，麻生先生の『エリートと教育』（福村出版 1967）は教育社会

学においてクラシックスの地位を確立していると考える。麻生先生は間違いなく，「エリート教育の研究」という領域のパイオニアであり，岩永雅也（2009）の言う「麻生シューレ」を育成した。『エリートと教育』はエリート教育について研究しようとする誰もが参照することを必要とする最重要レファレンス・ソースである。「麻生シューレ」には，各領域のエリート研究者が名を連ねる。ビジネス・エリートの研究としては山本慶裕（1982），山本慶裕・高瀬武典（1987），黒岡千佳子（1982），軍事エリートの研究としては河野仁（1989a，1989b，1990），社会運動家の研究としては葉柳和則（1994），女性エリートの研究としては黒岡千佳子（1981a，1981b），冠野文（1996），そして私が文芸エリートの研究（1995）をしてきたことになっている。ただし，葉柳の研究は「社会運動家」の研究であり，エリートと銘打っているわけではない。社会運動家をカウンター・エリートとして研究を行うことも可能ではあろうが，サンプル中に赤松克麿等の国家社会主義者，生活改良を目指す農民運動の指導者たちが含まれているため，カウンター・エリートではなく社会運動家として分析している。その判断は適切であると考える。

　ただ，この「麻生シューレ」に関して，今，エリート研究を継続しているものが一人もいないことを付記しておかねばならないだろう。黒岡，冠野両氏はそもそも学問の世界を離れてしまった。葉柳氏はドイツ語圏文学研究者に転じ，現在はスイスの劇作家マックス・フリッシュの研究を専門としている。河野氏は防衛大学校教官となり，純粋な軍事社会学に移った。これら4氏は日本教育社会学会を退会している。山本氏は日本教育社会学会に籍を残すが，生涯学習論，学力論に研究の軸を移し，エリート研究から離れて久しい。私自身も日本教育社会学会に籍はあるが，やはり，エリート研究から離れて久しく，近年は年次大会に参加しても「アウェイ」感が強い。私にとって本章がエリート研究に関する最後の論考になる。

　なぜ，「麻生シューレ」のメンバーが，次々とエリート研究から離れていくのか，その理由には麻生先生との人間関係等，個別的な事情があるだろうし，ここで論じるべきことではないことも含まれるだろう。ただ，学問的な要因だけを指摘しておくと，私個人に関しては，エリート研究に対

して抱いていた「強烈な違和感」がより強くなってやめたということである。詳しく述べるといろいろな理由があるが，ここでは4つの理由に絞って述べておきたい。

第一の理由は，次のとおりである。エリート研究を，個々人の資質論から集団としての代表性論に転換したのが麻生先生の最大の功績の一つである。また，イデオロギー的・規範的な立場からのエリート論ではなく，社会学の研究対象として機能的分析を行ったところに麻生先生の編み出されたエリート研究の大きな意義があると考える。「麻生シューレ」は，それを各下位領域について行ったわけである。

だが，結局これらの研究で扱うエリートといっても一級のナショナル・エリート，サブ・エリート，ローカル・エリートなどさまざまなエリートが内包されており，それらが十分に区別されないまま，「インデックスに載っているから」ということでサンプルとして取り上げられることに，一種の「空虚な感覚」を抱いてしまうことが研究から離れていく理由の一つである。

本当にエリートなのか，どのクラスのエリートなのか，という判断がインデックスの編集方針に全面的にゆだねられているという事実に起因する問題である。この種の研究は，いつも「エリート概念」のあいまいさを批判されるのだが，それに対する明確な回答をできないというもどかしさから抜け出せないということである。

第二の理由は，いかにエリートを「集団として機能的に分析する」とはいえ，一人ひとりのエリートがとんがって，独自性を強く主張しており，集団として扱われることを拒否しているように感じられることにある。私の文芸エリートの研究が，博士論文として審査にかかった時に，高名な小説家，文芸評論家でもある野口武彦先生が教授会の席上で「夏目漱石は夏目漱石，三島由紀夫は三島由紀夫だ。一人一人が全く異なる。集団として扱うのはけしからん」という趣旨の批判をされたと，のちに聞いた。「文学の論文ではなく社会学の論文である」という言い訳は一応成り立つものの，野口先生の批判は一理ある批判であり，私のエリート研究に対する違和感のもとになっている。

第三の理由は，麻生先生の開発された研究枠組みを使って下位分野のエ

リート研究を行ったとして，それが研究のオリジナリティとしてどのように評価されるのか，ということである。麻生先生の持論は「自分が開発した枠組みを下位領域に応用したことを，修士論文のレベルならオリジナリティとして評価してもいいが，博士論文のレベルなら評価の対象としては弱い」ということであった。すなわち，麻生先生の作られた枠組みの中で，新たな下位領域のエリート教育の研究をしたとしても，研究対象とデータが新しいだけにすぎない。もちろん，その意味でのオリジナリティはあるにしても，フロンティア性という意味でのオリジナリティに欠けるわけである。麻生先生にとっては，修士論文においては前者の意味でのオリジナリティがあることで十分であるが，博士論文においてはそれに加えてフロンティア性という意味でのオリジナリティが必要不可欠であるということだったのである。

　実際に黒岡，河野，葉柳，冠野の各氏は修士論文でエリート研究を行い，その後数本の論文を執筆後にエリート研究から離れている。エリート研究をテーマにして，麻生先生に博士論文を提出したものは一人もいない。この点から判断して，麻生先生はエリート教育研究の後継者を本気で育成しようとしておられなかったのだと，私は理解している。

　ちなみに，麻生先生は大阪大学人間科学部において21年間教鞭をとられたが，博士論文を主査として通されたのは3本である。具体的には，星野周弘先生（1983年度），喜多村和之先生（1993年度），園田英弘先生（1994年度）で，いずれも功成り名を遂げた教育社会学の先輩方であった。この3名はいずれも，いわゆる「論文博士」であり，「課程博士」ではない。なお，念のために付言すると，麻生先生が主査として通された論文数が少ないということでは決してない。このことは強調しておきたい。

　副査としては3本の論文審査をしておられるが，聖心女子大学長を務めた山縣喜代先生（教育心理学，教育哲学），社会心理学の吉崎静夫先生など，いずれも教育社会学を専攻される方ではない。その一方で，ついに教え子には博士号（課程博士，論文博士いずれも）を出されなかった。学位の取得に関しては，極めて厳しい認識をお持ちだったと私は感じている。

　いずれにせよ，エリートの個別下位領域の研究者が麻生先生の作られた

枠組みを超えてオリジナリティを出すために，例えば，河野氏であれば軍事エリートの研究から軍事社会学に進んだように，エリート研究に見切りをつけて離れていくということになったものと考える。つまり，この領域の研究に発展性，研究者として取り組む意義を感じられなくなって，離れていったのではないかと考える。私もその一人である。

　そして，第四の理由として，何よりも関西人としての私にとって「強烈な違和感」のもとになっているのが以下の点である。麻生先生のアプローチは正統なアプローチではあるが，定義の仕方それ自体に麻生先生のエリート観が色濃く表れているのである。麻生先生と森毅先生（当時，京大教養部教授）との対談「エリートとおちこぼれの間」において，森先生からそのことを指摘されている。

　麻生　戦後，平等主義的なものの考え方が普及したこともあって，英才教育の必要性を感じたとしても，それを高らかに主張するにはちょっとしたうしろめたさを伴うと雰囲気がありますね。しかし，英才教育と民主主義は必ずしも相反するものではないと思います。
　……（中略）……
　英才というのは育つものではなくて，育てるものだという観点から教育をするのが，英才教育だと思うんです。
　天才だったら英才教育なんかする必要はありません。レッセフェール（放任）の中から出てくる。けれども英才というのは天才ではないですから，ある程度教育によって才能を開花させていくことが必要なんじゃないでしょうか。

　これは，麻生先生の師である清水義弘先生以来の東大教育社会学の基本的な考え方である。「エリート教育」，そして「英才教育」という言葉がよく区別されずに用いられていることには困惑するが，それに対して森先生は次のように切り返される。

　森　「英才」のイメージというのはどういうものなのでしょうか。私が

勤める京大では，学生たちにとって，英才という言葉は一種の差別語でありまして（笑），あいつは英才だ，といって相手をばかにする。鈍才だというと大きな顔をして，英才までが鈍才っぽいポーズをしたがる。
……（中略）……

　英才というと，テストでいい点をとるとか，頭の回転が速いとか，常識的なイメージがありますね。しかし鈍い人は鈍い人なりにいいというか，コクのある人物だったりする政治家や官僚にしても何となく抜けている方が，かえって大物風だったりしますでしょう

　僕の英才イメージは麻生さんとはちょっと違うんですが，麻生さんのお書きになったものを拝見して，パッとおもいついたのは一高・東大型エリートなんです。ぼくは，大阪で育って大阪文化の影響を受け，それから三高・東大と“斜め”に進み，京大に二五年ぐらいおりまして，一高・東大型エリートも三高・京大型エリートも第三者的に見える，ということにしているんです。京大というのはリベラルな雰囲気を持った大学で，よく言えばリベラルな雰囲気をもった大学で，よく言えばリベラル，悪く言えばアナーキー（笑）。で，三高・京大型エリートは，たしかに秀才ではあるけれども，型にはまり込んでいるのではなくて，ずれている部分があり，それを許容している。エリートとはそういうものだというイメージが，ぼくにはあります。

　本章の冒頭で述べた「関西人のエリート観」であり，私としては腑に落ちる議論である。

森　今，愛知県は学校管理が厳しくなっている県なのですが，旭丘とか千種とか旧エリート校は比較的リベラルだという話があります。ところが，旭丘はもう危ない。千種の方はまだいい。エリート校は千種高校だという人がいる。つまり，旭丘の方は，学校が生徒に対して，ああせい，こうせいとうるさく言う。千種はあまり言わない。どうこう言われないで済む学校がエリート校だ，という考え方ですよね。
麻生　ほう。

　森　裏返しの規定なんですけれども，そういう捉え方がぼくにもあります。
エリート形成には決められた標準コースがある。ところが非エリートの
方がそのコースからはずれることを恐れる。標準コースからずっこけると
いうか，ずれることのできるのがエリートなんじゃないかと思っています。
だから麻生さんのように，外的に規定されたイメージではなくて，エトス
というのは大げさにしても，自由な生活感覚というものをイメージします。

　まさしくそうで，麻生先生にとっては，「標準コース」から外れること
は「エリートの卵がエリートになり損ねる」ということ以上の意味を持た
ないと，日常の私との会話でも感じられた。

　なお，この点を考えるうえで，麻生先生の著書『エリート形成と教育』
（p. 157）に，極めて重要な論文ではないかと考えられる「判別式を用いて
のエリート形成機能の分析」（未公刊論文）が参照すべき文献として挙げら
れている。だが，生前に本人に確認したところ，結局，諸般の事情から未
公刊のままだったようである。

　結局，キャリアとして外的属性からエリートの近代化，業績主義化を把
握するという手法においては，「標準コース」から外れるものは，例外な
いしはせいぜい傍流でしかないのであろう。しかし，道なき道を歩んで徒
手空拳でエリートとしての地位を築きあげる者が，実際にエリートの社会
の中で例外ないしは傍流扱いされているのであろうか。私には，いまだに
深い疑問がある。

　脱線をお許しいただきたいが，麻生先生は，教え子の就職についても「○
○の研究をしているなら××大学に行くべき」という趣旨の発言を常々し
ておられた。私が広島大学の大学教育研究センターに就職した際にも，「高
等教育の研究をしているのなら広島大学の大学教育研究センターに行くべ
き」と強硬に主張しておられ，私がいろいろと意見を述べてもまったく聞
く耳を持たなかった。エリートを育てるということ同様に，教え子の就職
に関しても「意図的に」育てるために，コースを作ってそこに「卵」をの
せていくという発想が非常に強い方であった。そこからずれる者，外れよ
うとする者を容認できなかったのである。関西人としてのひねくれ者の私

は，逆に，ずれることにこそ，エリート性を見出すのである。そんな私であるから，麻生先生の指導法には強烈な違和感をもった。

エリート研究についても同様である。先に引用した三島由紀夫などは既存の文士像をこれでもかこれでもかと破壊し，新たな文士像を作り上げた。東京出身で東大出身の三島に私が限りない共感を覚えるのはその点にある。逆に，私は麻生先生ならびに「麻生シューレ（私自身を含む）」のエリート研究に対しては強烈な違和感を持ち，結局エリート研究から足を洗ってしまったのである。

（3）竹内洋先生（1942-）―エリート学校のカリキュラムと学校文化を研究―

竹内洋先生は，麻生先生が外的属性からエリート教育について論じられたのに対して，エリート教育の中身との関連を詳細なケーススタディを通じて明らかにしようとなさった。つまり，麻生先生が外的属性に頼り，教育の中身をブラックボックスとして扱う傾向があったのに対して，竹内先生はブラックボックスをこじ開けようとなさったのである。その功績は非常に大きいと考える。

私が大学・大学院で教育社会学の基礎の基礎を学んでいた頃，最も影響を受けた研究者の方々は麻生誠先生，潮木守一先生，天野郁夫先生，竹内洋先生，矢野眞和先生そして志水宏吉先生であった。またジャーナリストでは立花隆氏の著作を読み漁った。

志水先生だけかなり若い世代になるが，他の方々は昭和戦前期，戦中期のお生まれである。この中で文章の面で大きな影響を受けたのは潮木先生と竹内先生，志水先生である。いずれも読み手の読みやすさに配慮した「読ませる文章」である。特に，竹内先生と志水先生は小説からの引用が多く，文学好きの筆者は大きな影響を受けた。また，エリート研究に関しては，当然のことながら，パイオニアである麻生先生，そして竹内先生に大きな影響を受けた。

私の見るところ，竹内先生は，丸山眞男や吉本隆明など戦後～1960年代に活躍した文化人の研究を通じて，麻生先生の統計を中心にしたエリート論を血の通ったものにすると同時に，麻生先生の偏ったエリート論（「問

題意識」で述べた「強い仮定」を置く）を是正された。私の立場からは，この竹内先生の業績の貢献は極めて重要である。

　竹内先生とは不思議なご縁がある。

　学部生の時に学歴社会論に興味を覚えた。その時勉強の一環として『競争の社会学』を熟読した。ちょうど教養部で井上俊先生の「社会学」を受講し，テキストの『遊びの社会学』を購入した。世界思想社から刊行された書籍で，末尾の広告に同シリーズの『競争の社会学』が紹介されていて，大いに興味をひかれた。竹内洋先生の既刊著書を探すと『日本人の出世観』が 1978 年に出版されており，私が手にしたのは 1981 年に出た第三版であった。『競争の社会学』は 1981 年に出版されており，私が手にしたのは 1983 年に出た，やはり第三版であった。竹内先生のご著書だからこそ売れているのに，当時の筆者は「教育社会学の学術書ってこんなに売れるのか！」と勘違いしてしまった。

　それはともかくとして，『日本人の出世観』にしろ，『競争の社会学』にしろ，出世ということにこだわりを持っておられる方なのだなと思い，麻生先生に伺うと「竹内君ね。保険会社のサラリーマンをしていたのだよ」といわれ，腑に落ちた。

　1986 年，私が大学院に入った年度に竹内先生は京都大学教育学部に転任され，非常勤講師として大阪大学人間科学部に出講されることになった。学士課程の授業ではあったが，どのような方なのかなと興味を持ち，授業に出席し最前列で座った。「君，大学院生だね」と言われ，何度か当てられたが，ほとんど答えることができず，呆れられたことと思う。

　この授業で今でも忘れることができないのは，当時，教育社会学を志す院生がすべて手にしたはずの J. カラベル・A.H. ハルゼー編（潮木守一・天野郁夫・藤田英典編訳）『教育と社会変動―教育社会学のパラダイム展開―（上・下）』（東京大学出版会 1980）に所収されている E.I. ホッパー（天野郁夫訳）「教育システムの類型学」の図に間違いがあるというご指摘である。「こういうことに気づかないと研究者にはなれないのか」と自分の能力に不安を感じた次第である。

　それにしてもこの授業を通じて痛感したことは竹内洋先生に対する親近

感である。何とも言えない親近感を感じ，なぜなのか，ずっと不思議に思っていた。この答えはごく最近になってようやくわかったが，それは後述する。

　その年度，日本教育社会学会が京都大学で開催されることになり，私も初日金曜日の午後麻生誠先生他と共同で「定時制・通信制高等学校の再編成に関する実証的研究（その1）―人口変動と教育改革をめぐる教員の意識―」という報告をすることになった。司会はもう一人の指導教官である池田寛先生と岡崎友典先生（放送大学）であった。その部会では最初に高校の教員の方がやはり定時制高校について報告され，ついで我々の報告がなされた。今となっては，相当緊張していたために何も覚えていない。その次に竹内洋先生と研修員の森繁男先生（現在，京都女子大学教授），院生の山本雄二先生（現在，関西大学教授）の共同発表があった。職業高校の文化についてのご報告である。最初に森先生，次いで山本先生が登壇され，最後に竹内先生が登壇された。開口一番「カラオケで最後に歌う番が回ってきてもめぼしい歌がもう残っていないのと一緒で，最後に壇上に上がっても言うことがない」と笑いをしっかりとって，話を進められた。歴史的に質的研究を重視してこられた京都大学の学風に沿ったいい報告だった。また竹内先生のサービス精神旺盛なご報告が印象的であった。この時，この部会のタイムキーパーのアルバイトをしていたのが薬師院仁志氏（現在，帝塚山学院大学教授）であったと後に知った。

　この大会のシンポジウムは，選抜制度をめぐるもので深く印象に残るシンポジウムであった。パネリストを務める麻生先生の資料作りを手伝って会場に向かうと，麻生先生が突如恐縮して何度もお辞儀をしているので何かと思えば，麻生先生の前に60代後半くらいの老人がおられた。「上智大学　清水義弘」という名札をぶら下げておられた。日本における教育社会学の基礎を作られた，あの清水先生である。私の世代にとっては「レジェンド」であり，ものすごい威厳のある方であった。

　シンポジウムのパネリストは岩田龍子先生，麻生誠先生，黒羽亮一先生，討論者に藤田英典先生，竹内洋先生，喜多村和之先生，総括討論者が元文相の永井道雄先生で，綺羅星のような方々の揃った檀上がまぶしかっ

た。岩田龍子先生は「学歴幕藩体制」，麻生誠先生は「アコーディオン効果」という造語を披露されたが，あまりウケなかった。失礼ながら，何を意味する造語だったのかさえも今となっては覚えていない。竹内先生が披露された「レボルビング・ドア・ポリシー」という造語はしっくりきた。これについては後にご著書『選抜社会—試験・昇進をめぐる〈加熱〉と〈冷却〉—』の 42〜45 頁にまとめられ，詳説されている。

　また香川大学での大会時だったか，竹内先生のご報告に東京大学の天野郁夫先生がかなり厳しい質問をされ，激しい論争になったことを覚えている。東大と京大のスター教官が正面から議論をされたわけで，レベルが高すぎて内容はよく理解できなかったが，竹内先生は一歩も引かず，懸命に答えておられ，「自分の研究を守れないようではいけない。こうでないといけないな」と痛感した。

　広島大学に私が助手として着任して 2 年目に，紀要である『大学論集』第 22 集の編集を仰せつかった。助手は書評を，高名な先生方お一人お一人に電話して依頼することになっていた。その時に，竹内先生に麻生先生の『日本の学歴エリート』の書評を依頼するためにお電話した。最初は「うん，はいはい」とご機嫌がよかったのだが，書評の件に話が及ぶと不機嫌そうに「僕は，あの本は褒めませんよ」といわれた。しかし，褒めることを前提にした書評の依頼などおかしいので，「褒めないということで結構です」と答えて，引き受けていただいた。しかし，実際に原稿が出てきて強いショックを受けた。竹内（1993a）がそれだが，酷評である。しかし，当時，厳しいけれども，正鵠を得た書評であると感じたし，今もその思いは変わらない。

　竹内先生は「麻生の社会学理論ぽい叙述と分析法は当時の社会科学信仰と，かれの機能主義的エリート論は高度成長と未来社会論ブームのニューライト路線とマッチングしたわけだ。だが，時代はうつろいやすい。いまや社会科学書より小説の時代である。テクニカル・タームをふりまわすことが，説得力をますのではなく，むしろうさんくさい時代になりディテールに興味がうつった。…社会科学（工学）信仰の終焉とともに，ニューライト路線も崩壊した。いまや麻生エリート研究を背後でささえた構造は大

きく変動してしまったのだ」（強調は山内による）と実に鋭く指摘される。また，「評者がもっとも面白く読んだのは第六章『官僚はどのように形成されたか』である。ここには今読んでも創見に満ちた叙述が多い。…麻生はなぜこのようなおいしいテーマを発展させなかったのかと不思議におもうとともに，残念におもうのみである」との指摘は当時よく理解できなかったけれども，今振り返ってみて，100％同意できる見解である。

　最後に「麻生はブルデュはおきらいのようで，最近の論文のなかで，中範囲の理論と実証主義をすすめている…しかし，麻生には是非ともいっておきたいが，中範囲の理論や実証主義は，エスタブリッシュされた学者にとっては好ましい方法論（→イデオロギー）なのだ。実証主義は学習可能性，ピースミールな積み上げだから，こわさはないしかわいい弟子が育つ。後進が麻生推薦の枠組みで，学歴エリート論を展開したところで氏が得たうけも栄光もありえない」と断じておられる。

　確かに麻生先生はブルデュが嫌いであった。ある日のゼミで私がレイモン・ブードンの論文を，西田芳正先輩（現在，大阪府立大学教授）がピエール・ブルデュの論文をそれぞれ紹介したところ，「ブードンの方が上だな」，「『文化資本』なんて，資本の概念があいまいだよ。大体，『文化資本』には剰余価値なんて…」とけんもほろろであった。また，私が，後日，ボウルズ＝ギンティスら，いわゆるラディカル・エコノミストの論稿や，ブルデュ，そしてアップル，ジルーらのクリティカル・ペダゴジーの旗手や橋本健二氏（現在，武蔵大学教授）などの進歩的な研究者の論稿をあくせくよんでいたところ，麻生先生がそれを見て，「何でそんなくだらない論文を読んでるんだ。そんな論文を読んで実力がつくはずないだろう」と後輩たちの前で厳しく叱責され，挙句の果てに「だからお前はだめなんだ」と罵倒された。私は当時翻訳していた書物（結局，訳稿は没になって陽の目を見ていないが）に，1970年代のマルクス主義教育学，クリティカル・ペダゴジーをはじめとする教育の批判的研究が頻出するので訳文を磨くべく勉強していただけなのだが，叱責・罵倒にただただ茫然，唖然とした。しばらくしていたく憤慨した。そばにおられた故・池田寛先生から「理不尽やな。でも怒るな。黙っとけ」と温かく慰められたのが忘れられない。

いずれにせよ，麻生先生がこれらの研究に生理的嫌悪といってもいいもの
を感じておられたらしいことはよく理解できた。その理由については，伺
う機会を逸してしまった。

　さて，話を元に戻して，竹内先生の書評は同意できるところの多い書評
だが，最後のパラグラフを読んだとたん凍り付いてしまった。先述のよう
に私はちょうどそのころ近現代文芸家をエリート研究の枠組みで分析して
いて，博士論文を作成しようともくろんでいた。「粗悪なエピゴーネン…」
といった言葉が頭に浮かんだ。

　しかし，竹内先生から書評の初校が戻ってきたとき，「初校を返します。
キミの書評面白いよ」と書いてくださっていた。竹内先生の書評に続いて，
私が天野郁夫先生編の『学歴主義の社会史』の書評をしており，歴史社会
学について思うところを述べた雑文を褒めてくださったのだ。広島大学在
職時の最良の思い出の一つである。単純な私は思わず欣喜雀躍して，事務
補佐の女性から訝しがられたのも懐かしい。

　また 1992 年に奈良大学で開催された EPSE という教育経済学の研究会
において，自由な討論の時間の時に何の拍子か，当時広島大学で私の上司
だった金子元久先生が「竹内先生の研究は僕には面白くないんですね」と
ご本人を前にしておっしゃった。びっくりしたが，竹内先生を見ると，ニ
コニコとして一言「フッ，そうかね」と大人の対応をされたのが印象的で
あった。金子先生のような政策科学志向の強い研究者には，京都大学の研
究者が行っているような純学術的な志向の強い研究に関しては，「何のた
めにこのような研究を行うのか」としか考えられないのであろう。しかし，
京大の方々からすれば「政策志向の研究なんて何が面白いのかね」という
ことになるのであろう。

　1995 年秋に私の博士論文である近現代文芸家の研究が『文芸エリート
の研究—その社会的構成と高等教育—』というタイトルで有精堂より刊行
された。竹内先生にもお送りした。ほどなく一通の葉書が来た。「粗悪な
エピゴーネン…」という言葉がちらつき，内容を読むのがためらわれたが，
思い切って読むと，実に好意的に評してくださっている。またしても欣喜
雀躍して，周囲に訝しがられた。

さらに竹内先生は，麻生誠・岩永雅也編『創造的才能教育』（玉川大学出版部 1997）の書評をされた（竹内 1998）時に，下記のように記しておられる。

　　麻生氏は旧著『エリートと教育』で，昭和 38 年に経済審議会によって提起された「ハイタレント」教育について「集団概念であるエリートという言葉を用いることを避け」ていると批判していた。また，ハイタレント教育反対論に対しては，「個人的で自由な教育要求」を重視するあまり「社会的要請」を無視してしまっていると批判している（278 頁-279 頁）。このとき麻生氏の背後理論は機能主義者として明快だった。30 年たった。麻生氏はいまや才能教育の推進者となりエリート教育論を避けている。さらに教育の個人化や個性化の大勢によりそい，教育における社会的要請や国家的必要に否定的ないしは回避的に見える。この変化に背後理論ありやなしや……。

と手厳しく批判しておられる。私の見るところでも，阪大退官前の麻生先生はエリート研究に対する興味がかなり薄れていたようである。東京工大の末松安晴学長らとともに，すっかり才能教育研究にシフトしておられた。その理由について，詳細は存じ上げない。
　竹内先生の京都大学のご退職記念パーティ，吉野作造賞受賞記念パーティには教え子でもないのに呼んでいただき，恐縮しながらもいそいそと出かけた。
　ご退職記念パーティでは数名の方がお祝いの言葉を述べられたが，故・園田英弘先生の言葉が印象的であった。「竹内先生が機能主義の理論的研究をしておられた」という趣旨のことを述べておられた。ただ園田先生は酔っておられたのか，「マートンズの研究」という表現をされるので，「パーソンズ」か「マートン」か，はっきりしなかった。後日，2014 年刊行の『大衆の幻像』等において書かれた追憶によって，「パーソンズ」ではなく「マートン」であるとわかり，私がなぜ竹内先生に親近感を覚えるのかがわかった。大学院に入学したころさまざまな社会学研究者の中でマートン

の機能主義モデルが，社会工学的であり，かつて理系を目指していた私には平明かつメカニックで把握しやすかったのではまり込み，大きな影響を受けた。竹内先生もマートンの影響を受けておられたのだ。

また，吉野作造賞受賞記念パーティのほうでは，読売新聞社主催ということもあり，「ナベツネ」こと渡邉恒雄社長が雛壇にいた。熱狂的なジャイアンツ・ファンの原清治先生と二人で「生ナベツネだ！」と年甲斐もなくはしゃいでしまった。また高級料理が食べ放題であったので，原先生とバクバク食べあさり，ある先輩から「何しに来たの？」とたしなめられた。教え子でもないのに，このような機会を与えていただいたご厚情に心から感謝している。

❹ 教育社会学者は『人事興信録』という資料をどう使ってきたのか

それでは実際にエリート教育の研究がどのように行われてきて，どのような成果を上げてきたのかについて述べたいが，ここでは過去に行われた『人事興信録』を用いて行われた研究について検討したい。

つまり，ここでは『人事興信録』に掲載されている人物はエリートであるという仮定に基づいて分析を進める。この仮定自体は本章で吟味しないし，できない。

過去，『人事興信録』からサンプルを取って行った研究としては，包括的なものに関しては麻生（1960），麻生（1967），中道（1973，1974），麻生（1977），岩見他（1981），麻生（1983b），麻生・山内編（1994）がある。また女性エリートについては黒岡（1981b），冠野（1996）がある。

このうち麻生（1960）においては，『人事興信録』初版（明治36年），第4版（大正4年），第8版（昭和3年），第12版（昭和14年），第18版（昭和30年）から100分の1の抽出比，等間隔無差別抽出法で調査対象2,000名を選んでいる（こちらを本章では「第Ⅰ系列」と称する）。のちに麻生（1967）で第22版（昭和39年）から600名を追加している。また同じ麻生（1960）ではそれとは別に初版（明治36年），第4版（大正4年），第8版（昭和3年），第10版（昭和9年），第13版（昭和16年），第15版（昭和23年），

第 17 版（昭和 28 年），第 19 版（昭和 32 年）から各 200 名ずつ等間隔無差別抽出法で選んで，合計 1,800 名を分析対象としており（こちらを本章では「第Ⅱ系列」と称する），麻生（1967）においては第 22 版（昭和 39 年）から 200 名を追加している。

　また，麻生（1977）においては第 27 版（昭和 48 年）から 400 名を追加して分析を行っている。さらに中道実の研究においては第 25 版（昭和 44 年）から 100 分の 1 の抽出比で 956 名の調査対象を選んでいる。

　黒岡千佳子（1981b）においては，第 28 版（昭和 50 年）掲載の女性サンプル 516 名すべてを対象にしている。質問紙調査を合わせて行い，163 名から回収した。回収率は 31.6％である。ただし，黒岡の調査についてはのちに冠野文（1996）が再集計し，女性サンプル 691 名であることが判明している（冠野の報告は麻生・山内編（1994）にも収録している）。

　岩見他（1981）は第 30 版（昭和 54 年）から無作為抽出で 780 人を選んでいる。サンプルはすべて男性である。第一回抽出作業で 9 件の女性サンプルが選ばれたが取り除いたとのことである。黒岡（1981b）においては，第 28 版以前の『人事興信録』掲載数中，女性はおおむね 0.5％で，第 28版に限定すると 0.6％，冠野（1996）においては第 36 版で 0.9％である。今回，筆者が第 45 版（2009 年）を調べたところ，掲載人名数約 76,000 名中，全体の約 2.4％に増加していた。ちなみに増田・佐野（2017）では第 4版（1915 年）の全サンプル 13,917 名中 13 名で 0.09％であったから，女性掲載数は緩やかであるにはせよ確実に増加しているとはいえる。ちなみにアメリカ合衆国の場合 1970 年の "Who's Who in America" で 7.8％が女性である（黒岡 1981b）から，40 年前のアメリカ合衆国の女性エリート比率の 3 割にすぎないのも事実である。

　さらに，麻生（1983b）においては第 28 版（昭和 50 年）から無作為に 2,000名を抽出し，質問紙調査を郵送法で行った。回答は 1,304 名で回答率は65.2％である。ただし，黒岡（1981b）との関係上，調査対象は男性に限定されている。

　麻生・山内編（1994）および冠野（1996）は第 36 版（平成 3 年）から男性は 2,000 名を無作為抽出，女性は全数 1,006 名を抽出し，男性・女性と

もに郵送法による質問紙調査を行った。男性については有効発送 1,957 名のうち，849 名から回収した。回収率は 43.4 % である。女性については有効発送 984 名のうち 301 名から回収した。回収率は 30.6 % である。

　以上は異なる研究者によって行われてきた研究ではあるが，いずれも『人事興信録』という共通のエリート・インデックスを使用して行われた研究である。しかも，包括的なエリート研究については無作為抽出によるサンプリング，女性エリートについては全数調査ということで共通している。したがって，他の研究者による反証への道も開かれているのである。これらの諸研究をつなげて，近現代エリートの社会的構成，学歴構成を比較検討することには一定の意義があると考える。

　これらのデータに今回，筆者が『人事興信録』の最終版（正確には休刊中なのだが）である第 45 版（平成 21 年）から，男性については抽出比 50 分の 1 で選んだ 1,488 サンプル，ならびに女性については全数 1,844 サンプルを対象に分析を行った結果を付け加えた（以下，「山内調査」と称する）。このデータによって，『人事興信録』初版から最終版までの 106 年にわたるエリートの社会的構成の変遷を検討することとしたい。

　過去の『人事興信録』を使って行われた研究ではサンプルの平均年齢が 60 歳代半ばであるから，エリート研究が盛んになされた 1960 年代〜1970 年代のエリートの大半は旧制教育制度を通過した明治・大正世代である。昭和世代，特に新制教育制度を通過した世代の分析は十分にはなされてはいない。現時点で最新の包括的なエリート研究である『人事興信録』第 36 版（1991 年版）を使った麻生・山内編（1994）の研究成果においても，明治・大正・昭和初期出生のエリートが過半を占める。昭和，特に戦後生まれを中心とする平成期エリートを研究する必要性がある。その理由の一つとして，戦前は女性の高等教育機会は大きく制約されていたため，戦後世代における女性エリートの高等教育歴は戦前の女性エリートのそれとは大きく異なるはずだからである。

　表 8-10 に掲げるとおり，山内調査においては 6 コーホートに分類する。もっとも年配のコーホートである 1931 年以前出生のコーホートはおおむね旧制の教育制度を通過している。1991 年版を対象にした前回調査（表

表 8-10 『人事興信録』第 45 版（2009）のコーホート設定

コーホート	男性		女性	
	N	%	N	%
-1931	302	20.3	394	21.4
1932-1940	332	22.3	374	20.3
1941-1945	292	19.6	270	14.6
1946-1948	211	14.2	198	10.7
1949-1955	246	16.5	307	16.6
1956-	105	7.1	301	16.3
合計	1488	100.0	1844	100.0

出典：筆者作成

表 8-11 『人事興信録』第 36 版（1991）のコーホート設定

コーホート	男性		女性	
	N	%	N	%
-1904	32	1.6	50	5.0
1905-1914	180	9.0	167	16.6
1915-1925	476	23.8	305	30.3
1926-1931	542	27.1	218	21.7
1932-	770	38.5	265	26.4
合計	2000	100.0	1005	100.0

出典：筆者作成

8-11）では，旧制の教育を受けた者が 5 コーホート中 4 コーホートを占めた。今回は 6 コーホート中 5 コーホートが新制の教育を受けた者によって占められている。したがって，新制教育制度のエリート形成機能をようやく評価できる段階になったといえる。

　なお，先述の「紳士録詐欺」問題の影響のせいか，記述内容の濃淡が激しく，特に家族に関する記載が全くないサンプルが相当数に上るし，本人に関する記載においても著しく不十分なものが相当数存在する。つまり，『人事興信録』の場合，ほぼすべてのサンプルについて出生年と現職に記載はあるが，この 2 点以外には記載のないものが散見されるのである。そ

こで，ここでは（1）出生年，（2）現職，（3）出身地，（4）学歴（留学歴や大学院進学歴を含む），（5）専攻（高等教育学歴所有者の場合）の 5 つの情報に限定して比較することとする。男性サンプルの場合，この 5 点に関する情報が揃わないものはサンプルから外し，直近の（5 点の情報が揃っている）他のサンプルで置き換えた。女性の場合には，もともと『人事興信録』に掲載されている件数自体が少ないので，5 点の情報が揃わない場合でも算入した。もちろん，男性サンプルの置き換えの前提として，不明の項目についてインターネット，他の人名録等で徹底的に探索し，また個人情報保護法が施行される前の『人事興信録』第 41 版（2001 年）で当該人物のデータを確認する等，思いつく限りの手を尽くした。それでもなお，判明しない場合に限りサンプルの置き換えをした。置き換えたサンプル数は 204 件で全サンプル数の 13.7％に当たる。

　学歴に関しては，専修学校，各種学校については課程と本人の経歴を確認したうえで，原則として中等教育相当として扱った。また，中退者も卒業者と同様に扱った。上述の経緯から，ここでの分析は上記 5 点のシンプルな分析に絞る。なお，女性の場合にも出生年と現職についてのデータは完全に揃っている。女性エリートに関して，職業と出生年を除いて，出身地も，専攻分野や大学院への進学，留学等，学歴についても，まったく判明していないサンプルは 63 件（全体の 3.4％）存在する。すべて「ビジネスリーダー」である。

　なお，過去の研究において男性のみにサンプルが限定されている調査と若干の女性サンプルが混ざっている調査とが混在している可能性があるが，基本的にエリートに関する包括的な調査は男性エリートに関する調査として表記する。麻生の初期の調査には女性のサンプルが含まれているのかいないのか判然としないが，生前に本人に確認したところ，「細かいことは忘れた」とのことであった。

　さて，先行研究への疑問として，日本は，竹内洋（1981）の言うように「万人が東大へウォーミング・アップされる社会」だったのかということがあげられる。つまり，シンプルすぎる学歴社会観が妥当なのかどうなのかという疑問である。

それに基づき，第一の仮説としては，ヨーロッパ諸国のような分岐型の教育システムを取っていた諸国では「ピラミッド型」の高等教育構成になり，エリートの育成機能が特定の学校群に集中するが，日本や韓国のように段階型の教育システムを取っていた諸国では多くの学校にエリート育成機能が分散する「多峰型」の学歴構成になるのではないかという仮説を立てる。

　第二の仮説としては，旧制教育制度において，女性の高等教育機会がかなり制約されていた（つまり，男女間で分岐型になっていた）のが，戦後になると制度上は男女平等に教育機会が開放された。男性にとっての高等教育歴の在り方と女性にとっての高等教育歴の在り方は異なるのではないかという仮説が立てられる。一見，男性に遅れて高学歴化が進行しているように見えるが，本当にそうなのだろうか。男性と女性では学歴の階層構造が異なるのではないのか。

　麻生誠，竹内洋の研究における背後仮説として，日本の大学は東京大学を頂点とする「ピラミッド型」の階層構造を成しているという仮説がある。つまり，学歴社会は「虚像」ではなく「実像」であるということである。その背後には，学力が高ければ「万人が東大へウォーミング・アップされる社会」（竹内 1981）という一元的・合理主義的な進路選択観がある。しかし，実際には地域間でも男女間でも相当な差があり，多元的なのではないのだろうか。

　さらに，女性エリートは男性エリートよりも近代化が遅れ，高等教育進学率の上昇も遅れたとされてはいるが，男性エリートと（やや異なるものの）ほぼ同じ進路選択観を持つとする背後仮説があると考える。この背後仮説は事実に適合するのだろうか。

　また，教育社会学者を中心とする高等教育研究者，例えば寺﨑昌男，麻生誠，天野郁夫，竹内洋等の研究者によって概して旧制教育制度，ことに旧制高等学校のエリート形成機能は高く評価されてきた傾向にある。そして，旧制高等学校の解体によって，新制教育制度のエリート形成機能は低下したという暗黙の前提をもっている。しかし，実際に検証されたわけではなく，あくまでも仮説にすぎない。

（1）活躍している分野

　まず，**表8-12**を参照されたい。麻生（1960）が設定したエリートの分野に合わせて，他の研究を再カテゴリー化したものである。山内調査の場合には，「その他」には公認会計士，一級建築士，弁理士等の専門職者に加えて，貴乃花光司（元親方），ドクター中松など分類不能な方々が入る。

　男性については，先述のように，「ビジネスリーダー」が突出しているが2009（平成21）年版では70％とかなり減少している。先述のように，不明項目がある場合にサンプルの置き換えをしているが，不明項目があるため他のサンプルで置き換えられたサンプルの多くがビジネスリーダーであることも影響しているであろう。第36版（1991年）との比較に限定していえば，それに代わって増大したのが，「教授・教育家」である。これについては麻生・山内編（1994）が依拠した第36版（1991年）刊行と前後して大学設置基準が大綱化され，大学数も大学学長数も大学教員数も激増したことを反映しているのであろう。しかし，第18版（1955年）以降「教授・教育家」が安定して10％前後を占めてきたことを考えれば，本質的な変化ではないのかもしれない。

　ただし，女性エリートについて**表8-13**を見ると，やはり「ビジネスリーダー」が減少し，「教授・教育家」の増大がみられる。男女間でかなり活躍している領域に差があり，女性において芸術家の比率が高いことも注目に値する。

（2）出生年

　増田・佐野（2017）によると，1915（大正4）年のサンプル全数13,917名を対象にした調査では平均年齢が数え年で51.3歳，最年長者が1828（文政11）年生まれの88歳，最年少者が1911（明治44）年生まれの5歳であった。中道（1973）によると1969（昭和44）年のサンプルでは平均年齢が59.5歳，麻生（1983b）によると1975（昭和50）年のサンプルでは64.4歳，麻生・山内編（1994）によると1991（平成3）年のサンプルでは63.8歳である。今回行った山内調査によると2009（平成21）年のサンプルでは（2009年末時点の年齢で）67.92歳と高齢化が進んでいる。なお，最年長

表8-12 『人事興信録』を使用したエリートの包括的研究に見るエリート構成の変遷

出典	麻生（1967）											
年	1903（明治36）年		1915（大正4）年		1928（昭和3）年		1939（昭和14）年		1955（昭和30）年		1964（昭和39）年	
職業	N	%	N	%	N	%	N	%	N	%	N	%
官僚	39	19.5	32	10.7	33	11.0	89	14.9	80	13.3	55	9.2
ビジネスリーダー	48	24.0	195	65.1	193	64.3	350	58.4	370	61.6	421	70.2
地主	10	5.0	10	3.3	20	6.7	47	7.8	0	—	0	—
軍人	30	15.0	9	3.0	8	2.7	15	2.5	0	—	0	—
教授・教育家	8	4.0	16	5.3	21	7.0	35	5.8	64	10.7	72	12.0
医者	6	3.0	4	1.3	3	1.0	24	4.0	10	1.7	6	1.0
弁護士	0	—	4	1.3	0	—	3	0.5	13	2.2	13	2.2
芸術家	0	—	0	—	0	—	2	0.3	17	2.8	4	0.7
宗教家	0	—	1	0.3	0	—	2	0.3	2	0.3	3	0.5
オピニオンリーダー	0	—	0	—	2	0.7	3	0.5	3	0.6	11	1.8
政治家	8	4.0	1	0.3	1	0.3	3	0.5	29	4.8	10	1.7
華族	43	21.5	20	6.7	13	4.3	11	1.8	0	—	0	—
その他	8	4.0	8	2.7	6	2.0	16	2.7	12	2.0	5	0.8
総計	200	100	300	100	300	100	600	100	600	100	600	100

出典	中道（1974）		麻生（1983b）		岩見他（1981）		麻生・山内編（1994）		山内調査	
年	1969（昭和44）年		1975（昭和50）年		1979（昭和54）年		1991（平成3）年		2009（平成21）年	
職業	N	%	N	%	N	%	N	%	N	%
官僚	66	6.9	72	5.6	10	1.3	11	1.3	60	4.0
ビジネスリーダー	653	68.2	948	73.5	591	75.8	647	77.9	1047	70.4
地主	0	—	0	—	0	—	0	—	0	—
軍人	0	—	0	—	0	—	0	—	0	—
教授・教育家	119	12.4	156	12.1	78	10.0	40	4.8	181	12.2
医者	16	1.7	20	1.6	7	0.9	10	1.2	21	1.4
弁護士	37	3.9	42	3.3	30	3.8	34	4.1	42	2.8
芸術家	17	1.8	13	1.0	9	1.2	14	1.7	35	2.4
宗教家	3	0.3	0	—	2	0.3	0	—	3	0.2
オピニオンリーダー	0	—	0	—	34	4.4	0	—	4	0.3
政治家	33	3.5	12	0.9	14	1.8	8	1.0	57	3.8
華族	0	—	0	—	0	—	0	—	0	0.0
その他	12	1.3	26	2.0	5	0.6	67	8.1	38	2.6
総計	956	100	1289	100	780	100	831	100	1488	100

出典：筆者作成

が1905（明治38）年生まれ，100歳以上は3名，最年少が1978（昭和53）年生まれ（2名）であった。

　他方女性については冠野（1996）では1991年サンプルで67.8歳，山内調査では2009年サンプルで66.47歳であった。2009年時点で最年長が

表 8-13　『人事興信録』を使用した女性エリートの包括的研究に見るエリート構成の変遷

黒岡（1981b）			冠野（1996）			山内調査		
年	1975（昭和50）年		年	1991（平成3）年		年	2009（平成21）年	
職業	N	%	職業	N	%	職業	N	%
芸術エリート	49	30.1	芸術家	50	16.6	芸術家	323	17.5
オピニオンリーダー	21	12.9	—	—	—	オピニオンリーダー	41	2.2
ビジネスリーダー	41	25.1	ビジネスリーダー	138	45.8	ビジネスリーダー	667	36.2
教育エリート	35	21.5	教授・教育家	49	16.3	教授・教育家	367	19.9
専門職エリート	17	10.4	専門職エリート	25	8.3	宗教家	1	0.1
総計	163	100	政治家・官僚	25	8.3	官僚	26	1.4
出典：筆者作成			その他	14	4.7	政治家	160	8.7
			総計	301	100	医者	45	2.4
						弁護士	61	3.3
						俳優・歌手・キャスター等	80	4.3
						料理研究家等	10	0.5
						その他	63	3.4
						総計	1844	100

1907（明治40）年生まれ，100 歳以上は 5 名，最年少が 1979（昭和 54）年生まれであった。

　いずれの時代においても，男性にしても，女性にしても，活躍している分野間で若干の平均年齢の差異はあるが，大きなものではない。

（3）出身地

　これについては，研究者ごとに分類の仕方が異なり，ことに中部地方（甲信越，北陸，東海）の分類の仕方において，それぞれがかなり個性的である。周辺度数から実数を再計算して，統一されたブロックのカテゴリーで比較検討しようとしたが，さまざまな障壁があることがわかり，断念した。

　表 8-14 を参照されたい。まず，増田・佐野（2017）の全サンプルを対象にした 1915（大正 4）年の分布を参照されたい。麻生（1960）の 1915（大正 4）年の分布と比べると，東京出身者の数値において大きな開きがある。母数が大きい台帳の場合，無作為にサンプリングしたとしても，少なくとも部分的にはこういった離齬が生じるのであろう。このことを念頭に以下の検討を進めたい。

表 8-14　エリートの

出典	年	北海道	東北	関東		北陸	東山	東海
				北関東	南関東			
中道 (1974)	1969 (昭和44) 年	1.8	4.3	3.5	21.4	6.6	6.2	10.2

出典	年	北海道	東北	関東		中部
				東京	東京以外	
増田・佐野(2017)	1915 (大正4) 年	1.1	5.1	20.4	8.6	20.3
	1911 (明治44) 年	0.0	4.0	20.0	7.5	14.0
	1915 (大正4) 年	1.5	4.5	10.5	7.0	23.5
	1921 (大正10) 年	1.5	8.0	12.5	8.0	22.5
	1928 (昭和3) 年	1.0	5.5	13.0	11.0	15.0
麻生 (1960)	1934 (昭和9) 年	0.5	5.5	23.0	5.0	14.5
	1941 (昭和16) 年	1.0	8.0	16.0	8.5	16.0
	1948 (昭和23) 年	1.5	5.0	10.5	8.5	24.5
	1953 (昭和28) 年	1.0	8.0	15.5	13.0	18.5
	1957 (昭和32) 年	2.0	6.5	19.5	9.5	13.5
麻生 (1967)	1964 (昭和39) 年	1.5	6.2	17.0	10.8	18.8
岩見他 (1981)	1979 (昭和54) 年	2.2	5.6	17.5	9.2	17.8

出典	年	北海道	東北	関東		北陸	中部	
				東京	東京以外		甲信越	東海
麻生 (1983b)	1975 (昭和50) 年	2.6	4.5	25.6		5.3	11.0	
麻生・山内編(1994)	1991 (平成3) 年	3.1	5.2	18.4	9.5	3.3	4.2	8.5
麻生・山内編(1994)	1991 (平成3) 年	3.1	5.0	18.7	10.7	3.3	5.9	10.1
山内調査 (2018)	2009 (平成) 21 年	4.6	5.2	17.5	10.6	3.6	5.2	10.4
女性エリート								
黒岡 (1981b)	1975 (昭和50) 年	1.4	1.9	58.9	10.0	0.4	0.7	3.9
冠野 (1996)	1991 (平成3) 年	2.3	3.3	43.8	10.7	0.6	1.6	6.3
山内調査 (2018)	2009 (平成21) 年	2.5	4.6	30.0	9.8	2.1	3.8	8.2

中道のいう「東山」とは山梨，長野，岐阜の3県をさし，「東海」とは静岡，愛知，三重，「北陸」とは新潟，富山，石川，福井をさす。他の個所に見られる「東海」とは岐阜，静岡，愛知，三重をさし，「北陸」とは富山，石川，福井をさす。
出典：筆者作成

　東京出身者の比率は一貫して10％台後半を推移している。2009年も17.5％と高いが，東京都の人口が日本の総人口に占める比率は10％強であることを加味すると，突出しているというほどではないといえよう。すなわち，男性エリートについてはほとんど劇的な出身地比率の変化はみられないといえよう。

　女性については，出身地不明のデータが113件（全体の6.1％）存在する。93件が「ビジネスリーダー」であり，10件が「教授・教育家」，4件が「弁護士」，2件が「芸術家」，1件が「官僚」，3件が「その他」である。

出身地

近畿	中国		四国	九州		海外	不明	サンプル数	註
	山陰	山陽		北九州	南九州				
19.1	2.4	7.8	6.0	8.1	2.5	0.0	0.0	921	

関西		中国	四国	九州	海外	不明	サンプル数	註
大阪	大阪以外							
8.0	11.7	8.0	5.2	11.6	0.0	0.0	13227	不明を除く全サンプル
6.5	15.0	11.0	5.5	16.0	0.0	0.5	200	
7.5	15.0	10.5	8.5	9.5	0.5	1.5	200	
8.5	20.5	4.5	4.5	9.5	0.0	0.0	200	
8.0	14.5	9.5	6.5	15.5	0.0	0.5	200	
13.5	14.0	8.5	5.5	9.0	1.0	0.0	200	
6.5	18.5	8.5	7.0	8.5	0.0	1.5	200	第Ⅱ系列から集計
5.5	16.0	11.0	8.5	8.5	0.0	0.5	200	
6.0	11.0	8.0	5.0	8.5	0.0	5.5	200	
5.0	17.5	8.0	5.0	11.0	0.0	2.5	200	
6.3	14.2	6.7	4.0	14.2	0.2	0.0	600	
7.0	15.5	8.6	5.6	10.9	0.0	0.0	697	

関西		中四国		九州	海外	不明	サンプル数	註
大阪	大阪以外	中国	四国					
26.9		11.3		7.9	2.8	2.0	1304	
7.9	14.6	6.8	5.3	8.7	3.3	1.2	849	質問紙調査に基づくデータ
6.8	12.2	7.5	5.4	9.9	0.4	1.5	2000	カードに基づくデータ
9.4	12.1	7.7	4.0	9.3	0.4	0.0	1488	
5.2	11.4	2.9	0.6	2.0	0.0	0.1	691	冠野が再集計した麻生・山内編 (1994) のデータに基づく
8.9	14.4	3.0	1.7	2.3	0.0	1.3	1008	
8.2	12.3	6.1	3.8	6.7	1.8	0.0	1731	

　女性の場合は，男性の場合に比べて東京への集中が著しい。だが 1975 年版→ 1991 年版→ 2009 年版と時代を下るにつれ分散傾向がみられ，2009 年では 30.0％まで減少している。逆に中国，四国，九州の出身者が増加している。なお，海外出身者については，満州 14 名など，32 名中 20 名が現在の中国である（台湾出身の 3 名を含まない）。この 20 名の大半はいずれも戦前ないし終戦直後に出生している。

　これをコーホート別，職業別に見たものが表 8-15〜18 である。まず表 8-15，表 8-16 は男性エリート・女性エリートについてコーホート別に

表8-15 男性エリートの3大都市圏出身者の比率（コーホート別）

コーホート	合計	東京出身者		首都圏出身者		近畿圏出身者		東海圏出身者		都市出身者率
		N	%	N	%	N	%	N	%	
-1931	302	57	18.9	69	22.8	69	22.8	32	10.6	56.3
1932-1940	332	58	17.5	78	23.5	78	23.5	31	9.3	56.3
1941-1945	292	59	20.2	78	26.7	50	17.1	31	10.6	54.5
1946-1948	211	29	13.7	52	24.6	40	19.0	28	13.3	56.9
1949-1955	246	36	14.6	57	23.2	54	22.0	21	8.5	53.7
1956-	105	21	20.0	32	30.5	29	27.6	12	11.4	69.5
合計	1,488	260	17.5	366	24.6	320	21.5	155	10.4	56.5

出典：筆者作成

表8-16 女性エリートの3大都市圏出身者の比率（コーホート別）

コーホート	合計	東京出身者		首都圏出身者		近畿圏出身者		東海圏出身者		都市出身者率
		N	%	N	%	N	%	N	%	
-1931	373	116	31.1	132	35.4	85	22.8	35	9.4	67.6
1932-1940	355	119	33.5	147	41.4	72	20.3	21	5.9	67.6
1941-1945	257	86	33.5	99	38.5	48	18.7	17	6.6	63.8
1946-1948	188	37	19.7	52	27.7	37	19.7	18	9.6	56.9
1949-1955	281	69	24.6	94	33.5	66	23.5	27	9.6	66.5
1956-	277	92	33.2	125	45.1	47	17.0	24	8.7	70.8
合計	1,731	519	30.0	649	37.5	355	20.5	142	8.2	66.2

出典：筆者作成

計算したものである。男性の場合，首都圏（埼玉，千葉，東京，神奈川）出身者の比率と近畿圏（滋賀，京都，大阪，兵庫，奈良，和歌山）出身者の比率が拮抗していることがわかる。また，**表8-16** に見るように，女性の場合，各コーホートとも，男性よりも東京出身者の比率がかなり高くなっている。表8-18を見ると，特に女性の場合，「芸術家」と「オピニオンリーダー」，「俳優・歌手・キャスター等」で東京出身者の比率が高くなっている。

表 8-17　男性エリートの 3 大都市圏出身者の比率（活動分野別）

職業カテゴリー	人数	東京出身者		首都圏出身者		近畿圏出身者		東海圏出身者	
		N	%	N	%	N	%	N	%
官僚	60	8	13.3	10	16.7	16	26.7	8	13.3
ビジネスリーダー	1,047	181	17.3	255	24.4	235	22.4	115	11.0
教授・教育家	181	34	18.8	46	25.4	37	20.4	20	11.0
医者	21	2	9.5	2	9.5	2	9.5	2	9.5
弁護士	42	9	21.4	11	26.2	8	19.0	1	2.4
芸術家	35	9	25.7	14	40.0	7	20.0	1	2.9
宗教家	3	1	33.3	1	33.3	1	33.3	0	0.0
オピニオンリーダー	4	2	50.0	2	50.0	1	25.0	0	0.0
政治家	57	2	3.5	9	15.8	5	8.8	7	12.3
その他	38	12	31.6	16	42.1	8	21.1	1	2.6
合計	1,488	260	17.5	366	24.6	320	21.5	155	10.4

出典：筆者作成

表 8-18　女性エリートの 3 大都市圏出身者の比率（活動分野別）

職業カテゴリー	人数	東京出身者		首都圏出身者		近畿圏出身者		東海圏出身者	
		N	%	N	%	N	%	N	%
官僚	25	7	28.0	9	36.0	4	16.0	2	8.0
ビジネスリーダー	574	129	22.5	169	29.4	147	25.6	58	10.1
教授・教育家	357	103	28.9	129	36.1	74	20.7	29	8.1
医者	45	13	28.9	16	35.6	11	24.4	4	8.9
弁護士	57	14	24.6	16	28.1	14	24.6	5	8.8
芸術家	321	138	43.0	161	50.2	48	15.0	30	9.3
宗教家	1	0	0.0	0	0.0	1	100	0	0.0
オピニオンリーダー	41	22	53.7	23	56.1	4	9.8	1	2.4
政治家	160	34	21.3	53	33.1	24	15.0	8	5.0
俳優・歌手・キャスター等	80	41	51.3	46	57.5	14	17.5	1	1.3
料理評論家	10	5	50.0	6	60.0	1	10.0	1	10.0
その他	60	13	21.7	21	35.0	13	21.7	3	5.0
合計	1,731	519	30.0	649	37.5	355	20.5	142	8.2

出典：筆者作成

(4) 学　歴

　表8-19を参照されたい。男性で国内の大学を出たものが85%，女性で63%となっている。ただ，女性の場合には男性と異なり海外の教育機関に学士課程の段階から進んだ者も少なからずいる点が注目される。

　次に表8-20を参照されたい。大正期まではエリートに占める高等教育学歴保有者の比率は30%未満であり，1939年にようやく50%を超える。つまり，高等教育学歴を保有するエリートが，「業績によって選抜されたエリート」であると仮定するならば，昭和戦前期において，ようやく前近代的なエリートから近代的なエリートへと半数が切り替わったのである。戦後になると急激に高等教育学歴保有者率は増加し，1957年に80%を超えて以降，安定している。芸能・スポーツ等の一部の領域で，必ずしも高等教育学歴を必須の要件としないエリートが誕生し続けているためである。

　他方，女性エリートについては，学歴に関する情報が不明という者が248件存在する（全体の13.4%）。248件中230件が「ビジネスリーダー」，9件が「教授・教育家」，8件が「芸術家」，1件が「その他」である。これらの248名中最終学歴だけでなく，高等教育修了者の場合の専攻分野や大学院への進学，留学等，学歴について全く不明というものは130件（全体の7.0%）に上る。そのうち124件が「ビジネスリーダー」，5件が「芸

表8-19　山内調査におけるサンプルの学歴構成

学歴	男性		女性	
	N	%	N	%
国内の大学	1,270	85.3	1,075	63.4
海外の大学	0	0	42	2.5
短期大学	8	0.5	99	5.8
旧制高専等	27	1.8	45	2.7
中等教育	171	11.5	414	24.4
初等教育	12	0.8	21	1.2
合計	1,488	100.0	1,696	100.0

出典：筆者作成

術家」，1 件が「教授・教育家」である。

　戦前は女性の高等教育機会が十分には用意されていなかったこともあり，1975 年で約半数が高等教育学歴を保有するにすぎないが，2009 年になると 74.4％が高等教育学歴を保有し，男性エリートに近いレベルになっている。

　エリートに占める東大出身者の比率を検討したのが表 8-21 である。高

表 8-20　『人事興信録』にみるエリートの高等教育学歴保有率の変遷

出典	年度	高等教育学歴所有者	非所有者	TOTAL (%)	サンプル数	註
麻生（1967）	1903（明治 36）年	27.5	72.5	100	200	第 I 系列から集計
	1911（明治 44）年	24.5	75.5	100	200	第 II 系列から集計
	1915（大正 4）年	26.0	74.0	100	300	第 I 系列から集計
		25.5	74.5	100	200	第 II 系列から集計
	1921（大正 10）年	21.0	79.0	100	200	第 II 系列から集計
	1928（昭和 3）年	36.7	63.3	100	300	第 I 系列から集計
		39.0	61.0	100	200	第 II 系列から集計
	1934（昭和 9）年	39.5	60.5	100	200	第 II 系列から集計
	1939（昭和 14）年	52.5	47.5	100	600	第 I 系列から集計
	1941（昭和 16）年	50.3	49.7	100	200	第 II 系列から集計
	1948（昭和 23）年	74.0	26.0	100	200	第 I 系列から集計
	1953（昭和 28）年	74.0	26.0	100	200	第 II 系列から集計
	1955（昭和 30）年	76.8	23.2	100	600	第 I 系列から集計
	1957（昭和 32）年	80.5	19.5	100	200	第 II 系列から集計
	1964（昭和 39）年	82.3	17.7	100	600	第 I 系列から集計
		83.0	17.0	100	200	第 II 系列から集計
中道（1974）	1969（昭和 44）年	84.2	15.8	100	916	女性 9 サンプルを含む
麻生（1977）	1973（昭和 48）年	76.5	23.5	100	400	
麻生（1983b）	1975（昭和 50）年	84.3	15.7	100	1,272	男性のみ
岩見他（1981）	1978（昭和 53）年	82.1	17.9	100	754	不明を非所有者から除いて山内が再計算，男性のみ
麻生・山内編（1994）	1991（平成 3）年	87.5	12.5	100	840	男性のみ
山内調査	2009（平成 21）年	87.7	23.3	100	1,488	男性のみ
女性エリート						
黒岡（1981b）	1975（昭和 50）年	55.1	44.9	100	626	冠野が再集計した麻生・山内編（1994）のデータに基づく
冠野（1996）	1991（平成 3）年	68.2	31.8	100	292	質問紙調査に基づくデータ
冠野（1996）	1991（平成 3）年	52.6	47.4	100	918	カードに基づくデータ
山内調査	2009（平成 21）年	74.4	25.6	100	1,696	

出典：筆者作成

表 8-21　エリートに占める東大出身者比率の推移

出典	年	サンプル数	東大出身者	東大出身者比率	註
麻生（1967）	1903（明治36）年	200	24	12.0	第Ⅰ系列から集計
	1915（大正4）年	300	43	14.3	
	1928（昭和3）年	300	51	17.0	
	1939（昭和14）年	600	114	19.0	
	1955（昭和30）年	600	114	19.0	
	1964（昭和39）年	600	103	17.2	
中道（1974）	1969（昭和44）年	916	177	19.3	
麻生（1977）	1973（昭和48）年	400	64	16.0	
岩見他（1981）	1978（昭和53）年	754	151	20.0	
麻生・山内編（1994）	1991（平成3）年	840	136	16.2	
山内調査	2009（平成21）年	1,488	161	10.8	
女性エリート					
冠野（1996）	1991（平成3）年	292	9	3.1	質問紙調査に基づくデータ
冠野（1996）	1991（平成3）年	918	17	1.9	カードに基づくデータ
山内調査	2009（平成21）年	1,696	91	5.4	

出典：筆者作成

表 8-22　エリートに占める各

出典	年	東大	京大
中道（1974）	1969（昭和44）年	19.3	8.0
麻生（1977）	1973（昭和48）年	16.0	6.3
麻生（1983b）	1975（昭和50）年	―	―
岩見他（1981）	1978（昭和53）年	20.0	―
麻生・山内編（1994）	1991（平成3）年	16.2	7.1
山内調査	2009（平成21）年	10.8	5.5
女性エリート			
出典	年	東大	京大
冠野（1996）	1991（平成3）年	3.1	0.3
冠野（1996）	1991（平成3）年	1.9	0.2
山内調査	2009（平成21）年	5.4	2.4

出典：筆者作成

等教育学歴の保有率が 1955 年まで上昇し続けたのに対して，東大出身者率は 1903 年から 10％台を上下しており，2009 年には 10.8％になっている。女性においては 2009 年時点でなお，5.4％にとどまっており，東大出身者がエリートの地位を独占しているというわけではないことが確認できる。つまり，日本の学歴構造は（イギリスのような）尖鋭な「ピラミッド型」ではなく，「多峰型」ではないかと推測されるということである。女性においてはより一層そうである。

　もちろん後に見るように，領域によって東大出身者の比率は異なるのであり，高級官僚においては，東大法学部卒が多数を占めることは周知の事実である。2009 年データでも，男性の官僚 60 名中 29 名が東大卒，うち 23 名が法学部卒，女性の官僚 26 名中 11 名が東大卒，うち 5 名が法学部卒である。

　表 8-22 は高等教育機関別の比率についてのものであるが，男性においては 1975 年以降旧七帝大と一橋大，東工大，早大，慶大の 11 大学で半数弱を占めるのだが，その比率は徐々に低下しているようである。女性エリートについてはお茶の水女子大，奈良女子大，日本女子大，神戸女学院大，

大学出身者の比率

旧七帝大＋一橋大＋東工大	早大	慶大	サンプル数
—	5.6	3.8	916
—	3.8	7.3	400
37.8	10.4		1,302
38.9	8.0		754
—	11.1		840
25.8	6.1	9.8	1,488

旧七帝大＋一橋大＋東工大	東京藝術大	お茶の水女子大＋奈良女子大	早大	慶大	サンプル数	
—	—	—	3.1		292	質問紙調査に基づくデータ
—	—	—	2.0		918	カードに基づくデータ
11.3	3.1	2.8	3.0	4.1	1,696	

津田塾大等の4年制女子大学出身者が16.5％，東京藝術大等の4年制芸術大学・学部，音楽大学・学部の出身者が7.0％と多くなっているのが特徴である。

　以上，高等教育学歴保有率は男性で80％を，女性で70％を超えてはいるが，しかし，高等教育学歴をすべての領域で同様に必要としているわけではなく，必要としない領域が，2009年の時点でもなお，一定比率で残されていることが理解できる。

　表8-23は山内調査におけるサンプルの出身大学別人数である。**表8-24**は1977年版の『ダイヤモンド会社職員録』にみる出身大学別課長数であるが，**表8-23**の男性と驚くほど似ている。いずれにおいても1位〜5位については，順位こそ変動があるものの，東京大，慶應義塾大，早稲田大，京都大，中央大が占め，いずれにおいても6位〜9位については，日本大，明治大，東北大，大阪大が占めている。10位〜27位の18大学についても，順位の変動はかなりみられるが，16大学が共通している。**表8-24**は言うまでもなく，ビジネスリーダーに限定されたもので，山内調査のサンプルとは異なるし，30年以上の時を経ている。それにもかかわらず，これだけの共通性があるということは学歴構造が強固な基盤を持つということなのかもしれない。ただし，繰り返すが，女性の場合はかなり異質であることに留意が必要である。

　表8-25〜**表8-28**を見ると，まず，**表8-27**では，「官僚」において東大出身者の比率が極めて高いのが目立つ。「教授・教育家」においては旧帝大出身者の比率が高くなっている。それに対し，「芸術家」に関しては，東大出身者の比率も旧帝大出身者の比率も極めて低くなっている。**表8-26**を見ると，女性に関して，1931年以前出生のコーホートにおいて，高等教育出身者の比率が低いが，他のコーホートでは70％〜80％と高い比率になっており，男性との差はわずかである。**表8-28**を見ると，女性でも男性ほどではないが，「官僚」において東大出身者の比率が高くなっている。「ビジネスリーダー」においては東大出身者，旧帝大出身者の比率は僅少で，高等教育出身者の比率は50％強と低くなっている。他にも「俳優・歌手・キャスター等」でも高等教育出身者の比率が40％と低い。

表 8-23　山内調査の出身大学別人数

順位	男性		順位	女性	
1	東京大	161	1	東京大	91(5)
2	慶應義塾大	146	2	慶應義塾大	70(2)
3	早稲田大	91	3	東京藝術大	53
4	京都大	82	4	早稲田大	51
5	中央大	53	5	京都大	40
6	日本大	46		お茶の水女子大	40(2)
7	東北大	35	7	日本女子大	38(1)
8	明治大	34	8	津田塾大	31
9	大阪大	30	9	東京女子大	28
10	関西学院大	29	10	中央大	24(1)
11	神戸大	28	11	聖心女子大	23
12	同志社大	25		学習院大	
13	法政大	20	12	上智大	19
14	北海道大	19(1)		明治大	
15	一橋大	17		日本大	19(1)
	関西大		16	神戸女学院大	18(1)
17	立命館大	16	17	ICU	16
18	名古屋大	15	18	青山学院大	15
	九州大		19	神戸大	14
20	立教大	12		同志社大	
	大阪市立大		21	大阪大	13
21	青山学院大	11		一橋大	
	甲南大		22	女子美術大	12
	東京藝術大			立教大	
24	東京工業大	10		筑波大	12(1)
	横浜国立大			九州大	11
26	学習院大	9	26	桐朋学園大	
	熊本大			東京女子医大	
28	上智大	8	28	関西学院大	10
	東京電機大			法政大	10(1)

( ) 内は複数の大学出身者数
出典：筆者作成

表 8-24　小池・渡辺（1979）にお
　　　　ける出身大学別課長数

順位	学歴	人数	山内調査の順位（男性）
1	早稲田大	2477	3
2	東京大	1815	1
3	慶應義塾大	1795	2
4	中央大	1133	5
5	京都大	1081	4
6	日本大	1049	6
7	明治大	974	8
8	東北大	645	7
9	大阪大	623	9
10	九州大	603	18
11	神戸大	568	11
12	同志社大	533	12
13	一橋大	528	15
14	名古屋大	511	18
15	関西学院大	470	10
16	法政大	468	13
17	東京工業大	356	24
18	北海道大	345	14
19	立教大	342	20
20	横浜国立大	28	26
21	大阪市立大	263	21
22	学習院大	255	26
23	青山学院大	241	21
24	関西大	230	15
25	大阪府立大	221	—
26	立命館大	215	17
27	名古屋工大	168	—
28	広島大	163	—
29	東京外大	152	—
30	横浜市立大	146	—
	合計	18398	—

出典：ダイヤモンド社『会社職員録』(1977)
　　　に基づき，小池・渡辺作成

また，前述のように女性の教育においては女子大と芸術大学が大きな役割を果たしてきたわけであるが，女性の場合には男性と異なり海外の教育機関に学士課程の段階から進んだ者も少なからずいる点が注目される。表8-26によると，各コーホートとも女性エリートに女子大出身者が概ね15％～20％と多いことがわかるのだが，最若年コーホートでは8.9％とかなり少なくなっている。逆に芸大出身者が10％とこのコーホートで最も多くなっている。表8-28によると，女子大出身者は「教授・教育家」で多

表8-25　男性エリートの高等教育歴（その1）（コーホート別）

コーホート	合計	東大出身者		旧帝大出身者		高等教育出身者	
		N	%	N	%	N	%
-1931	302	45	14.9	96	31.8	248	82.1
1932-1940	332	35	10.5	63	19.0	267	80.4
1941-1945	292	24	8.2	66	22.6	264	90.4
1946-1948	211	13	6.2	45	21.3	195	92.4
1949-1955	246	34	13.8	72	29.3	235	95.5
1956-	105	10	9.5	16	15.2	96	91.4
合計	1,488	161	10.8	358	24.1	1,305	87.7

出典：筆者作成

表8-26　女性エリートの高等教育歴（その1）（コーホート別）

コーホート	合計	東大出身者		旧帝大出身者		高等教育出身者		女子大出身者		芸大出身者	
		N	%	N	%	N	%	N	%	N	%
-1931	358	5	1.4	11	3.1	166	46.4	65	18.2	16	4.5
1932-1940	346	23	6.6	44	12.7	252	72.8	69	19.9	22	6.4
1941-1945	259	15	5.8	31	12.0	206	79.5	42	16.2	23	8.9
1946-1948	189	9	4.8	23	12.2	156	82.5	28	14.8	14	7.4
1949-1955	275	21	7.6	42	15.3	244	88.7	52	18.9	17	6.2
1956-	269	18	6.7	28	10.4	237	88.1	24	8.9	27	10.0
合計	1,696	91	5.4	179	10.6	1,261	74.4	280	16.5	119	7.0

「女子大」には旧制の明治大学女子部を含む。
「芸大」には日本国内の芸術大，音楽大，美術大出身者に日本大学芸術学部，神戸女学院大学音楽学部出身者を加えた。
出典：筆者作成

表 8-27　男性エリートの高等教育歴（その 2）（活動領域別）

職業カテゴリー	人数	東大出身者		旧帝大出身者		高等教育出身者	
		N	%	N	%	N	%
官僚	60	29	48.3	40	66.7	59	98.3
ビジネスリーダー	1,047	58	5.5	176	16.8	890	85.0
教授・教育家	181	44	24.3	98	54.1	181	100
医者	21	0	0.0	4	19.0	21	100
弁護士	42	15	35.7	21	50.0	41	97.6
芸術家	35	1	2.9	1	2.9	27	77.1
宗教家	3	0	0	0	0.0	2	66.7
オピニオンリーダー	4	1	25.0	1	25.0	4	100
政治家	57	9	15.8	12	21.1	51	89.5
その他	38	4	10.5	5	13.2	29	76.3
合計	1,488	161	10.8	358	24.1	1,305	87.7

出典：筆者作成

表 8-28　女性エリートの高等教育歴（その 2）（活動領域別）

職業カテゴリー	人数	東大出身者		旧帝大出身者		高等教育出身者		女子大出身者		芸大出身者	
		N	%	N	%	N	%	N	%	N	%
官僚	26	11	42.3	14	53.8	25	96.2	3	11.5	0	0.0
ビジネスリーダー	537	5	0.9	13	2.4	284	52.9	62	11.5	6	1.1
教授・教育家	359	48	13.4	90	25.1	356	99.2	112	31.2	19	5.3
医者	45	4	8.9	13	28.9	45	100	5	11.1	0	0.0
弁護士	61	7	11.5	22	36.1	61	100	1	1.6	0	0.0
芸術家	314	0	0.0	2	0.6	245	78.0	48	15.3	89	28.3
宗教家	1	0	0.0	0	0.0	1	100	0	0.0	0	0.0
オピニオンリーダー	41	1	2.4	1	2.4	34	82.9	10	24.4	0	0.0
政治家	160	13	8.1	20	12.5	124	77.5	15	9.4	0	0.0
俳優・歌手・キャスター等	80	1	1.3	2	2.5	32	40.0	8	10.0	4	5.0
料理評論家	10	0	0.0	0	0.0	9	90.0	4	40.0	0	0.0
その他	62	1	1.6	2	3.2	45	72.6	12	19.4	1	1.6
合計	1,696	91	5.4	179	10.6	1,261	74.4	280	16.5	119	7.0

「女子大」には旧制の明治大学女子部を含む。
「芸大」には日本国内の芸術大，音楽大，美術大出身者に日本大学芸術学部，神戸女学院大学音楽学部出身者を加えた。
出典：筆者作成

表8-29 輩出エリートの多い（男女合計40名以上）10総合大学（学士課程）の学部別
　　　　出身者数

東京大学

	合計	法	経済	文	教育	理	工	農	医	薬	教養
男性	161	79	22	7	1	8	29	4	7	0	4
女性	91	20	9	24	2	6	0	2	15	0	13

京都大学

	合計	法	経済	文	教育	理	工	農	医	薬	総合人間
男性	82	27	9	8	0	5	26	5	1	1	0
女性	40	8	0	16	2	5	0	6	3	0	0

東北大学

	合計	法	経済	文	教育	理	工	農	医	薬	法文
男性	35	5	2	3	1	3	13	0	5	1	2
女性	8	2	1	2	0	0	0	0	2	0	1

大阪大学

	合計	法	経済	文	人間科学	理	工	基礎工	医	歯	薬	外国語
男性	30	4	7	1	0	4	11	2	1	0	0	0
女性	13	5	2	2	0	0	0	0	2	2	0	0

神戸大学

	合計	法	経済	経営	文	教育	理	工	農	医	国際文化	発達科学
男性	28	2	9	10	1	0	0	0	1	3	0	0
女性	14	3	0	3	2	2	0	1	0	3	0	0

早稲田大学

	合計	政治経済	法	商	社会科学	文	教育	理工	人間科学	スポーツ科学	国際教養
男性	91	19	21	22	2	5	7	15	0	0	0
女性	51	3	6	3	0	30	9	0	0	0	0

註：文学部には第一文学部と第二文学部を含めた。

慶應義塾大学

	合計	法	経済	商	文	工	医	総合政策	環境情報	看護医療	薬
男性	146	42	64	22	7	7	4	0	0	0	0
女性	70	19	15	4	25	0	7	0	0	0	0

註：工学部は現在では理工学部になっている。

中央大学

	合計	法	経済	商	文	理工
男性	53	31	9	8	1	4
女性	24	16	0	3	5	0

明治大学

	合計	法	経営	商	政治経済	文	工	農
男性	34	7	4	12	8	1	2	0
女性	19	7	1	1	2	8	0	0

日本大学

	合計	法	経済	商	文理	生産工	理工	工	医	農獣医	芸術	法文
男性	46	10	8	4	1	2	10	7	1	1	1	1
女性	19	3	1	0	5	0	0	1	0	0	9	0

出典：筆者作成

く，芸大出身者は「芸術家」で多く，他のカテゴリーではほとんどいない。

　また，表 8-29 は男女合計 40 名以上のサンプル数がある 10 総合大学の出身学部別人数である。ただし，各大学とも新設学部の一部は該当者がいないため掲載していない。この表を見ると，大学ごとにどの学部出身者が多いかが大きく異なることがわかり，また男女間の差異も大きいことがわかる。女性は人文系，男性は社会科学系の出身者が多いわけだが，特に注目すべきこととして，この表 8-29 において，10 大学で女性の工学部出身者がわずか 1 名ということである。なお，男女合計 40 名以上の大学としては他に東京藝術大学とお茶の水女子大学の 2 大学がある。東京藝術大学の場合，男性 10 名については，音楽学部 4 名（旧制東京音楽学校 1 名を含む），美術学部 6 名，女性 53 名については，音楽学部 37 名（旧制東京音楽学校 9 名を含む），美術学部 16 名である。ちなみに旧制東京音楽学校は男女共学であった（旧制東京美術学校は男子校であった）。お茶の水女子大学の場合，当然サンプルは女性のみで，文教育学部 26 名（うち 1 名は旧制東京女子高等師範学校），理学部 3 名（うち 1 名は旧制東京女子高等師範学校），家政学部 10 名，不明 1 名である。

　次に大学院進学（日本の大学院については新制のみを対象にする）と留学の実態を検討しよう。

　女性のサンプルについて，大学院学歴が不明なものは 135 件あり，そのうち 129 件がビジネスリーダーである。他の 6 件については，1 件が「教授・教育家」，5 件が「芸術家」である。

　概要を述べると，男性の場合，1,488 サンプル中大学院に進学した者は 172 名で，進学率は 11.6％である。そのうち大学院で 24 名，学部で 6 名が留学している。比率にすると，1.6％が大学院留学経験，0.4％が学部留学経験を持つ。女性の場合，特筆すべきは学歴のわかっている 1,709 名（高等教育学歴保有者のみではなく非保有者も含む）中 403 名が大学院で学んでいる。進学率は 23.6％と男性より高い。留学経験者数についても大学院レベルで 134 名，学部レベルで 65 名おり，男性よりもかなり多い。比率にすると，7.8％が大学院留学経験，3.8％が学部留学経験を持つ。

　表 8-30〜表 8-31 を見ると，留学率（大学院レベル）に関しては，す

表 8-30　男性エリートの大学院進学・留学の状況（その1）（コーホート別）

コーホート	大学院進学者	大学院進学率	内留学者	学部での留学者	米大学院
-1931	13	4.3	3 (1)	2	3
1932-1940	22	6.6	3 (1)	1	2
1941-1945	39	13.4	7 (1)	1	7
1946-1948	30	14.2	2 (1)	0	1
1949-1955	51	20.7	7 (2)	2	7
1956-	17	16.2	2	0	2
合計	172	11.6	24 (6)	6	22

出典：筆者作成

表 8-31　女性エリートの大学院進学・留学の状況（その1）（コーホート別）

コーホート	大学院進学者	大学院進学率	内留学者	学部での留学者	米大学院
-1931	23	6.4	11 (3)	10	9
1932-1940	81	23.3	33 (7)	8	27
1941-1945	79	30.4	23 (6)	11	17
1946-1948	49	25.8	15 (6)	8	10
1949-1955	89	32.0	28 (6)	9	15
1956-	82	29.7	24 (8)	18	18
合計	403	23.6	134 (36)	64	96

出典：筆者作成

べてのコーホートで女性が男性を上回っているが，若いコーホートほど差が大きい。男性の大学院進学率は1940年以前出生のコーホートでは10％未満だが，1941年以降出生のコーホートでは13％～20％となっている。それに対し，女性の大学院進学率は1931年以前出生のコーホートでは6.4％だが，他のコーホートでは23％～32％となっており，すべてのコーホートで男性を大きく上回っている。

　表8-32～表8-33を見ると，男性で大学院進学者の多いのは「教授・教育家」，次いで「医者」であるが，留学を経験しているのは，ほぼ「教授・教育家」に限定されている。それに対し，女性で大学院進学者の多い

表 8-32　男性エリートの大学院進学・留学の状況 （その 2） （活動領域別）

職業カテゴリー	人数	大学院進学者		大学院留学者		学部での留学者	米大学院
		N	%	N	%		
官僚	60	4	6.7	0	0.0	0	0
ビジネスリーダー	1047	40	3.8	8	0.8	2	8
教授・教育家	181	106	58.6	15	8.3	4	13
医者	21	6	28.6	0	0.0	0	0
弁護士	42	1	2.4	0	0.0	0	0
芸術家	35	4	11.4	0	0.0	0	0
宗教家	3	0	0.0	0	0.0	0	0
オピニオンリーダー	4	1	25.0	0	0.0	0	0
政治家	57	7	12.3	0	0.0	0	0
その他	38	3	7.9	1	2.6	0	1
合計	1488	172	11.6	24	1.6	6	22

出典：筆者作成

表 8-33　女性エリートの大学院進学・留学の状況 （その 2） （活動領域別）

職業カテゴリー	人数	大学院進学者		大学院留学者		学部での留学者	米大学院
		N	%	N	%		
官僚	26	2	7.7	0	0.0	0	0
ビジネスリーダー	538	22	4.1	10	1.9	14	8
教授・教育家	366	259	70.8	72	19.7	10	52
医者	45	8	17.8	1	2.2	1	1
弁護士	61	9	14.8	4	6.6	0	4
芸術家	318	56	17.6	28	8.8	26	14
宗教家	1	1	100	1	100	0	0
オピニオンリーダー	41	7	17.1	3	7.3	5	3
政治家	160	26	16.3	11	6.9	3	9
俳優・歌手・キャスター等	80	3	3.8	1	1.3	3	1
料理評論家	10	1	10.0	0	0.0	0	0
その他	63	9	14.3	3	4.8	3	3
合計	1709	403	23.6	134	7.8	65	95

出典：筆者作成

表 8-34　男女別・コーホート別大学院留学率

コーホート	男性		女性	
	N	%	N	%
-1931	3	1.0	11	3.1
1932-1940	3	0.9	33	9.5
1941-1945	7	2.4	23	8.8
1946-1948	2	0.9	15	7.9
1949-1955	7	2.8	28	10.1
1956-	2	1.9	24	8.7
合計	24	1.6	134	7.8

出典：筆者作成

のは「教授・教育家」だが，他の多くのカテゴリーでも 10%を超えている。留学を経験しているのは，やはり「教授・教育家」に多いが，男性と異なり，「官僚」，「宗教家」，「料理評論家」を除くすべてのカテゴリーで経験者がいる。

　表 8-34 を見ると，いずれのコーホートにおいても，女性の留学率が男性の留学率を上回っている。

　表 8-35〜表 8-38 を見ると，男性は全体に内部進学者（学部を卒業後に同一大学の大学院に進学）が多く，女性は比較的少なめである。ただし，東京藝術大，京都大などは男女とも内部進学者が多い。また，旧帝大に関しては，男性の場合，九州大を除く 6 大学が 4 名以上，女性の場合，東北大と九大を除く 5 大学が 6 名以上を輩出している。

　単純な断定は避けるべきではあるが，概ね，大学院の選択においても，女性の方が多様である。留学先の国家選択においても，女性の方により大きな多様性がみられる。なお，お茶の水女子大を除くと女子大の大学院進学者は 18 名，東京藝術大を除くと芸大の大学院への進学者は 7 名と，学士課程ほど女子大，芸大進学者が多いということではない。

　以上，高等教育を受けたかどうかという点から検討すると，男性は女性よりも高等教育歴を有する者が多いが，学部卒業後の高等教育歴を検討す

表 8-35　男性エリートの大学院別修了者数（4 名以上）

	修了者数	内部進学者	国内大学院	海外大学院
東京大院	31	22	0	0
京都大院	25	21	0	0
慶應義塾大院	10	10	0	0
大阪大院	9	7	0	0
ハーバード大院	8			
東北大院	7	6	0	0
早稲田大院	6	3	0	0
北大院	5	5	0	0
名古屋大院	5	4	0	0
一橋大院	4	0	0	0
神戸大院	4	4	0	1

「国内大学院」とは国内他大学院にも在学した者，「海外大学院」とは海外大学院にも在学した者
出典：筆者作成

表 8-36　女性エリートの大学院別修了者数（6 名以上）

	修了者数	内部進学者	国内大学院	海外大学院
東京大院	56	27	5	5
京都大院	24	22	1	2
東京藝術大院	21	21	0	4
慶應義塾大院	21	15	0	6
お茶の水女子大院	18	10	4	1
早稲田大院	14	7	0	2
ハーバード大院	12			
上智大院	10	3	0	2
東京教育大院	9	3	1	0
名古屋大院	9	3	0	1
一橋大院	7	4	2	0
神戸大院	7	3	1	0
イエール大院	7			
ニューヨーク大院	7			
北大院	6	3	1	0
大阪大院	6	4	0	0
同志社大院	6	4	0	0
コロンビア大院	6			

「国内大学院」とは国内他大学院にも在学した者，「海外大学院」とは海外大学院にも在学した者
出典：筆者作成

表 8-37	男性エリートの留学者数	
	大学院	学部
アメリカ合衆国	22	3
ドイツ	0	3
オーストリア	1	0
オーストラリア	1	0
合計	24	6

出典：筆者作成

表 8-38	女性エリートの留学者数	
	大学院	学部
アメリカ合衆国	95	35
イギリス	7	4
フランス	10	6
ドイツ	10	5
オーストリア	2	5
スペイン	2	1
イタリア	3	1
台湾	2	0
カナダ	1	3
オーストラリア	2	0
ロシア	1	1
その他	3	7
合計	138	68

出典：筆者作成

ると，女性の大学院進学率，留学率は男性を凌駕している。また，進路の多様性は女性の方が大きい。

　ちなみに，第 36 版（1991 年）を用いた分析（麻生・山内編 1994）では男性の2.6％が大学院に進学し，0.2％が留学経験を有した。また，女性の2.7％が大学院に進学し，5.4％が留学経験を有した。留学先については，留学経験のある男性の68.8％，女性の60.8％がアメリカ合衆国に留学していた。

　新制の教育制度を通過した世代が増えて，男女ともに大学院進学率が増加し，留学率も増加した。また女性の留学経験者は男性よりもはるかに多い（学部・大学院の双方とも）。この傾向は，特に若い世代の女性に顕著にみられる。

　旧制の大学院は独自の教育課程を持たなかった。したがって，新制になってからの大学院のエリート形成機能の分析が重要である。新制大学院のエリート形成機能については，管見に入る限り，過去ほとんど分析されてこなかった。女性は男性よりも高等教育修了者率は低いが，大学院修了者率

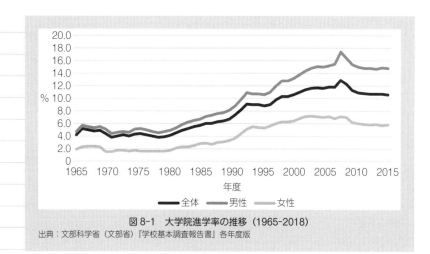

図 8-1　大学院進学率の推移（1965-2018）

出典：文部科学省（文部省）『学校基本調査報告書』各年度版

はかなり高い。男性と女性では高等教育歴の中身が相当異なる。女性の高等教育歴の多様性は男性と比べてはるかに大きい。図 8-1 に見るとおり，今もって全国統計においては，女性の大学院進学率は男性の半分以下であるが，エリートにおいては逆転しているのである。また，高等教育進学率の観点からは男性が女性を凌駕するが，大学院進学，留学等の観点からは女性が男性を凌駕している。つまり高等教育の中身，質が男女間で異なるのである。

　なお，「初中等教育」と一括したカテゴリーについては，義務教育のみの者は男性では 12 名，女性では 21 名である。

（5）高等教育（旧制は高等専門学校，新制は短大も含む）における専門分野

　表 8-39 と表 8-40 は高等教育学歴を保有するものの専門分野の比率を表したものである。複数の分野を専攻したものについては，その中から一つだけをカウントしている。女性のサンプルについて専門分野が不明なものは 206 件ある。174 件が「ビジネスリーダー」であり，他の 32 件については，9 件が「教授・教育家」，14 件が「芸術家」，1 件が「医師」，1 件が「オピニオンリーダー」，3 件が「政治家」，4 件が「その他」である。「医師」で不明というのは病院理事長なのだが，本人が医師免許を持つのか，

表 8-39　エリートの

出典	年	法経政商	文学・語学
麻生 (1967)	1911 (明治44) 年	30.9	8.0
	1915 (大正4) 年	47.3	0.9
	1921 (大正10) 年	53.4	1.4
	1928 (昭和3) 年	46.2	0.3
	1934 (昭和9) 年	58.5	0.8
	1941 (昭和16) 年	47.9	0.8
	1948 (昭和23) 年	45.1	0.9
	1953 (昭和28) 年	53.6	0.9
	1957 (昭和32) 年	52.3	0.9
	1964 (昭和39) 年	60.5	10.5

出典	年	法	経	商	他社会科学	文学	教育学	外国語	他人文学
岩見他 (1981)	1978 (昭和53) 年	22.6	16.2	5.9	15.2	5.7	0.5	0.8	0.3

出典	年	法学・政治学	経済学・商学	文学	教育学
麻生 (1983b)	1975 (昭和50) 年	17.5	36.0	7.4	—
麻生・山内編(1994)	1991 (平成3) 年	21.1	34.7	5.3	1.3
山内調査 (2018)	2009 (平成21) 年	21.1	34.2	4.4	1.1

女性

出典	年	法学・政治学	経済学・商学	文学	教育学	家政学	芸術学
冠野 (1996)	1991 (平成3) 年	12.1	11.0	32.4	7.5	11.6	11.6
山内調査 (2018)	2009 (平成21) 年	10.3	7.0	28.5	4.7	7.3	12.8

出典：筆者作成

表 8-40　山内調査における高等教育での専門分野

	男性		女性	
	N	%	N	%
法	276	21.1	124	10.3
経済	446	34.2	84	7.0
社会・政経・法経	51	3.9	31	2.6
文	57	4.4	342	28.5
教育	15	1.1	56	4.7
文教育			25	2.1
外国語	8	0.6	34	2.8
工	235	18.0	8	0.7
理	35	2.7	27	2.2
理工	43	3.3	1	0.1
農・獣医	33	2.5	13	1.1
医歯薬	59	4.5	114	9.5
芸術	15	1.1	154	12.8
家政			88	7.3
法文・教養	17	1.3	40	3.3
宗教	3	0.2	0	0.0
商船・海洋	5	0.4	0	0.0
文理・学芸	5	0.4	60	5.0
その他	2	0.2	1	0.1
合計	1305	100	1202	100

註：「その他」には男性の場合，繊維1，軍事1，女性の場合，鍼灸1が含まれる。
出典：筆者作成

専攻分野

理科学	工・医学				その他	TOTAL	サンプル数	註
0.9	34.5				25.7	100	200	
0.4	23.6				27.8	100	200	
0.5	20.9				23.8	100	200	
0.6	33.8				19.1	100	200	
0.3	24.0				16.4	100	200	第Ⅱ系列から集計
0.1	38.9				12.3	100	200	
0.2	34.2				19.6	100	200	
0.5	28.6				16.4	100	200	
0.3	26.9				19.6	100	200	
2.6	24.8				1.6	100	200	

理学	工学	医学	農学	他自然科学	その他	TOTAL	サンプル数
1.9	19.6	4.4	4.0	1.9	1.0	100	593

理学	工学	医歯薬学	農学		その他	TOTAL	サンプル数
3.3	23.5	3.6	5.2		3.4	100	1174
2.9	25.0	3.9	3.7		2.1	100	712
2.7	17.9	4.5	2.5		11.5	100	1305

エリート

理学・工学	医歯薬学		その他	TOTAL	サンプル数
2.3	10.4		1.2	100	173
3.0	9.5		17.0	100	1202

それとも単なる経営者なのかが判然としないということである。

　さて，**表 8-39** によると，法学，経済学，商学等社会科学系と工学が優越する構造はほとんど変わっていない。女性においては経済学・商学と家政学の領域で減少しているが，一時的な変化か恒久的な変化か判断がつかない。**表 8-40** を見ると女性は学際的な学部で学んだケースが多く，法文学部，文理学部，教養学部等，詳細な専門分野について判断がつかないケースも多くあり，「その他」に分類した。このことも傾向が不鮮明な理由の一つであろう。

⑤ 結　論

　以上，『人事興信録』をもとにした分析を行ってきた。東京への集中傾向は女子に顕著に観察されるが，その女子においても東京出身者は減少傾向である。また男性の場合，東京大学をはじめとする旧帝大の独占，寡占傾向は官僚において顕著であるが，他の領域においては必ずしもそうは言

えないことを確認できた。また，女性の場合，男性とはかなり異質な分野で活躍する者が多いのだが，近年男性が多い領域にも進出していることがわかる。量的に最多のビジネスリーダーに占める東大出身者の比率はかなり低く，その結果エリート全体に占める比率も 10% 程度にとどまっている。この点は，例えばイギリスにおけるオックスフォード大との大きな違いである。高等教育戦略において，男性はドメスティックな最短距離を走るのに対して，女性は「能力や意欲の高い女性ほど出身国内のエリート競争が男性に有利な構造であることに自覚的であるがゆえに，海外を志向する」(Holloway et al.（2012）あるいは Ono and Piper（2004））。したがって高等教育歴にかなりのバラエティが発生するが，いずれも自らの価値を高め男性に対抗するというセルフ・ブランディングが行われているのではないのだろうか。全体として（官界を除いて）日本のエリート層の高等教育歴においては「ピラミッド型」というよりも「多峰型」であるが，女性において男性よりも，より一層「多峰型」的である。

　注意が必要なことがある。麻生の一連の著書については先述のようにクラシックスの地位を確立しているのは間違いないが，誤記，誤植が多いという難点があることである。とりわけ『エリートと教育』に関しては，学歴等に関する「不明」が分母に含まれるのか含まれないのかが判然としないという深刻な問題点が残されたままである。また，麻生（1977）の 78 頁に「四八年エリートの詳しい分析は，別の機会に譲って」とあるが，この「詳しい分析」はその後なされなかったようである。さらに，麻生（1960）150 頁の第二表と『エリートと教育』（1967）194 頁の表 19 とは同一の表であるはずだが，数値に著しい乖離がある。これら諸点について，生前本人に確認したが，「細かいことは忘れた」ということであった。これらの細かい点に関する「謎」を抱えたまま上記の分析が進められたことには留意していただきたい。

　ともかく，麻生先生と竹内先生という二人の全く異なるタイプの一流の研究者から，直接・間接にさまざまなことを学べたことは幸せというほかない。このお二人は，筆者がエリート研究をすっかり離れた今も，筆者の学問的基礎を作ってくれた方々であることに変わりはなく，感謝の念は消

えない。本章は麻生先生のご生前から書き始め，ある程度まとまったら，東京に伺い，直接ご指導いただこうと考えていた。本章の註に記したとおり，先生のご研究に関して不明の個所がいくつかあったからである。しかし，今やその機会は永遠に失われた。

　いずれにせよ，『人事興信録』のようなエリート・インデックスが発刊されなくなった今日，エリート教育研究は大きな岐路に立っていると言える。筆者自身はエリート教育研究とは永訣するが，後進の方々が新たなるエリート教育研究を切り開いてくださることを切望する。

【付記】本書脱稿後に市川昭午（2020）『エリートの育成と教養教育―旧制高校への挽歌―』（東信堂）が刊行された。重要な論点を多く含む秀著である。特に軍事エリート研究の欠如を批判しておられる点，つまり従来のエリート研究の偏りが大きかったことを批判しておられる点については，本章で私が指摘したこととも重なる。拙稿も大いに批判していただいた。光栄である。

　　　なお山内による同書の書評は IDE 大学協会編『IDE・現代の高等教育』2020 年 8-9 月号（pp.70-71）に掲載されているので参照していただければ幸いである。

註

文献 Holloway et al.（2012），Ono and Piper（2004）については，鹿児島大学の小林元気氏よりご教示をいただいた。また，表 8-7 については京都ノートルダム女子大学の石川裕之氏にご教示とご協力をいただいた。ここに謝意を表する次第である。

参考文献

- 青沼吉松（1965）『日本の経営層―その出身と性格―』日本経済新聞社
- 赤阪清隆（2014）『国際機関で見た「世界のエリート」の正体』中央公論新社
- 赤堀正宜（2001）『ボストン公共放送局と市民教育―マサチューセッツ州産業エリートと大学の連携―』東信堂

- 朝日小学生新聞編集部編（2013）『真のエリートを育てる灘・開成の教育』朝日学生新聞社

- 麻生誠（1960）「近代日本におけるエリート構成の変遷」日本教育社会学会編『教育社会学研究』第15集，東洋館出版社，pp.148-162

- 麻生誠（1967）『エリートと教育』福村出版

- 麻生誠（1977）「学歴エリートの虚像と実像」麻生誠・潮木守一編『学歴効用論―学歴社会から学力社会への道―』有斐閣，pp.65-84

- 麻生誠（1978）『エリート形成と教育』福村出版

- 麻生誠（1983a）『学歴社会の読み方』筑摩書房

- 麻生誠（1983b）「現代日本におけるエリート形成―『学歴エリート』を中心として―」大阪大学人間科学部編『大阪大学人間科学部創立十周年記念論集』pp.515-565

- 麻生誠・森毅（1983）「対談　エリートとおちこぼれの間」『太陽』No.248，平凡社，pp.96-101

- 麻生誠（1991）『日本の学歴エリート』玉川大学出版部

- 麻生誠・山内乾史編（1994）『現代日本におけるエリート形成と高等教育（高等教育研究叢書25）』広島大学大学教育研究センター

- 麻生誠・山内乾史・冠野文編（1995）『現代日本におけるエリート形成と高等教育―研究資料集―（『大学教育研究別冊第1号』）』神戸大学大学教育研究センター

- 麻生誠・山内乾史編（2004）『21世紀のエリート像』学文社

- 麻生誠（2009）『日本の学歴エリート（文庫版）』講談社

- 安冨歩（2012）『もう「東大話法」にはだまされない―「立場主義」エリートの欺瞞を見抜く―』講談社

- 安冨歩（2013）『「学歴エリート」は暴走する―「東大話法」が蝕む日本人の魂―』講談社

- アプセーカー，ハーバート（陸井三郎訳）（1962）『ライト・ミルズの世界』青木書店

- 天城勲編（1970）『エリートの大学　大衆の大学（大学から高等教育へ．3）』サイマル出版会

- 天野郁夫（2017）『帝国大学―近代日本のエリート育成装置―』中央公論新社

- 天野一哉（2013）『中国はなぜ「学力世界一」になれたのか―格差社会の超エリート教育事情―』中央公論新社

- 新井晴美（2016）『パブリック・スクール―イギリス的紳士・淑女のつくられかた―』岩波書店

- 安藤優一郎（2007）『大岡越前の構造改革―江戸のエリート経済官僚―』日本放送出版協会

- 井内敏夫編（2007）『ヨーロッパ史のなかのエリート―生成・機能・限界―（早稲田大学総合研究機構ヨーロッパ文明史研究所叢書 2）』太陽出版

- 池上正治（2007）『徐福―日中韓をむすんだ「幻」のエリート集団―』原書房

- 石井公一郎（2002）『エリート教育のすすめ―こうして日本は生まれ変わる―』PHP 研究所

- 石角完爾（2000）『アメリカのスーパーエリート教育―独創力とリーダーシップを育てる全寮制学校（ボーディングスクール）―』ジャパンタイムズ，（2010 年に改定版）

- 石角完爾（2009）『アメリカ流真のエリートをはぐくむ教育力』PHP 研究所

- 一柳哲央（2003）『強い中国は「清華」が作る―13 億人を支配する「清華大学」エリートの全貌―』ぶんか社

- 今田高俊（1983）「産業化と学歴社会―その研究課題―」日本教育社会学会編『教育社会学研究』第 38 集，東洋館出版社，pp. 21-26

- 居安正（2002）『エリート理論の形成と展開』世界思想社

- 入江芙美（2015）『医系技官がみたフランスのエリート教育と医療行政』NTT 出版

- 岩崎育夫（2013）『物語シンガポールの歴史―エリート開発主義国家の 200 年―』中央公論新社

- 岩永雅也（1997）「書評　山内乾史著『文芸エリートの研究―その社会的構成と高等教育―』有精堂出版，1995」『大学論集』第 26 集，広島大学大学教育研究センター，pp. 323-329

- 岩永雅也（2009）「解説」麻生誠『日本の学歴エリート』講談社，pp. 323-329

- 岩見和彦他（1981）「社会階層と教育―『人事興信録』の学歴分析―」『関西大学社会学部紀要』第 12 巻第 2 号，pp. 85-111

- ウォルトン，ティエリー（橋明美訳）（2008）『中国の仮面資本主義―党エリート

に壟断される経済と社会─』日経 BP 社

- ウォルフォード，G.（竹内洋・海部優子訳）（1996）『パブリック・スクールの社会学─英国エリート教育の内幕─』世界思想社
- 旺文社編（1985）『日本国「受験ユーモア」五十五年史』旺文社
- 大井幸子（2004）『ウォール街のマネー・エリートたち─ヘッジファンドを動かす人びと─』日本経済新聞社
- おおたとしまさ（2016）『ルポ塾歴社会─日本のエリート教育を牛耳る「鉄緑会」と「サピックス」の正体─』幻冬舎
- 岡本聡子（2005）『上海の MBA で出会った中国の若きエリートたちの素顔─将来の中国ビジネスを動かしていくリーダーたちの価値観とは─』アルク
- 尾木直樹・茂木健一郎（2017）『教育とは何？─日本のエリートはニセモノか─』中央公論新社
- 越智道雄（2005）『秘密結社─アメリカのエリート結社と陰謀史観の相克─』ビジネス社
- 柏倉康夫（2011）『指導者（リーダー）はこうして育つ─フランスの高等教育：グラン・ゼコール─』吉田書店
- カシディー，ジョン（松村保孝訳）（2009）『「世界大不況」は誰が引き起こしたか─米国「金融エリート」の失敗─』講談社
- 加藤千幸（2002）『エリートの崩壊─外務省の虚像と実像─』PHP 研究所
- 加藤嘉一（2012）『北朝鮮スーパーエリート達から日本人への伝言』講談社
- 軽部謙介（2015）『検証バブル失政─エリートたちはなぜ誤ったのか─』岩波書店
- 苅谷剛彦（2012）『イギリスの大学・ニッポンの大学─カレッジ，チュートリアル，エリート教育─』中央公論新社
- 川口浩編（2000）『大学の社会経済史─日本におけるビジネス・エリートの養成─』創文社
- 河崎健（2015）『ドイツの政党の政治エリート輩出機能─候補者擁立過程と議会・政府内昇進過程をめぐる考察─』Konrad Adenauer Stiftung Japan Office
- 河添恵子（2009）『エリートの条件─世界の学校・教育最新事情─』学習研究社
- 河野仁（1989a）「大正・昭和期における陸海軍将校の出身階層と地位達成─父親の職業階層の検討と昇進の規定要因分析─」『大阪大学教育社会学・教育計画論研究

集録』第 7 号，大阪大学人間科学部教育社会学・教育計画論研究室，pp. 53-65

- 河野仁（1989b）「近代日本における軍事エリートの選抜―軍隊社会の『学歴主義』
―」日本教育社会学会編『教育社会学研究』第 45 集，東洋館出版社，pp. 161-180

- 河野仁（1990）「大正・昭和期軍事エリートの形成過程―陸海軍将校の群キャリア
選択と軍学校適応に関する実証分析―」筒井清忠編『「近代日本」の歴史社会学―心
性と構造―』木鐸社，pp. 95-140

- 冠野文（1996）「女性エリート輩出に見る戦後改革のインパクト―外面経歴及び価
値意識の検討を中心に―」日本教育社会学会編『教育社会学研究』第 58 集，東洋
館出版社，pp. 103-123

- 喜多由浩（2013）『旧制高校真のエリートのつくり方』産経新聞出版

- 北岡伸一他（2000）『エリート教育は必要か―戦後教育のタブーに迫る―（読売ぶっ
くれっと No.23）』読売新聞社

- 北垣郁雄編（2011）『東海岸の 23 州立大学の優等学院（高等教育研究叢書
111）』広島大学高等教育研究開発センター

- 北垣郁雄（2012）『中西部～東海岸近くの 18 州立大学の優等学院（高等教育研
究叢書 114)』広島大学高等教育研究開発センター

- 北垣郁雄（2013）『西海岸～中西部ほかの 20 州立大学の優等学院（高等教育研
究叢書 120)』広島大学高等教育研究開発センター

- 北垣郁雄・黄福涛編（2008）『中国の学生エリート養成企画の調査―40 余重点大
学における優等的特別措置―（高等教育研究叢書 97)』広島大学高等教育研究開発
センター

- 北垣郁雄編（2017）『学生エリート養成プログラム―日本，アメリカ，中国―』東
信堂

- 木下宏一（2014）『近代日本の国家主義エリート―綾川武治の思想と行動―』論創社

- 木村直樹（2016）『長崎奉行の歴史―苦悩する官僚エリート―』KADOKAWA

- 熊谷直（1988）『軍学校・教育は死なず―エリートの養成はかく行なわれた―』光
人社

- 倉橋圭子（2011）『中国伝統社会のエリートたち―文化的再生産と階層社会のダイ
ナミズム―』風響社

- 倉本由香利（2012）『グローバル・エリートの時代―個人が国家を超え，日本の未

来をつくる―』講談社

- 黒岡千佳子（1981a）「わが国における女性高等教育の発展と女性エリート形成」日本教育学会編『教育学研究』第 48 巻第 1 号，pp. 43-53

- 黒岡千佳子（1981b）「わが国における現代女性エリートの意識と実態」『大阪大学教育社会学・教育計画論研究集録』第 2 号，大阪大学人間科学部教育社会学・教育計画論研究室，pp. 27-61

- 黒岡千佳子（1982）「わが国における大企業ビジネス・エリートと中企業ビジネス・エリート」大阪大学教育社会学・教育計画論研究集録』第 3 号，大阪大学人間科学部教育社会学・教育計画論研究室，pp. 67-103

- ケリー，フランシス・J., ケリー，ヘザー・メイフィールド（近藤純夫訳）（1987）『ハーバード・ビジネススクールは何をどう教えているか―スーパーエリートはこう育てられる：世界最強の教育機関―』経済界

- 玄成日（北朝鮮難民救援基金翻訳チーム訳）（2016）『北朝鮮の国家戦略とパワーエリート―幹部政策を中心に―』高木書房

- 小池和男・渡辺行郎（1979）『学歴社会の虚像』東洋経済新報社

- 今野浩（2010）『スプートニクの落とし子たち―理工系エリートの栄光と挫折―』毎日新聞社

- 篠上芳光（2004）『絶対エリート主義―なぜ，有名中学・高校に入れるべきなのか―』実業之日本社

- 佐々木紀彦（2011）『米国製エリートは本当にすごいのか？』東洋経済新報社

- 清水唯一朗（2013）『近代日本の官僚―維新官僚から学歴エリートへ―』中央公論新社

- 鈴木隆（2012）『中国共産党の支配と権力―党と新興の社会経済エリート―』慶應義塾大学出版会

- 鈴木輝二（2003）『ユダヤ・エリート―アメリカへ渡った東方ユダヤ人―』中央公論新社

- スティーブンズ，マーク（仁平和夫訳）（2001）『ハーバード AMP のマネジメント―世界最強のビジネス・エリート養成コース―』早川書房

- 須藤直勝（1994）『東京府立第一中学校〈日比谷高校の前身〉―エリート校の現代に生きる英才教育と遊びの進化―』日本図書刊行会

- ストーン，ローレンス（佐田玄治訳）（1985）『エリートの攻防—イギリス教育革命史—』御茶の水書房
- 高杉晋吾（1979）『受験校—つくられる神童たち：エリート教育の内側をえぐる—（ドキュメント現代の教育 9）』学陽書房
- 高瀬久直（2010）「欧米における最近の『エリート』研究」『一橋社会科学』第 2 巻，pp. 39-46
- 高田里惠子（2008）「エリートの作り方教えます—高学歴兵士はどう教育されたか—」高田里惠子『学歴・階級・軍隊—高学歴兵士たちの憂鬱な日常—』中央公論新社，pp. 191-233
- 高根正昭（1976）『日本の政治エリート—近代化の数量分析—』中央公論社
- 高山信彦（2015）『経営幹部養成学校—エリートリーダーは経営学を使って会社を動かす—』ダイヤモンド社
- 竹内啓（1984）『無邪気で危険なエリートたち—技術合理性と国家—』岩波書店
- 竹内洋（1978）『日本人の出世観』学文社
- 竹内洋（1981）『競争の社会学—学歴と昇進—』世界思想社
- 竹内洋（1985）『複眼サラリーマン学』東洋経済新報社
- 竹内洋（1988）『選抜社会—試験・昇進をめぐる〈加熱〉と〈冷却〉—』リクルート出版
- 竹内洋（1991）『立志・苦学・出世—受験生の社会史—』講談社
- 竹内洋（1993a）「書評　麻生誠著『日本の学歴エリート』（玉川大学出版部，1991，p. 336）」『大学論集』第 22 集，広島大学大学教育研究センター，pp. 253-254
- 竹内洋（1993b）『パブリック・スクール—英国式受験とエリート—』講談社
- 竹内洋（1995）『日本のメリトクラシー—構造と心性—』東京大学出版会
- 竹内洋（1997）『立身出世主義—近代日本のロマンと欲望—』日本放送出版協会
- 竹内洋（研究代表者）（1997）『旧制高校とパブリック・スクールにみるエリート教育の構造と機能の比較研究』京都大学
- 竹内洋（1998）「書評　麻生誠・岩永雅也編『創造的才能教育』」日本教育社会学会編『教育社会学研究』第 63 集，東洋館出版社，pp. 218-219
- 竹内洋（1999）『学歴貴族の栄光と挫折（日本の近代 12）』中央公論新社

- 竹内洋（2001a）『大衆モダニズムの夢の跡―彷徨する「教養」と大学―』新曜社
- 竹内洋（2001b）『大学という病―東大紛擾と教授群像―』中央公論新社
- 竹内洋（研究代表者）（2002）『大衆教育時代におけるエリート中等学校の学校文化と人間形成に関する比較研究』京都大学
- 竹内洋（2003）『教養主義の没落―変わりゆくエリート学生文化―』中央公論新社
- 竹内洋（2005）『丸山眞男の時代―大学・知識人・ジャーナリズム―』中央公論新社
- 竹内洋（2011）『大学の下流化』NTT出版
- 竹内洋（2011）『革新幻想の戦後史』中央公論新社
- 竹内洋（2012）『メディアと知識人―清水幾太郎の覇権と忘却―』中央公論新社
- 竹内洋（2014）『大衆の幻像』中央公論新社
- 橘木俊詔（2009）『東京大学―エリート養成機関の盛衰―』岩波書店
- 橘木俊詔（2015a）『日本のエリート―リーダー不在の淵源を探る―』朝日新聞出版
- 橘木俊詔（2015b）『フランス産エリートはなぜ凄いのか』中央公論新社
- 田中比呂志（2010）『近代中国の政治統合と地域社会―立憲・地方自治・地域エリート―』研文出版
- 田中義郎編（1997）『プレップ・スクール―アメリカのエリート私立中等学校の教育―』C.S.L.学習評価研究所
- 谷沢永一・渡部昇一（2000）『誰が国賊か―今,「エリートの罪」を裁くとき―』文藝春秋
- 谷光太郎（2010）『敗北の理由―日本軍エリートはなぜ迷走したのか―』ダイヤモンド社
- 田原史起（2004）『中国農村の権力構造―建国初期のエリート再編―』御茶の水書房
- 張雲裳・人見豊編（2011）『中国のエリート高校生日本滞在記』日本僑報社
- 趙明哲（李愛俐娥編訳）（2012）『さらば愛しのピョンヤン―北朝鮮エリート亡命者の回想―』平凡社
- 釣島平三郎（2004）『アメリカ最強のエリート教育』講談社
- デレズウィッツ, ウィリアム（米山裕子訳）（2016）『優秀なる羊たち―米国エリート教育の失敗に学ぶ―』三省堂
- 中井浩一（2002）『高校卒海外一直線―エリート高校生の「頭脳流出」―』中央公論新社

- 中島恵（2016）『中国人エリートは日本をめざす―なぜ東大は中国人だらけなのか？―』中央公論新社
- 中田安彦（2009）『アメリカを支配するパワーエリート解体新書―大統領さえも操る，知られざるネットワークのすべて―』PHP 研究所
- 永谷健（2007）『富豪の時代―実業エリートと近代日本―』新曜社
- 中道実（1973）「現代日本における指導層の社会的性格（一）」『ソシオロジ』第 57 号（第 18 巻第 1 号），社会学研究会，pp. 79-103
- 中道実（1974）「現代日本における指導層の社会的性格（二）」『ソシオロジ』第 59 号（第 18 巻第 3 号），社会学研究会，pp. 57-89
- 中村繁夫（2015）『中国のエリートは実は日本好きだ！―中国が百年，日本に勝てない理由―』東洋経済新報社
- 中村牧子（2018）『著名人輩出の地域差と中等教育機会―「日本近現代人物履歴事典」を読む―』関西学院大学出版会
- 中村聡一（2000）『ニューエリートのすすめ―自分の可能性を切り拓く思考法―』PHP 研究所
- 中村忠一（2002）『エリートへの道は中学・高校選びで決まる』エール出版社
- 那須野泰（2003）『こんな小学校をつくります。―新しいエリートを育てる―』グローバル教育出版
- 西所正道（2001）『「上海東亜同文書院」風雲録―日中共存を追い続けた五〇〇〇人のエリートたち―』角川書店
- 西森マリー（2017）『ドナルド・トランプはなぜ大統領になれたのか？―アメリカを蝕むリベラル・エリートの真実―』星海社
- 野口東秀（2012）『中国真の権力エリート―軍，諜報・治安機関―』新潮社
- 野邑理栄子（2006）『陸軍幼年学校体制の研究―エリート養成と軍事・教育・政治―』吉川弘文館
- 橋本伸也他（2001）『エリート教育』ミネルヴァ書房
- 橋本伸也（研究代表者）（2001）『帝制期ロシアのエリート教育システムと社会変動に関する総合的研究―身分制原理からメリットクラシーへ―』京都府立大学
- 秦由美子（2018）『パブリック・スクールと日本の名門校―なぜ彼らはトップであり続けるのか―』平凡社

第1章
第2章
第3章
第4章
第5章
第6章
第7章
第8章
附録

- 服部民夫・鐸木昌之編（1987）『韓国政治エリート研究資料―職位と略歴―』東京大学東洋文化研究所附属東洋学文献センター
- 浜田宏一（2015）『グローバル・エリートの条件―日米の教育の違いから見えた：何が「本物の人材」を生むのか？―』PHP研究所
- 林達夫（2000）「十字路に立つ大学」鶴見俊輔監修『林達夫セレクションⅠ―反語的精神―』平凡社，pp.302-320
- 葉柳和則（1994）「近代日本の社会運動リーダーの供給源」『大阪大学教育社会学・教育計画論研究集録』第9号，大阪大学人間科学部教育社会学・教育計画論研究室，pp.41-72
- 葉山滉（2008）『フランスの経済エリート―カードル階層の雇用システム―』日本評論社
- 坂東省次（2009）『スペインを訪れた日本人―エリートたちの異文化体験―』行路社
- 平間洋一他（2009）『今こそ知りたい江田島海軍兵学校―世界に通用する日本人を育てたエリート教育の原点―』新人物往来社
- 福原正大（2012）『なぜ，日本では本物のエリートが育たないのか？』ダイヤモンド社
- フリーマン，ダグラス・K（2003）『リーガル・エリートたちの挑戦―コロンビア・ロースクールに学んで―』商事法務
- 古川隆久（2004）『あるエリート官僚の昭和秘史―「武部六蔵日記」を読む―』芙蓉書房出版
- 古田英明・縄文アソシエイツ（2000）『上級ビジネスマン―真のビジネスエリートとは何か―』総合法令出版
- ブルデュー，ピエール（立花英裕訳）（2012）『国家貴族―エリート教育と支配階級の再生産―（Ⅰ・Ⅱ）』藤原書店
- 保阪正康（2009）『官僚亡国―軍部と霞が関エリート，失敗の本質―』朝日新聞出版
- 保阪正康（2017）『帝国軍人の弁明―エリート軍人の自伝・回想録を読む―』筑摩書房
- 堀江好一（1987）『陸軍エリート教育―その功罪に学ぶ戦訓―』光人社
- 本田毅彦（2001）『インド植民地官僚―大英帝国の超エリートたち―』講談社
- 毎日新聞神戸支局編（1991）『エリート教育の光と影―私立灘中・高校―』毎日新

聞社

- 前田更子（2009）『私立学校からみる近代フランス―19 世紀リヨンのエリート教育―』昭和堂
- 増子健一（2001）『権力エリート論』EXP
- 増子健一（2012）『権力エリート論（新版）』成文堂
- 増田知子・佐野智也（2017）「近代日本の『人事興信録』（人事興信所）の研究（1）」名古屋大学大学院法学研究科『法政論集』第 275 号，pp. 1-43
- 増田知子・佐野智也（2018a）「近代日本の『人事興信録』（人事興信所）の研究（2）」名古屋大学大学院法学研究科『法政論集』第 276 号，pp. 225-282
- 増田知子・佐野智也（2018b）「近代日本の『人事興信録』（人事興信所）の研究（3）」名古屋大学大学院法学研究科『法政論集』278 号，pp. 181-237
- 増田知子・佐野智也（2018c）「近代日本の『人事興信録』（人事興信所）の研究（4）」名古屋大学大学院法学研究科『法政論集』280 号，pp. 203-259
- 増田知子・佐野智也（2019a）「近代日本の『人事興信録』（人事興信所）の研究（5）」名古屋大学大学院法学研究科『法政論集』281 号，pp. 217-247
- 増田知子・佐野智也（2019b）「近代日本の『人事興信録』（人事興信所）の研究（6・完）」名古屋大学大学院法学研究科『法政論集』282 号，pp. 327-367
- 松里公孝（研究代表者）（2001）『ロシア連邦ヴォルガ中流域 6 民族共和国エリートの比較研究』北海道大学スラブ研究センター
- 松原直美（2019）『英国名門校の流儀―一流の人材をどう育てるか―』新潮社
- 松村昌廣（2000）『米国覇権と日本の選択―戦略論に見る米国パワー・エリートの路線対立―』勁草書房
- マルソー，ジェーン（瀬岡誠・瀬岡和子訳）（2003）『ファミリー・ビジネス？―国際的ビジネス・エリートの創出―』文眞堂
- 萬成博（1965）『ビジネス・エリート―日本における経営者の条件―』中央公論社
- 御厨貴（2003）「エリートと教育」天川晃・御厨貴『日本政治史―20 世紀の日本政治―』放送大学教育振興会，pp. 89-95
- 三島由紀夫・徳大寺公英（1969）「対談　青春を語る―戦争の谷間に生きて―」『三島由紀夫集　月報 6（現代日本の文学　第 35 巻）』学習研究社，pp. 1-7
- 三島由紀夫（2004）「青春を語る（CD）」『決定版　三島由紀夫全集』第 41 巻，

新潮社

- 三竹大吉（2016）『世界の大学をめざせ！―アメリカのスーパーエリート校入門―』松柏社

- 三根生久大（1988）『陸軍参謀―エリート教育の功罪―』文藝春秋

- 箕輪茂（2002）『メキシコにおける民主化と統治能力―統治エリートの変容との関連から―（ラテンアメリカ研究 No. 22）』上智大学イベロアメリカ研究所

- 宮下陽子（2012）『現代トルコにおける政治的変遷と政党 1938～2011―政治エリートの実証分析の視点から―』学術出版会

- 三輪裕範（2001）『ローズ奨学生―アメリカの超エリートたち―』文藝春秋

- 三輪裕範（2003）『アメリカのパワー・エリート』筑摩書房

- 牟田口義郎（2002）『地中海世界を見た日本人―エリートたちの異文化体験―』白水社

- 村上泰亮（1988）「大学という名の神聖喜劇」『中央公論』第 103 年第 7 号，中央公論社，pp. 66-85

- 森功（2008）『ヤメ検―司法エリートが利欲に転ぶとき―』新潮社

- 森原隆編（2010）『ヨーロッパ・エリート支配と政治文化』成文堂

- 安井元康（2014）『非学歴エリート――流大学に入れなかった僕の人生逆転メソッド―』飛鳥新社

- 山口真由（2015）『いいエリート，わるいエリート』新潮社

- 山崎将志（2015）『残念なエリート』日本経済新聞出版社

- 山内乾史（1995）『文芸エリートの研究―その社会的構成と高等教育―』有精堂出版

- 山内乾史編（2018）『才能教育の国際比較』東信堂

- 山本慶裕（1982）「中小企業経営者の学歴と補充類型」『大阪大学人間科学部紀要』第 8 巻，pp. 61-82

- 山本慶裕・高瀬武典（1987）「ビジネス・エリートの地位達成過程―大企業経営者の出身と経歴に関する調査より―」『日本労働協会雑誌』No.337，pp. 21-32

- 吉見俊哉（2011）『大学とは何か』岩波書店

- ルムリアッセイ，チュオン（2012）『カンボジア・エリートの青年心理学―内戦から復興へのアイデンティティ形成―』昭和堂

- レマン，ニコラス（久野温穏訳）（2001）『ビッグ・テスト―アメリカの大学入試

制度：知的エリート階級はいかにつくられたか―』早川書房

- レーン，デービッド・ロス，キャメロン（溝端佐登史他訳）（2001）『ロシアのエリート―国家社会主義から資本主義へ―』窓社

- ロスコフ，デヴィッド（河野純治訳）（2009）『超・階級（スーパークラス）―グローバル・パワー・エリートの実態―』光文社

- 若田部昌澄（2010）『「日銀デフレ」大不況―失格エリートたちが支配する日本の悲劇―』講談社

- 和田秀樹（2003）『エリートの創造―和田秀樹の「競争的」教育論―』阪急コミュニケーションズ

- 和田秀樹（2006）『受験エリートがビジネスエリートになる―格差社会を勝ち抜く「超」勉強法―』東洋経済新報社

- 和田秀樹・小山泰生（2006）『わが子が輝くエリート教育』海竜社

- 渡部昇一・江藤裕之・平岡弘章（2016）『グローバル・エリート教育』PHP研究所

- Holloway, S., O'Hara, S. and Pimlott-Wilson, H. (2012) "Educational mobility and the gendered geography of cultural capital: the case of international student flows between Central Asia and the UK", *Environment and Planning A*, Vol. 44, pp. 2278-2294.

- Ono, H., Piper, N. (2004) "Japanese women studying abroad, the case of the United States", *Woman's Studies International Forum*, Vol. 27, pp. 115-116.

- Reid,Ivan (1986) *The Sociology of School and Education*, Fontana Press.

- Walford,Geoffrey (ed.) (1989) *Private Schools in Ten Countries: Policy and Practice*, Routledge.

第1章
第2章
第3章
第4章
第5章
第6章
第7章
第8章
附録

● 初出一覧

本書に収録した論稿はすべて下記論稿の再録である。ただし，当然のことながら，すべての論稿に関して，再録にあたり，大幅な加筆修正を施し，データもアップデートしている。

第Ⅰ部	
第1章	「進学移動パターンの変化に関する一考察（その2）―神戸大学の研究（その5）―」『大学教育研究』第24号，神戸大学大学教育推進機構，pp. 9-20，2016年
第2章	「大学進学に伴う都道府県内移動の考察（兵庫県新第5学区の事例による）―神戸大学の研究（その6）―」『大学教育研究』第25号，神戸大学大学教育推進機構，pp. 23-28，2017年
	「大学進学に伴う都道府県内移動の考察（その2）―神戸大学の研究（その7）―」『大学教育研究』第26号，神戸大学大学教育推進機構，pp. 201-206，2018年
	「大学進学に伴う都道府県内移動の考察（その3）―神戸大学の研究（その8）―」『大学教育研究』第27号，神戸大学大学教育推進機構，pp. 85-91，2019年
第Ⅱ部	
第3章	「私的経験に基づくアクティブラーニング論―神戸大学の研究（その4）―」『大学教育研究』第23号，神戸大学大学教育推進機構，pp. 19-37，2015年
	「私的経験に基づくアクティブラーニング論」山内乾史編『学修支援と高等教育の質保証（Ⅰ）』学文社，pp. 1-40，2015年
第4章	「少人数教育はいかなる環境において有効なのか？」『大学時報』第367号（2016年3月号），日本私立大学連盟，pp. 34-39，2016年
	「少人数教育はいかなる環境において有効なのか？」山内乾史・武寛子編『学修支援と高等教育の質保証（Ⅱ）』学文社，pp. 1-10，2016年

第5章	「連載　世界の大学に見る学習　第37回　世界の学習支援　メルボルン大学の生き残り戦略と学習支援」『文部科学教育通信』第477号（2020年2月10日号），文部科学省，pp. 28-29，2020年（米谷淳が第一著者）
	「連載　世界の大学に見る学習　第38回　世界の学習支援　香港中文大学のLEOと学科と書院による学習支援」『文部科学教育通信』第478号（2020年2月24日号），文部科学省，pp. 28-30，2020年（米谷淳が第一著者）
第6章	「中国の専攻別評価システムとその課題についての研究―日本への示唆―」『大学教育研究』第28号，神戸大学大学教育推進機構，pp. 1-9，2020年（邵婧怡が第一著者）
第Ⅲ部	
第7章	「大学生の学力と進路職業選択」溝上慎一・松下佳代編『高校・大学から仕事へのトランジション―変容する能力・アイデンティティと教育―』ナカニシヤ出版，pp. 63-90，2014年
第Ⅳ部	
第8章	「補論　エリート教育研究の課題と展望」山内乾史編『才能教育の国際比較』東信堂，pp. 237-313，2018年

人 名 索 引

事項索引

● 著者略歴

山内乾史（やまのうち　けんし）

【略　　歴】

昭和 38 年 7 月	大阪府に生まれる
昭和 61 年 3 月	大阪大学人間科学部卒業
平成 元 年 3 月	大阪大学大学院人間科学研究科博士前期課程修了
平成 3 年 3 月	同博士後期課程中途退学
平成 3 年 4 月	広島大学 大学教育研究センター助手
平成 6 年 4 月	神戸大学 大学教育研究センター専任講師
平成 7 年 9 月	博士（学術）（神戸大学）を取得

平成 10 年 5 月～平成 11 年 3 月　ロンドン大学教育研究所客員研究員

　　　　　　　　　神戸大学大学教育研究センター，大学教育推進機構／大学院

　　　　　　　　　国際協力研究科の助教授，准教授を経て

平成 21 年 1 月より　神戸大学 大学教育推進機構／大学院国際協力研究科教授

【専門分野】

高等教育論，教育社会学，比較教育学，道徳教育論

【所属学会】

日本高等教育学会，日本教育社会学会，日本比較教育学会，日本教育学会

【単　　著】

・『文芸エリートの研究―その社会的構成と高等教育―』（有精堂出版，1995 年）

・『現代大学教育論―学生・授業・実施組織―』（東信堂，2004 年）

・『「共通一次世代」は教育をどう語るのか』（ミネルヴァ書房，2011 年）

・『「学校教育と社会」ノート―教育社会学への誘い―』（学文社，2015 年）

・『「学校教育と社会」ノート―教育社会学への誘い―(第二版)』（学文社，2017 年）

・『「学校教育と社会」ノート―教育社会学への誘い―(第三版)』（学文社，2019 年）

【共　　著】

・『卒業生からみた広島大学の教育―1993 年卒業生調査から―（高等教育研究叢書
27)』（広島大学 大学教育研究センター，1994 年）（金子元久，小方直幸と）

・『学力論争とはなんだったのか』（ミネルヴァ書房，2005 年）（原清治と）

- 『「使い捨てられる若者たち」は格差社会の象徴か―低賃金で働き続ける若者たちの学力と構造―』（ミネルヴァ書房，2009 年）（原清治と）

【単 編 著】

- 『開発と教育協力の社会学』（ミネルヴァ書房，2007 年）
- 『教育から職業へのトランジション―若者の就労と進路職業選択の教育社会学―』（東信堂，2008 年）
- 『国際教育協力の社会学』（ミネルヴァ書房，2010 年）
- 『学生の学力と高等教育の質保証（Ⅰ）』（学文社，2012 年）
- 『学修支援と高等教育の質保証（Ⅰ）』（学文社，2015 年）
- 『才能教育の国際比較』（東信堂，2018 年）
- 『若手研究者必携　比較教育学の研究スキル』（東信堂，2019 年）

【共 編 著】

- 『現代日本におけるエリート形成と高等教育（高等教育研究叢書 25）』（広島大学 大学教育研究センター，1994 年）（麻生誠と）
- 『比較教育社会学入門』（学文社，2003 年）（原清治，杉本均と）
- 『21 世紀のエリート像』（学文社，2004 年）（麻生誠と）
- 『教育の比較社会学』（学文社，2004 年）（原清治，杉本均と）
- 『学力問題・ゆとり教育（リーディングス「日本の教育と社会」第Ⅰ期第 1 巻）』（広田照幸監修，日本図書センター，2006 年）（原清治と）
- 『現代アジアの教育計画（上・下）』（学文社，2006 年）（杉本均と）
- 『現代アジアの教育計画（上）（第二版）』（学文社，2006 年）（杉本均と）
- 『教育の比較社会学（増補版）』（学文社，2008 年）（原清治，杉本均と）
- 『学歴と就労の比較教育社会学―教育から職業へのトランジションⅡ―』（学文社，2010 年）（原清治と）
- 『論集 日本の学力問題（全 2 巻）』（日本図書センター，2010 年）（原清治と）
- 『ネットいじめはなぜ「痛い」のか』（ミネルヴァ書房，2011 年）（原清治と）
- 『学生の学力と高等教育の質保証（Ⅱ）』（学文社，2013 年）（原清治と）
- 『比較教育社会学へのイマージュ』（学文社，2016 年）（原清治・杉本均と）
- 『現代アジアの教育計画（補巻）』（学文社，2017 年）（杉本均，原清治，小川啓一，近田政博と）

- 『教育社会学（新しい教職教育講座　教職教育編③)』（ミネルヴァ書房，2019 年）（原清治と）

【翻　　訳】

- アジア開発銀行・香港大学比較教育研究センター編『開発途上アジアの学校と教育―効果的な学校をめざして―』（学文社，2006 年）（監訳）
- S. ルヒテンベルク編『移民・教育・社会変動―ヨーロッパとオーストラリアの移民問題と教育政策―』（明石書店，2008 年）（監訳）
- S. ルヒテンベルク編『移民・教育・社会変動―ヨーロッパとオーストラリアの移民問題と教育政策―（新訳版)』（明石書店，2010 年）（監訳）
- R. オルドリッチ編『教育の世紀』（学文社，2011 年）（原清治と共監訳）

【共監修・その他】

- 『戦後日本学力調査資料集（全Ⅲ期全 24 巻)』（日本図書センター，2011～2013 年）（原清治と共監修）
- 日本比較教育学会編『比較教育学事典』（東信堂，2012 年）（編集協力委員）
- 日本教育社会学会編『教育社会学事典』（丸善出版，2018 年）（編集委員）

● 「大学教育と社会」ノート―高等教育論への誘い

〈検印省略〉

2020年9月10日　第1版第1刷発行

著　者　山 内 乾 史

発行者　田 中 千 津 子

発行所　株式会社 学 文 社

〒153-0064　東京都目黒区下目黒3-6-1
電話03(3715)1501(代)　振替00130-9-98842
(落丁・乱丁の場合は，本社でお取替えします)
定価はカバー，売上カードに表示

ISBN978-4-7620-3015-4　　　印刷／新灯印刷株式会社

山内乾史 編著　　　ISBN978-4-7620-2569-3　208頁　本体2100円＋税

学修支援と高等教育の質保証 I

学生の学力と学修支援に関する比較研究。国内を中心とする学修支援の状況を検討する。アクティブラーニング論、学修支援論・学力論、留学生への学修支援、スウェーデン、中国の高等教育の評価と質保証についての論考を掲載。

山内乾史・武寛子 編著　ISBN978-4-7620-2654-6　234頁　本体2300円＋税

学修支援と高等教育の質保証 II

学生の学力と学修支援そのもの，ないし学修支援に重点をおいた高等教育の質保証論について行った研究をまとめた。海外の大学の学修支援の歴史と現状、学修支援の実践例についての貴重な実践的研究等、海外の事例も含めた論考を掲載。

山内乾史 編著　　　ISBN978-4-7620-2307-1　228頁　本体2100円＋税

学生の学力と高等教育の質保証 I

「学力」と「就労」というキーワードを軸に、主に大学生の学力および高等教育の質保証に重点を置き検討。新たな大学生の学力をめぐる状況は、全体でどのようになっているのか、今後どうなっていくのかを考察する。

山内乾史・原清治 編著　ISBN978-4-7620-2411-5　208頁　本体2100円＋税

学生の学力と高等教育の質保証 II

いかにして学生の学修時間、学習の質を確保するかなど「学力」を論点の中心にする。学生の学力と高等教育の質保証のシステムを、日本国内諸大学の状況、世界各国との比較を中心に展開していく。

山内乾史 著　　　ISBN978-4-7620-2932-5　186頁　本体1900円＋税

「学校教育と社会」ノート 第3版
教育社会学への誘い

教育社会学の視点から（教育学の視点からではなく）学校・大学と社会のかかわりについて分析。一般論を述べると同時に、日本および先進諸国の事例を随時織り交ぜて行う。戦後日本の歴史を見直し、高学歴、エリート、才能教育などについて考察。